Berlitz

Italienisch

Grammatik

Basiswissen

Berlitz Publishing Company, Inc.
Princeton Mexiko Dublin Eschborn Singapur

Italienisch: Grammatik

400 Alexander Park, Princeton, NJ 08540 USA
9 - 13 Grosvenor Street, London W1X 9FB UK

1. Ausgabe, 1. Auflage Juni 1999

ISBN: 3-8043-4538-7

Printed in Spain

Der Herausgeber der Reihe:
Christopher Wightwick hat Großbritannien beim Fremdsprachenprojekt des Europarates vertreten und war Oberinspektor für Neuere Sprachen im englischen Schulwesen.

Redaktion:
Frederike Holz, Jürgen Lorenz, Karen Möller, Francesca Onofri, Sigrun Wolff-Saphire

INHALT

Wie man dieses Buch benutzt

Dieses Handbuch kann man auf zwei verschiedene Arten verwenden.

- Wenn Sie sich lediglich ein allgemeines Bild von einem bestimmten Aspekt der italienischen Grammatik machen wollen, schlagen Sie bitte im Inhaltsverzeichnis am Anfang des Buches nach. Lesen Sie sich dann die entsprechenden Abschnitte im Text durch. Die zahlreichen Querverweise führen Sie zu anderen, verwandten Themen.

- Wenn Sie mehr über ein bestimmtes Grammatikthema oder den Gebrauch eines bestimmten italienischen Wortes oder Ausdrucks erfahren möchten, so finden Sie hinten im Buch ein ausführliches Sachregister. Das Register hat viele Unterabschnitte. Darüber hinaus sind viele Punkte unter mehreren Überschriften aufgeführt. Das Register weist Sie auf die Nummern der einzelnen Abschnitte hin.

Dieses Handbuch gibt Ihnen übersichtliche Informationen über die grammatischen Formen und Strukturen des Italienischen. Das Buch dient jedoch in erster Linie dazu, Ihnen zu zeigen, wie Sie die Formen und Strukturen in der mündlichen oder schriftlichen Kommunikation anwenden können.

- Grammatische Ausdrücke werden verwendet, soweit dies für die Beschreibung der italienischen Sprache nötig ist. Wir gehen jedoch nicht davon aus, dass Sie mit all diesen Ausdrücken bereits vertraut sind. In allen Abschnitten finden Sie deshalb Erklärungen grammatischer Fachbegriffe.

- Ein wichtiger Bestandteil dieses Buchs ist die große Anzahl der Beispiele aus dem modernen Sprachgebrauch. Wo immer dies sinnvoll möglich ist, werden sie in kurzen Dialogen, Themen oder Geschichten zusammengefasst. Wenn Sie tatsächlich eine Grammatikerklärung nicht verstehen sollten, so hilft Ihnen das Beispiel, besser zu erkennen, um was es geht.

- Dieses Handbuch ist für alle bestimmt, die ihr Italienisch praktisch anwenden möchten. Wo Konstruktionen oder Ausdrücke dem gehobenen Sprachgebrauch vorbehalten sind, wird dies im Text deutlich herausgestellt.

Überall dort, wo Sie dieses Zeichen sehen, stehen Warnhinweise, die Ihnen helfen, Klippen zu umschiffen und Fallen zu vermeiden.

A

WIE MAN IDEEN IN WORTE FASST

1 Wortarten

1a *Was für ein Wort ist das?*

Man kann oft erst sagen, um welche Wortart es sich handelt, wenn ein Wort in einem Satz verwendet wird. Andererseits kann das Verstehen eines Satzes, vor allem in einer Fremdsprache auch davon abhängen, ob man weiß, welcher Wortart ein Wort angehört; deshalb ist es nützlich, sie erkennen zu können. In diesem Buch definieren wir jede Wortart hauptsächlich anhand dessen, was sie tut — welche Funktion und Stellung sie im Satz einnimmt. Wenn man sie auch aufgrund ihrer Form, z.B. aufgrund der Endung erkennen kann, so wird dies hier ebenfalls aufgeführt.

In den folgenden Abschnitten sehen wir uns kurz die wichtigsten Wortarten an, geben Ihnen die deutsche und die italienische Bezeichnung und verweisen auf die Abschnitte im Buch, in denen sie erstmals definiert werden.

1b *Wörter, die Inhalt vermitteln*

Es gibt im Wesentlichen vier Wortarten, die für die Bedeutung des Satzes ausschlaggebend sind.

(i) *Verben* **(i verbi)**

Quest'estate *spero* di andare in Italia. *Penso* di andare a giugno. *Voglio* fare un giro della Toscana.	Diesen Sommer *hoffe ich* nach Italien zu fahren. *Ich denke daran,* im Juni zu fahren. *Ich möchte* eine Rundreise durch die Toskana machen.

[Mehr zu Verben➤7 – 19.]

(ii) *Substantive* **(i sostantivi)**

Durante il mio *soggiorno* vorrei visitare molti *musei, castelli* e *chiese.*	Während meines *Aufenthaltes* möchte ich viele *Museen, Schlösser* und *Kirchen* besichtigen.

[Mehr zu Substantiven ➤20.]

(iii) *Adjektive* (gli aggettivi)

Preferisco una vacanza *culturale* e mi piace visitare i monumenti *storici* e le chiese *antiche*. Per me, questa è la vacanza *ideale*.	Ich bevorzuge *Kultur*reisen und besichtige gern *historische* Monumente und *alte* Kirchen. Für mich ist das der *ideale* Urlaub.

[Mehr zu Adjektiven➤22.]

(iv) *Adverbien* (gli avverbi)

Alcuni miei amici vanno *spesso* in questa regione e mi dicono *sempre* che è *veramente* interessante.	Einige Freunde von mir fahren *oft* in diese Gegend und sagen *immer*, dass sie *sehr* interessant ist.

[Mehr zu Adverbien ➤ 26.]

1c *Wörter, die Strukturen vermitteln*

Diese Wörter tragen in erster Linie durch ihren Bezug zu den Wörtern, die Inhalt vermitteln, zur Bedeutung eines Satzes bei.

(i) *Hilfsverben* (i verbi ausiliari)

Die Verben **avere** und **essere** werden mit anderen Verben zur Bildung zusammengesetzter Zeiten verwendet.

Sono stato in Italia tre volte. L'ultima volta, a Pasqua, *ho trascorso* due giorni in Sardegna.	*Ich bin* dreimal in Italien *gewesen*. Letztes Mal, zu Ostern, *habe ich* zwei Tage in Sardinien *verbracht*.

[Mehr zu Hilfsverben ➤7c.]

(ii) *Personalpronomen* (i pronomi)

Personalpronomen werden als Stellvertreter für Substantive eingesetzt, oft um unnötige Wiederholung zu vermeiden.

Ho parecchi amici italiani. Purtroppo, non *li* vedo molto spesso. Per restare in contatto, scrivo *loro* ogni tanto. Forse alcuni verranno a trovar*mi* a Natale.	Ich habe mehrere italienische Freunde. Leider sehe ich *sie* nicht sehr oft. Um in Kontakt zu bleiben, schreibe ich *ihnen* gelegentlich. Vielleicht kommen einige von ihnen *mich* Weihnachten besuchen.

[Mehr zu Personalpronomen ➤23.]

(iii) *Artikel und Pronomen* (i determinativi)

In diese Klasse fallen die in jeder Sprache häufigsten Wörter wie Possessivpronomen (**il mio, la mia, i miei, le mie**), Demonstrativpronomen (**questo, quello**), Indefinitpronomen (**alcuni, pochi**), bestimmte und unbestimmte Artikel.

***I miei* amici di Cuneo verranno in Germania per *alcuni* mesi per fare un corso di tedesco.**	*Meine* Freunde aus Cuneo kommen für *einige* Monate nach Deutschland, um einen Deutschkurs zu machen.

[Mehr zu Artikeln und Pronomen ➤21.]

(iv) *Präpositionen* (le preposizioni)

Präpositionen sind Wörter, die bei einem Substantiv stehen. Dazu gehören **con** ‚mit'; **su** ‚auf'; **prima di** ‚vor'; **in** ‚in'.

Verranno *in* aereo. Purtroppo, non li potrò vedere *prima della* mia partenza *per* l'Italia.	Sie kommen *mit* dem Flugzeug. Leider werde ich sie nicht *vor* meiner Abreise *nach* Italien sehen können.

[Mehr zu Präpositionen ➤25.]

(v) *Konjunktionen* (le congiunzioni)

Konjunktionen verbinden Sätze oder Ausdrücke. Einige der häufigsten Konjunktionen sind **e** ‚und'; **ma** ‚aber'; **quando** ‚wenn'; **perché** ‚weil'.

Li potrò vedere *quando* tornerò dalle vacanze *perché* si fermano per due mesi.	Ich werde sie sehen können, *wenn* ich aus dem Urlaub zurück bin, *denn* sie werden zwei Monate bleiben.

[Mehr zu Konjunktionen ➤5a.]

(vi) *Ausrufe* (gli esclamativi)

Ausrufe drücken ‚Gefühlsausbrüche' in einem einzigen Wort oder Satz aus: **Che bello! Che peccato! Bravo!**

***Che peccato* che io non ci sia quando arrivano!**	*Wie schade,* dass ich nicht hier bin, wenn sie ankommen!

[Mehr zu Ausrufen ➤24.]

2 Wie man etwas zu Papier bringt: Rechtschreibung und Zeichensetzung

In diesem Kapitel werden die Grundlagen der italienischen Rechtschreibung und Zeichensetzung beschrieben. Die Aussprache wird hier nicht direkt behandelt, da ein Versuch, Laute zu beschreiben, eher hinderlich als hilfreich sein kann.

2a *Das italienische Alphabet*

(i) Das italienische Alphabet hat 21 Buchstaben. Dazu kommen **J, K, W, X** und **Y,** die nur in Fremdwörtern auftauchen. Es kann sehr nützlich sein, wenn man das italienische Alphabet beherrscht, zum Beispiel beim Buchstabieren von Namen und Adressen am Telefon usw.

A a	**H** acca	**O** o	**V** vu
B bi	**I** i	**P** pi	**W** doppia vu
C ci	**J** i lunga	**Q** cu	**X** ics
D di	**K** cappa	**R** erre	**Y** ipsilon
E e	**L** elle	**S** esse	**Z** zeta
F effe	**M** emme	**T** ti	
G gi	**N** enne	**U** u	

Einige im Italienischen häufig vorkommende Wörter, die die Buchstaben **J, K, W, X** oder **Y** enthalten:

scarpe da jogging, jazz, judo, kg, km (Abkürzungen für **chilogrammo** und **chilometro), karatè, bikini, walkman, whisky, windsurf, western** (Film), **xenofobia, ex presidente, mixer, maxiprocesso**, **X-terapia** (Röntgenbestrahlung), **yacht, yoga, yogurt**.

- Wenn man laut buchstabiert, sind die folgenden Wörter nützlich:

A maiuscola	großes A
b minuscola	kleines b

und die folgende Frage:

Come si scrive?	Wie schreibt man das?

Es gibt im Italienischen kaum Wörter, die mit **h** anfangen. Sollte es doch vorkommen, beispielsweise in Fremdwörtern, ist es stumm. In bestimmten Fällen dient es zur Unterscheidung ähnlich klingender Wörter mit verschiedener Bedeutung wie: **ho** ‚ich habe' und **o** ‚oder', **hai** ‚du hast', und **ai** ‚zu den', **ha** ‚er / sie / es hat' und **a** ‚nach, zu', **hanno** ‚sie haben' und **anno** ‚Jahr'.

- Im Italienischen gibt es genau wie im Deutschen die Konsonantenverdoppelung nach kurzem Vokal, z.B. **m** in **mamma** (**mam-ma**) und **b** in **babbo** (**bab-bo**). Bei der Aussprache ist dies vor allem dann wichtig, wenn sich die Bedeutung eines Wortes ändert, je nachdem ob ein Vokal lang oder kurz ausgesprochen wird. Einige Beispiele:

nono	neunter	**sera**	Abend	**sete**	Durst
nonno	Großvater	**serra**	Gewächshaus	**sette**	sieben

(ii) *Großbuchstaben*

Anders als im Deutschen werden im Italienischen Substantive nicht großgeschrieben:

giovedì 10 aprile	Donnerstag, der 10. April
i tedeschi	die Deutschen

Ausnahmen:

Großgeschrieben werden **il Settentrione** ‚der Norden', **il Mezzogiorno** ‚der Süden', **l'Oriente** ‚der Osten', und so weiter, wenn die Bezeichnungen geographisch zu verstehen sind.

Geographische Namen (Städte, Länder usw.) schreibt man ebenfalls groß:

Italia	Italien
il Monte Bianco	der Mont Blanc

Außerdem werden Namen von Personen großgeschrieben, nicht aber deren Anrede, Berufsbezeichnung und Dienstgrad:

la signora Martini	Frau Martini
il dottor Gamberini	Doktor Gamberini
il colonnello Becchio	Oberst Becchio

(iii) *Aussprache*

Es wäre nur wenig nützlich, hier im Detail auf die Aussprache des Italienischen einzugehen. Man eignet sie sich am besten durch Zuhören und Sprechen an. Als Faustregel kann man sich jedoch merken, dass im Allgemeinen der vorletzte Vokal in einem Wort betont wird, außer in den Fällen, in denen der letzte Vokal mit einem Akzent gekennzeichet ist.

amico, **banca**, **macelleria**, **università**, **benché**

Zu dieser Regel gibt es jedoch zahlreiche Ausnahmen. Am einfachsten erlernt man die Aussprache durch den Gebrauch der Sprache. In Zweifelsfällen schlägt man am besten in einem Wörterbuch nach. Wie wichtig die richtige Betonung für das Verständnis sein kann, wird anhand der nachfolgenden Beispiele deutlich.

l'ancora della nave	der Anker des Schiffes
non è ancora arrivata	sie ist noch immer nicht angekommen
che cosa desideri?	was möchtest du?
questi sono i miei desideri	dies sind meine Wünsche
un numero impari	eine ungerade Zahl
così impari	auf diese Art lernst du
i principi	die Prinzen
i principi morali	Prinzipien
lo faccio subito	ich mache es sofort
ha subito un'operazione	er hat sich einer Operation unterzogen

(iv) *Akzente*

Im Italienischen gibt es im Wesentlichen zwei Akzente: den **accento acuto** und den **accento grave.** Der **circonflesso** wird selten gebraucht. Die beiden anderen Akzente werden häufig auf den letzten Vokal gesetzt. Sie haben drei Hauptfunktionen:

- Bei zwei- oder mehrsilbigen Wörtern zeigen sie an, dass die letzte Silbe betont wird:

lunedì, **andrò**, **quaggiù**, **ventitré**, **cordialità**

- Auf einsilbigen Wörtern:

ciò, **già**, **giù**, **può**, **più**

- Zur Unterscheidung gleich geschriebener Wörter mit unterschiedlicher Bedeutung:

è	‚er / sie / es ist' (Verb)
e	‚und' (Konjunktion)
dà	‚er / sie / es gibt' (Verb)
da	‚von', ‚bei' (Präposition)
là	‚da' (Adverb)
la	‚die', ‚ihr' (Artikel, Pronomen)
lì	‚da' (Adverb)
li	‚sie' (Pronomen)
né	‚noch' (Konjunktion)
ne	‚davon' (Pronomen, Adverb)
sì	‚ja' (Adverb)
si	‚sich', ‚man' (Pronomen)
sé	‚sich' (Pronomen)
se	‚wenn', ‚falls' (Konjunktion)
tè	‚Tee' (Substantiv)
te	‚dir' (Pronomen)

Der **accento acuto** und der **accento grave** werden wie folgt verwendet:

- **Acuto** für langes **e**: **né**, **sé**, **perché**, **poiché**, **ventitré**, **vendé** (3. Person Singular, Passato Remoto regelmäßiger Verben auf **-ere**);

- **Grave** für offenes **e** und meist auch für die anderen Vokale (**caffè**, **però**, **perciò**, **già**, **più**, **così**).

Würden die Akzentregeln strikt befolgt, müßte **accento acuto** über geschlossenen Vokalen (**e**, **i**, **o**, **u**) und **accento grave** über offenen Vokalen (**a**, **e**, **o**) stehen. Im modernen Sprachgebrauch wird jedoch der **accento grave** bevorzugt, besonders für **à, ò, ù** und **ì**.

2b *Zeichensetzung*

(i) Satzzeichen

Die wichtigsten Satzzeichen im Italienischen sind:

.	**punto**	Punkt
,	**virgola**	Komma
;	**punto e virgola**	Semikolon
:	**due punti**	Doppelpunkt
?	**punto interrogativo**	Fragezeichen
!	**punto esclamativo**	Ausrufezeichen
-	**trattino**	Bindestrich
—	**lineetta**	Gedankenstrich
<<...>> oder "..." oder '...'	**virgolette** (**basse** oder **alte**)	Anführungszeichen
( )	**le parentesi tonde**	runde Klammern
[ ]	**le parentesi quadre**	eckige Klammern
/	**la sbarretta**	Schrägstrich
'	**apostrofo**	Apostroph

(ii) Anführungszeichen

Anführungszeichen (**le virgolette**) werden zur Kennzeichnung der direkten Rede verwendet oder um einzelne Wörter hervorzuheben, z. B. wenn etwas ironisch gemeint ist. Im Italienischen gibt es drei Arten von Anführungszeichen. In Zeitungen und Büchern werden **le virgolette basse** (<<...>>) am häufigsten verwendet, **le virgolette alte** ("...") benutzt man in handschriftlichen Briefen. Einfache Anführungszeichen ('...') dienen der Hervorhebung einzelner Wörter innerhalb eines Satzes.

Cosa intendi dire per la 'riforma' del sistema scolastico?	Was meinst du mit ‚Reform' des Schulsystems?

(iii) Der Gedankenstrich

Der Gedankenstrich (**la lineetta**) dient oft dazu, die direkte Rede zu schließen und neu zu eröffnen, wenn der Sprecher genannt wird.

A differenza degli altri partiti — ha detto il deputato — il nostro ha preso provvedimenti per risolvere il problema.	"Im Gegensatz zu den anderen Parteien", sagte der Abgeordnete, „hat unsere Schritte unternommen, um das Problem zu lösen."

(iv) *Der Bindestrich*

Der Bindestrich (**il trattino**) wird in den folgenden Fällen verwendet:

- Zur Trennung von zwei Zahlen:

Bisogna pagare intorno al 5–7 per cento.	Sie müssen etwa zwischen 5 und 7 Prozent bezahlen.

- Zwischen zwei Substantiven:

la linea Milano-Roma	Die Strecke Mailand-Rom
il derby Roma-Torino	Das Spiel Rom-Turin
i rapporti studenti-professori	Die Lehrer-Schüler-Beziehungen

- Zur Trennung eines Wortes am Ende einer Zeile:

simpa- **tico**	sympathisch

⚠ Im Italienischen wird wie im Deutschen nach Sprechsilben getrennt. Die Trennung der Monatsnamen vermittelt Ihnen eine recht gute Vorstellung, wie die Trennung im Italienischen funktioniert: **gen-na-io, feb-bra-io, mar-zo, a-pri-le, mag-gio, giu-gno, lu-glio, a-go-sto, set-tem-bre, ot-to-bre** usw.

[Mehr zum Bindestrich ➤3a(ii).]

(v) *Klammern*

Runde Klammern (**le parentesi tonde**) werden häufiger verwendet als eckige Klammern (**le parentesi quadre**). Sie dienen dazu, einen Kommentar des Autors in einem Satz abzusetzen.

Il vantaggio (se qualche vantaggio c'è) sta nel fatto che ...	Der Vorteil — falls es einen solchen gibt — liegt in der Tatsache, dass ...

Klammern werden häufig durch Kommas oder Gedankenstriche ersetzt.

(vi) *Das Apostroph*

Die wichtigsten Funktionen des Apostrophs:

- Auslassung: ***un'amica, l'aeroporto*** [➤21e(ii), 21c(iv), (vi)].
- Imperativ ***da', fa', sta', va', di'*** [➤15b].
- Verkürzung ***un po'*** statt ***un poco*** ‚ein wenig'.

- Bei Jahreszahlen: ***negli anni '80*** in den '80ern

(vii) *Das Komma*

Das Komma (**la virgola**) wird im Italienischen im Wesentlichen wie im Deutschen verwendet.

3 Wie man Ideen verbindet

3a *Zusammengesetzte Wörter*

Jede Sprache braucht Methoden, um komplexere Zusammenhänge auszudrücken. Dazu kann man entweder zwei Wörter zu einem zusammengesetzten Wort (manchmal mit Bindestrich) oder mehrere einzelne Wörter zu einer festen Wendung verbinden.

(i) *Zusammengesetzte Wörter ohne Bindestrich*

Im Italienischen gibt es zahlreiche zusammengesetzte Wörter. Relativ häufig sind Kombinationen aus Verb + Substantiv:

l'apribottiglie	Flaschenöffner
l'apriscatole	Dosenöffner
l'asciugamano	Handtuch
l'aspirapolvere	Staubsauger
il cacciavite	Schraubenzieher
il cavalcavia	Überführung
il grattacielo	Wolkenkratzer
la lavastoviglie	Geschirrspüler
il parabrezza	Windschutzscheibe
il paraurti	Stoßstange
il portacenere	Aschenbecher
il portachiavi	Schlüsselring
il portafoglio	Portemonnaie
il portavoce	Sprecher
il salvagente	Rettungsring
lo stuzzicadenti	Zahnstocher

- Es gibt auch Verbindungen aus Substantiv + Substantiv, Präposition + Substantiv, Substantiv + Adjektiv:

la banconota	Banknote
il capostazione	Bahnhofsvorsteher
la cassaforte	Safe
il cavolfiore	Blumenkohl
i senzatetto	Obdachlose
il sottopassaggio	Unterführung
la terraferma	Festland

[Zur Pluralbildung von zusammengesetzten Substantiven ➤20h(viii).]

(ii) Zusammengesetzte Wörter mit Bindestrich

Der Bindestrich [➤2b(iv)] wird im Italienischen selten in zusammengesetzten Wörtern verwendet. Die zwei Ausnahmen:

- Wenn zwei Wörter verbunden werden, bei denen das zweite Wort das erste beschreibt oder definiert.

la busta-paga	Lohntüte
una notizia-lampo	Kurzmeldung
le vacanze-studio	Studienreise

Diese Regel wird jedoch nicht strikt beachtet. Es wird Ihnen daher auch **busta paga** (ohne Bindestrich) begegnen.

- In zusammengesetzten Adjektiven:

socio-economico	sozialwirtschaftlich [➤22a(ii)]

3b Mehrteilige Begriffe

Im Allgemeinen ist es im Italienischen nicht möglich, ein Substantiv zur Beschreibung eines weiteren in dieser Form zu verwenden. Im Deutschen ist dies üblich: ‚Schuljahr', ‚Teetasse'. Im Italienischen werden zwei Substantive normalerweise mit einer Präposition wie **da** oder **di** verbunden:

un bicchiere da vino*	Weinglas
una bottiglia da vino*	Weinflasche
la carta da lettere	Schreibpapier
una macchina da cucire	Nähmaschine
una macchina da scrivere	Schreibmaschine
una sala da ballo	Ballsaal
una sala da pranzo	Esszimmer
una tazza da tè*	Teetasse

Die Präposition **da** drückt in diesen Beispielen den Verwendungszweck oder die Funktion aus. **Un bicchiere da vino** ist also ein 'Glas zum Weintrinken'.
Beachten Sie auch den Unterschied zwischen den mit einem Sternchen markierten Begriffen oben und den folgenden Beispielen:

un bicchiere di vino	ein Glas Wein
una bottiglia di vino	eine Flasche Wein
una tazza di tè	eine Tasse Tee

- **Di** gibt auch das Material an, aus dem etwas hergestellt ist:

una giacca di cuoio	Lederjacke
un sacchetto di plastica	Plastiktüte
un tavolo di legno	Holztisch

- Am häufigsten wird **di** oder **di** + bestimmter Artikel [➤21c(vii)] zur Verbindung von Substantiven verwendet:

una casa di campagna	Landhaus
una festa di compleanno	Geburtstagsfeier
una partita di calcio	Fußballspiel
la fermata dell'autobus	Bushaltestelle
l'orario dei treni	Zugfahrplan
le previsioni del tempo	Wettervorhersage

Oft werden auch Adjektive mit Substantiven zu einem neuen Begriff verbunden:

il bollettino meteorologico	Wetterbericht
un incidente stradale	Autounfall
la stazione ferroviaria	Bahnhof
la vita familiare	Familienleben

Diese Möglichkeit eröffnet sich jedoch nur dann, wenn sich das beschreibende Substantiv in ein Adjektiv verwandeln lässt. Aber auch dann entscheidet der Sprachgebrauch, welche der beiden Möglichkeiten benutzt werden kann oder ob beides möglich ist.

3c Suffixe

Suffixe sind Endungen, die an ein Wort angehängt werden, um seine Bedeutung zu verändern oder manchmal auch, um es in eine andere Wortart zu verwandeln. Die italienische Sprache benutzt sehr viele Suffixe.

(i) Substantive in Adjektive verwandeln

Ein beschreibendes Adjektiv lässt sich oft durch Anhängen der Silbe **-oso** an ein Substantiv bilden.

l'avventura	Abenteuer	**il rumore**	Lärm
avventuroso	abenteuerlich	**rumoroso**	lärmend/laut
la fama	Ruhm	**la sabbia**	Sand
famoso	berühmt	**sabbioso**	sandig
la furia	Wut	**lo spazio**	Raum
furioso	wütend	**spazioso**	geräumig

Abito in un quartiere molto rumoroso.	Ich wohne in einer sehr lauten Gegend.
Il mio appartamento è abbastanza spazioso.	Meine Wohnung ist ziemlich geräumig.

(ii) Substantive oder Adjektive in Verben verwandeln

Manche Substantive und Adjektive lassen sich durch das Anhängen von **-eggiare, -izzare** und **-ificare** in Verben verwandeln:

l'analisi	Analyse	**identico**	identisch
analizzare	analysieren	**identificare**	identifizieren
bianco	weiß	**moderno**	modern
biancheggiare	bleichen	**modernizzare**	modernisieren
la costa	Küste	**nazionale**	national
costeggiare	die Küste entlang-fahren	**nazionalizzare**	nationalisieren
elettrico	elektrisch	**la nota**	Nachricht
elettrificare	(elektrisch) laden	**notificare**	benachrichtigen
la festa	Party, Feier	**privato**	privat
festeggiare	feiern	**privatizzare**	privatisieren

(iii) Diminutiv und Steigerung

Die italienische Sprache besitzt eine Vielzahl von Suffixen, die an Substantive und Adjektive angehängt werden, um zu beschreiben, wie klein oder groß etwas ist. Oft drücken sie jedoch auch andere Nuancen aus. Ihr Geschlecht richtet sich nach dem des ursprünglichen Substantivs oder nach dem Substantiv, das sie beschreiben.

(A) Der am häufigsten verwendete Diminutiv ist **-ino**. Er drückt aus, wie klein etwas ist und ist manchmal eine Zärtlichkeitsbezeichnung.

La tua *sorellina* è molto *carina*.	Dein *Schwesterchen* ist *sehr süß*.
I miei parenti abitano in un *paesino* in piena campagna.	Meine Verwandten wohnen in einem *Dörfchen* mitten auf dem Land.

(B) Weitere Diminutivformen sind **-etto** und **-ello**.

Hanno una *casetta* vicino al mare.	Sie haben ein *Häuschen* am Meer.

Almeno adesso si può respirare con questo *venticello*.	Dank dieser *kleinen Brise* kann man jetzt wenigstens Luft holen.

[Mehr zu Suffixen bei Substantiven und Adjektiven ➤20k(i) und 22g(ii). Adverbien werden gelegentlich durch Suffixe modifiziert ➤26c.]

3d Präfixe

Im Italienischen verwendet man auch häufig Präfixe, insbesondere vor Verben, Substantiven und Adjektiven. In den folgenden Kapiteln wird näher darauf eingegangen. [Bei Verben ➤18e; bei Substantiven ➤20k(ii); bei Adjektiven ➤22g(i).]

3e Nebeneinander: Appositionen

Manchmal wird nach der Nennung von Personen oder Dingen eine Wendung eingefügt, die eine zusätzliche Aussage über diese macht. Diese erklärende Wendung wird als Apposition bezeichnet. Im Italienischen führt die Apposition weder den bestimmten [➤21c] noch den unbestimmten Artikel [➤21e].

Mia sorella, *infermiera* all'ospedale da più di otto anni, ha deciso di dimettersi.	Meine Schwester, seit mehr als 8 Jahren Krankenschwester im Krankenhaus, hat beschlossen zu kündigen.

B

WIE MAN EINEN SATZ BILDET: SYNTAX

4 Wie man einen Satz erkennt

4a *Was ist ein Satz?*

Ein Satz ist eine mündliche oder schriftliche Äußerung, die wenigstens ein *Subjekt* und ein *Prädikat* aufweist. Im Gespräch verwenden wir oft unvollständige Satzbrocken (zum Beispiel Ausrufe [➤24]) oder isolierte Ausdrücke, die aus dem Zusammenhang Sinn ergeben. In der Schriftsprache versuchen wir normalerweise vollständige Sätze zu verwenden. Die Struktur eines Satzes bezeichnet man als seine *Syntax*.

4b *Das Subjekt des Satzes*

(i) *Was ist ein Subjekt?*

Gewöhnlich ist das Subjekt der Gegenstand oder die Person, deren Zustand oder Handlung der Satz beschreibt.

L'*aereo* parte da Londra alle otto.	Das *Flugzeug* fliegt um acht Uhr in London ab.

Das Subjekt des Satzes ist **l'aereo** und das Prädikat ist **parte**.

Personalpronomen (wie **io** ‚ich', **tu** ‚du', **lui** ‚er', **lei** ‚sie', etc.) [➤23b(i)] werden oft weggelassen, denn das Subjekt des Satzes wird in der Endung des Verbs ausgedrückt.

Quando *devi* partire di casa per prendere questo aereo?	Wann *musst du* von zu Hause wegfahren, um dieses Flugzeug zu nehmen?

Das unpersönliche Subjekt ‚es' ist im Italienischen auch oft im Verb enthalten [➤8g].

Se *piove, è* meglio stare a casa.	Wenn *es regnet, ist es* besser zu Hause zu bleiben.

(ii) *Sätze im Passiv*

Das Verb kann auch im P*assiv* [➤17a] stehen, dann führt das Subjekt nicht die Handlung des Verbs aus, sondern die Handlung wird dem Subjekt zugefügt:

***La famiglia* è stata accolta a braccia aperte dai miei amici.**	Die Familie wurde von meinen Freunden mit offenen Armen empfangen.

Das Subjekt des Satzes ist **la famiglia** und das Verb ist **è stata accolta,** die Passivform von **accogliere**. Nicht das Subjekt heißt jemanden willkommen, sondern **i miei amici**.

(iii) *Sätze ohne Subjekt*

Manchmal wird das Subjekt eines Satzes nicht genannt, ist aber impliziert. Das ist bei der Befehlsform [➤15] der Fall.

Vieni a trovarmi stasera.	Komm mich heute Abend besuchen.
Stia tranquillo.	Bleiben Sie ruhig.

Im ersten Beispiel ist das Hauptverb **vieni**, und das Subjekt — impliziert, also nicht ausgesprochen — ist **tu**. Im zweiten Beispiel ist das Verb **stia** und das implizierte Subjekt **Lei**.

4c *Das Prädikat des Satzes*

Der übrige Teil des Satzes (ohne Subjekt und Objekt) wird als Prädikat bezeichnet. Es besteht mindestens aus einem Hauptverb, d.h. einem Verb in einer der Zeiten, normalerweise im Indikativ [➤18c]. Das Prädikat verändert seine Form (meist seine Endung), um dem Subjekt zu entsprechen. In Kapitel 7 werden verschiedene Verbarten und ihre Funktionen beschrieben.

L'aereo arrivò.	Das Flugzeug kam an.

Die meisten Prädikate sind jedoch umfangreicher. Sie können zusätzlich auch andere Wörter oder Ausdrücke enthalten, die die Informationen zum Subjekt vervollständigen.

L'aereo arrivò a Milano con dieci minuti di ritardo causa vento contrario.	Das Flugzeug kam wegen Gegenwind mit zehn Minuten Verspätung in Mailand an.

In diesem Beispiel besteht das Prädikat aus dem Verb **arrivò** sowie dem Rest des Satzes, d.h. der adverbialen Bestimmung des Ortes **a Milano** [➤27b(iii)], der adverbialen Zeitbestimmung **con dieci minuti di ritardo** [➤27b(i)] und der kausalen Bestimmung **causa vento contrario**.

Die Präpositon ‚wegen' heißt vollständig **a causa di** [➤25c(xi)], aber **causa** ist im obigen Beispiel völlig angebracht und ausreichend.

4d *Satzarten*

Man unterscheidet drei Arten von unabhängigen Sätzen:

- Aussagesätze (die grundlegende Satzart)
- direkte Fragen [➤6]
- Befehle [➤15]

Alle drei Satzarten müssen einen Hauptsatz haben, daneben können sie eine beliebige Anzahl von Nebensätzen aufweisen.

4e *Hauptsätze*

Ein Hauptsatz ist ein Satz, der alleine stehen kann. Er ergibt allerdings manchmal erst dann einen Sinn, wenn wir wissen, wovon gesprochen wird. Eine der häufigsten Wortstellungen ist Subjekt + Verb + Objekt oder eine Ergänzung, aber andere Wortstellungen [➤4g] sind durchaus möglich. Objektpronomen [➤23b(ii), 23b(iii)] stehen in der Regel vor dem Verb.

Mio fratello non capiva.	Mein Bruder verstand nicht.

4f *Nebensätze*

Ein Nebensatz hängt von dem Hauptsatz ab, den er vervollständigt oder erweitert (oder von einem anderen Nebensatz). Er wird durch eine der drei folgenden Wortarten mit dem Hauptsatz verbunden:

- eine unterordnende Konjunktion [➤5a(ii)]
- ein Fragewort [➤6d]
- ein Relativpronomen [➤23m]

In bestimmten Nebensätzen steht das Verb im Italienischen im Konjunktiv [➤16].

Im folgenden Beispiel ist **Mio fratello non capiva** der Hauptsatz, und das Übrige sind Nebensätze.

Mio fratello non capiva perché volevo andare a vivere in un posto che dista cinquanta chilometri dalla città più vicina e dove non c'è niente da fare.	Mein Bruder verstand nicht, warum ich in einen Ort ziehen wollte, der 50 Kilometer von der nächsten Stadt entfernt ist und in dem nichts los ist.

4g *Wortstellung*

Die Wortstellung ist im Italienischen ähnlich flexibel wie im Deutschen und variiert oft, je nachdem welches Wort oder welchen Satzteil der Sprecher jeweils betonen möchte. Nachstehendes soll daher nur als Hinweis dienen, feste Regeln gibt es nicht.

(i) Subjekt + Verb + Objekt + adverbiale Bestimmungen

Bei dieser Wortstellung wird eine neutrale Aussage gemacht, kein Satzelement wird besonders betont.

Mio fratello ha un appartamento in città.	Mein Bruder hat eine Wohnung in der Stadt.

(ii) Verb + Subjekt

Sehr oft folgt das Subjekt dem Verb. Dadurch wird das Verb stärker betont.

È piccolo *il suo appartamento.*	Klein ist *seine Wohnung.*
Ha detto *mio fratello* che è comodo per fare le spese.	*Mein Bruder* hat gesagt, dass sie für Einkäufe günstig gelegen ist.

(iii) Jedes Satzelement, das hervorgehoben werden soll, kann an den Satzanfang gestellt werden. Das gilt auch für das direkte und indirekte Objekt, das dann jedoch durch das entsprechende Pronomen [➤23b(vi) wiederaufgenommen wird.

***Questo appartamento l'*ha comprato due anni fa.**	*Diese Wohnung* hat er vor zwei Jahren gekauft.
***Queste scarpe* le ho messe soltanto una volta.**	*Diese Schuhe* habe ich nur einmal getragen.

(iv) *Adverbiale Bestimmungen*

Adverbiale Bestimmungen [➤27c] stehen meist direkt vor oder nach dem Verb, das sie näher beschreiben. Doch auch hier kann die Wortstellung je nach Betonung geändert werden.

Due anni fa **mio fratello ha comprato questo appartamento.** **Mio fratello ha comprato questo appartamento** ***due anni fa.*** **Mio fratello ha comprato** ***due anni fa*** **questo appartamento.**	*Vor zwei Jahren* hat mein Bruder diese Wohnung gekauft.

Im letzten Beispiel wird **due anni fa** am stärksten betont. Der Kauf fand also vor zwei Jahren und nicht etwa zu einem anderen Zeitpunkt statt. In der gesprochenen Sprache dienen vor allem die Intonation und die Tendenz, gezielt Pausen einzusetzen, zur Heraushebung wichtiger Satzelemente.

(v) *Fragen*

In Fragesätzen ohne Fragewort ist die Wortstellung oft Verb + Objekt + Subjekt.

Ha comprato un appartamento tuo fratello?	Hat dein Bruder eine Wohnung gekauft?

Hier gibt es wiederum keine festen Regeln, und es wäre genauso möglich, das Subjekt **tuo fratello** dem Verb voranzustellen. Wie bereits erwähnt, kann sich durch eine Änderung der Wortstellung eine Änderung der Gewichtung im Satz ergeben. Bei Fragen, in denen das Subjekt im Verb enthalten ist, ergibt sich folgendes Bild.

Perché ha deciso di comprare un appartamento in città?	Warum hat er sich entschieden, eine Wohnung in der Stadt zu kaufen?

Bei **essere** ‚sein' steht die Ergänzung —im folgenden Fall **bello** — oft vor dem Subjekt.

È bello l'appartamento?	Ist die Wohnung schön?

Die Wortstellung kann in Frage- und Aussagesatz gleich sein:

È contento di abitare da solo?	Lebt er gern allein?
È contento di abitare da solo.	Er lebt gern allein.

In der gesprochenen Sprache erkennt man eine Frage häufig an der Intonation, und die Wortstellung bleibt die gleiche wie beim Aussagesatz.

[Mehr zur Wortstellung mit: Adjektiven ➤22b(i – iv); Objektpronomen ➤23b(v); Ausrufen ➤24a.]

5 Wie man Sätze verbindet

5a *Sätze mit Konjunktionen*

Eine Konjunktion bezeichnet man auf Deutsch als Bindewort. Es gibt zwei Arten von Konjunktionen: *nebenordnende* und *unterordnende*. Aus ihrer Bezeichnung wird ihre Funktion im Satz ersichtlich.

(i) *Nebenordnende Konjunktionen*

Nebenordnende Konjunktionen verbinden Sätze gleicher Art, also zum Beispiel zwei Hauptsätze oder zwei Nebensätze. Wir können ihnen entnehmen, in welchem Bezug die beiden Sätze zueinander stehen (sie verstärken einander, stehen im Gegensatz zueinander usw.). Diese Konjunktionen verändern die Struktur der beiden Sätze jedoch nicht.

Die häufigsten nebenordnenden Konjunktionen:

anche	auch
dunque / perciò	daher, deshalb
e	und
eppure	und doch
infatti	tatsächlich, in der Tat
ma	aber
né ... né	weder ... noch
non solo ... ma anche	nicht nur ... sondern auch
o ... o	entweder ... oder
o / oppure	oder
però	jedoch
sia ... sia	ob ... oder

L'appartamento di mio fratello è bello *e* comodo.	Die Wohnung meines Bruders ist schön *und* geräumig.
C'è *anche* una terrazza.	Sie hat *auch* eine Terrasse.
Andrò a vederlo oggi *o* domani.	Ich werde sie mir heute *oder* morgen ansehen.
Mi piace l'appartamento, *ma* non mi piace il quartiere.	Mir gefällt die Wohnung, aber nicht die Gegend.

***Infatti,* non mi piace *né* il quartiere *né* i suoi vicini. È un quartiere *non solo* sporco *ma anche* molto rumoroso.**	*In der Tat* mag ich *weder* die Gegend, *noch* die Nachbarn. Die Gegend ist *nicht nur* schmutzig, *sondern auch* sehr laut.

Ed wird häufig anstelle von **e** verwendet, wenn das folgende Wort mit einem Vokal beginnt.

Mio fratello *ed* io ci vediamo ogni settimana.	Mein Bruder *und* ich sehen uns jede Woche.

(ii) *Unterordnende Konjunktionen*

Unterordnende Konjunktionen verbinden Nebensätze mit dem übrigen Teil des Satzes. Oft hat der Nebensatz die Funktion einer adverbialen Bestimmung [➤26]. Nach vielen unterordnenden Konjunktionen steht das Verb im Konjunktiv [➤16], andere verlangen die Indikativform [➤12 – 14].

Quando vado a trovare mio fratello, preferisco prendere l'autobus perché è sempre difficile parcheggiare la macchina in città.	Wenn ich meinen Bruder besuchen gehe, nehme ich lieber den Bus, weil es immer schwierig ist, den Wagen in der Stadt zu parken.

Die unterordnenden Konjunktionen sind hier **quando** und **perché**, beide gefolgt vom Indikativ Präsens **vado** und **è**.

Benché l'appartamento sia piccolo, mio fratello invita spesso i suoi amici a cena.	Obwohl seine Wohnung klein ist, lädt mein Bruder oft Freunde zum Abendessen ein.

Die unterordnende Konjunktion ist **benché**, nach der im Präsens der Konjunktiv steht, in diesem Fall **sia** (von **essere**).

(iii) In der folgenden Liste unterordnender Konjunktionen sind diejenigen, die normalerweise den Konjunktiv verlangen, mit (**K**) gekennzeichnet:

a condizione che (K)	unter der Bedingung, dass
affinché (K)	damit, so dass

affinché	damit
a meno che (K)	außer
anche se	auch wenn
appena	sobald
benché (K)	obwohl
caso mai (K)	falls
che	dass
chiunque (K)	wer / wen / wem auch immer
come	wie
come se (K)	als ob
comunque (K)	jedoch
da quando	seitdem
dato che	da
dovunque (K)	wo immer
dopo che	nachdem
finché	bis
in modo / maniera che (K)	so dass (final)
in modo / maniera che	so dass (konsekutiv)
malgrado (che) (K)	trotzdem
man mano che	während (temporal)
mentre	während (adversativ und temporal)
nel caso che (K)	im Fall, dass
nonostante (che) (K)	obwohl
ogni volta che	jedes Mal, wenn
ovunque (K)	wo immer
perché	weil
perché (K)	damit
per quanto (K)	wie viel auch immer
poiché	da
prima che (K)	bevor
purché (K)	unter der Voraussetzung, dass
qualunque cosa (K)	was auch immer
quando	wenn
se	falls
sebbene (K)	obwohl
sempre che (K)	so lange / unter der Voraussetzung
senza che (K)	ohne dass
siccome	da
sino a che	bis
una volta che	wenn
visto che	da, in Anbetracht dessen, dass ...

Einige dieser Konjunktionen existieren in ähnlicher Form auch als Präpositionen [➤25]. Der entscheidende Unterschied ist folgender: Nach einer Präposition steht ein Substantiv oder etwas, das an seine Stelle treten kann wie beispielsweise ein Pronomen oder ein Infinitiv. Eine unterordnende Konjunktion leitet einen vollständigen Nebensatz ein. An den folgenden Beispielen wird der Unterschied deutlich:

senza il biglietto	ohne Fahrkarte (Präposition + Substantiv)
senza di me	ohne mich (Präposition + Pronomen)
senza sapere	ohne zu wissen (Präposition + Infinitiv)
senza che lo sappiano	ohne dass sie es wissen (unterordnende Konjunktion + Konjunktiv)

[Mehr zu Präpositionen ➤25; zum Konjunktiv ➤16.]

5b Relativsätze

Relativsätze werden von Relativpronomen [➤23m] eingeleitet. Sie beschreiben bzw. definieren ein Substantiv und erfüllen weitgehend die gleiche Funktion wie ein Adjektiv [➤22]. Der Relativsatz folgt dem Substantiv, auf das er sich bezieht, gewöhnlich in kurzem Abstand. Das Substantiv wird als *Bezugswort* bezeichnet. Ist **che** das Objekt des Relativsatzes, folgt das Subjekt oft dem Verb.

L'appartamento che ha comprato *mio fratello* non era molto caro.	Die Wohnung, die *mein Bruder* gekauft hat, war nicht sehr teuer.

⚠ Wenn dem Relativpronomen eine Präposition vorausgeht, wird **che** durch **cui** oder durch die entsprechende Form **il quale**, **la quale** und so weiter ersetzt [➤23m(iv), 23m(vi)].

L'appartamento *in cui* abito non mi è costato molto.	Die Wohnung, *in der* ich wohne, hat mich nicht viel gekostet.

5c Direkte und indirekte Rede

Man kann das, was jemand gesagt (oder möglicherweise gedacht) hat, auf zwei Arten wiedergeben. In beiden Fällen wird das Gesagte von Verben wie **dire** ‚sagen', **rispondere** ‚antworten', **affermare** ‚bestätigen', **pensare** ‚denken' und **credere** ‚glauben, denken' eingeleitet. Das Gesagte ist dabei das direkte Objekt dieses Verbs [➤8d] — es antwortet auf die Frage **Cos'ha detto X?** „Was hat X gesagt?“.

(i) *Direkte Rede*

Die eine Art der Wiedergabe besteht darin, wortwörtlich das zu wiederholen, was gesagt oder gedacht wurde. Das bezeichnet man als *direkte Rede*. Im Deutschen wird die direkte Rede in Anführungszeichen gesetzt. Wie man am folgenden Beispiel erkennt, folgt die Zeichensetzung im Italienischen anderen Regeln [➤2b]. Das Subjekt und das „direkt berichtende“ Verb werden immer umgedreht (invertiert), wenn sie der direkten Rede nachgestellt sind.

—Ho sempre voluto comprare un appartamento in città—ha detto mio fratello.	„Ich habe immer eine Wohnung in der Stadt kaufen wollen“, hat mein Bruder gesagt.

(ii) *Indirekte Rede*

Die zweite Art der Wiedergabe bezeichnet man als *indirekte Rede*. Hier wird das Gesagte umformuliert, gewöhnlich mit einem von **che** ‚dass‘ oder einem Fragewort [➤6d] eingeleiteten Satz.

Mio fratello ha detto *che* aveva sempre voluto comprare un appartamento in città.	Mein Bruder hat gesagt, *dass* er immer eine Wohnung in der Stadt habe kaufen wollen.

(iii) Im Vergleich zur direkten Rede gibt es einige Veränderungen.

(**A**) Verbendung und Pronomen werden so angeglichen, dass sie sich nach wie vor auf die richtige Sache oder Person beziehen (hier erfolgt der Wechsel von der ersten Person — **io** — auf die dritte Person — **lui**).
(**B**) Auch die Zeitform wird verändert. Im obigen Beispiel wird Perfekt zu Plusquamperfekt. Die folgende Tabelle zeigt, wie sich die Zeiten beim Wechsel von direkter zu indirekter Rede im Italienischen ändern:

Direkte Rede	***Indirekte Rede***
Präsens	Imperfekt
Perfekt	Plusquamperfekt
Futur	Konditional

—Sono da Claudio. Ho lasciato qualcosa da mangiare nel frigorifero. Tornerò fra un'ora.	Ich bin bei Claudio. Ich habe etwas zu essen im Kühlschrank gelassen. Ich werde in einer Stunde wieder hier sein.

wird zu

Ha detto che era da Claudio. Aveva lasciato qualcosa da mangiare nel frigorifero. Sarebbe tornato fra un'ora.	Er hat gesagt, dass er bei Claudio sei. Er habe etwas zu essen im Kühlschrank gelassen. Er werde in einer Stunde wieder hier sein.

5d Indirekte Fragen

Indirekte Fragen sind eine Form der indirekten Rede [➤5c]. Sie unterliegen den gleichen Regeln und werden von der gleichen Art von Verb eingeleitet, gefolgt vom jeweiligen Fragewort. Indirekte Fragen dienen unterschiedlichen Zwecken:

(i) Wiedergabe einer direkten Frage

Ho domandato dove erano andati in vacanza.	Ich habe gefragt, wohin sie in Urlaub gefahren sind.
Domanderò dove vanno in vacanza.	Ich werde fragen, wohin sie in Urlaub fahren.

(ii) Höfliche Anfrage

Potreste dirmi dove andate esattamente?	Könntet ihr mir sagen, wohin ihr genau fahrt?

(iii) Um auszudrücken, dass man die Antwort nicht weiß

Non so se porteranno con sé il cane.	Ich weiß nicht, ob sie den Hund mitnehmen werden.

[Gebrauch des Konjunktivs in indirekten Fragen ➤16c(v).]

5e Indirekte Bitten und Befehle

Diese werden im Italienischen häufig durch eine Infinitivkonstruktion ausgedrückt [➤8j(ii)C].

Gli ho detto di chiudere tutto a chiave.	Ich habe ihm gesagt, er solle alles abschließen.

6 Wie man Informationen erhält: Direkte Fragen

6a *Was ist eine direkte Frage?*

Eine direkte Frage ist eine Form der direkten Rede. Sie teilt uns wortwörtlich mit, was jemand sagt oder denkt. Die Fragen in den nachstehenden Beispielen sind direkte Fragen — d.h. diese Worte werden in der Erwartung einer direkten Antwort tatsächlich gebraucht. Oft sprechen wir auch über Fragen, die uns gestellt wurden oder möglicherweise gestellt werden. Hierbei handelt es sich um indirekte Fragen [➤5d].

6b *Richtig oder falsch? Entscheidungsfragen*

Mit dieser Art von Frage wollen wir herausfinden, ob eine Annahme richtig oder falsch ist. Deshalb können diese Fragen stets mit ‚ja' oder ‚nein' beantwortet werden. Subjekt und Verb werden jeweils umgedreht. [Mehr zur Wortstellung ➤4g].

***Abita* in città *tuo fratello*? — Sì.**	*Wohnt dein Bruder* in der Stadt? — Ja.
***È* bello *il quartiere*? — No.**	*Ist das Viertel* schön? — Nein.

6c *Bestätigungsfragen*

Oft wird eine Nachfrage oder eine Bitte um Bestätigung an das Ende einer Aussage angehängt. Im Deutschen z.B. *..., nicht wahr?* oder *..., stimmt's?* Im Italienischen ist das häufigste Allzweckwort **vero?** In der gesprochenen Sprache wird nach einer positiven Aussage oft **no?** verwendet.

Trovare un appartamento in città è difficile, *vero*?	Eine Wohnung in der Stadt zu finden ist schwierig, *nicht wahr*?
È stato fortunato, *no*?	Er hatte Glück, *stimmt's*?

6d Detailfragen: Fragen mit Fragewörtern

Mit diesen Fragen wollen wir genauere Informationen über etwas erhalten. Sie beginnen immer mit einem Fragewort, wie die nachstehend aufgeführten Beispiele zeigen.

Viele der hier aufgeführten Fragewörter (oder Interrogativpronomen) gleichen oder ähneln Relativpronomen [➤23m] oder Konjunktionen [➤5a(ii), 5a(iii)]. Es besteht also Verwechslungsgefahr!

(i) *Menschen:* ***Chi?*** *Wer / wem / wen?* ***Di chi?*** *Wessen?*

Chi **viene al cinema con me?**	*Wer* kommt mit mir ins Kino?
Di chi **sono queste chiavi?**	*Wessen* Schlüssel sind das?
Con chi **vai al ristorante?**	*Mit wem* gehst du ins Restaurant?

Con ‚mit' und andere Präpositionen [➤25] müssen immer vor dem Fragewort stehen.

(ii) *Dinge:* ***Che? Cosa? Che cosa?*** *Was?*

Cosa **facciamo stasera?**	*Was* machen wir heute Abend?
Che cosa **vuoi fare?**	*Was* willst du machen?

(iii) *Auswahl:* ***Quale?*** *(Plural* ***quali****) Welch-...?*

Quale **dei due film preferisci vedere?**	*Welchen* der beiden Filme willst du lieber sehen?
Dei famosi registi italiani ***quali*** **conosci?**	*Welche* bekannten italienischen Filmregisseure kennst du?

(iv) *Definition:* ***Che?*** *Welch-...?* ***Che tipo di?*** *Was für ein ...?*

Che **film danno all' Astra?**	*Welcher* Film läuft im Astra?
Che tipo di **film è?**	*Was für ein* Film ist das?

(v) *Beschreibung:* ***Come?*** *Wie?*

***Com'*era il film che hai visto sabato sera?**	*Wie* war der Film, den du Samstagabend gesehen hast?
—Molto comico.	—Sehr witzig.

(vi) *Zeit:* ***Quando? A che ora?*** *Wann? Um wie viel Uhr?*

***Quando* andiamo allora?**	*Wann* gehen wir denn nun?
—Domani sera.	—Morgen Abend.
***A che ora* ci vediamo?**	*Um wie viel Uhr* wollen wir uns treffen?
—Alle otto davanti al cinema.	— Um acht vor dem Kino.

(vii) *Ort:* ***Dove?*** *Wo?*

***Dove* si trova il cinema Astra?**	*Wo* ist das Kino Astra?
—È proprio in centro.	—Es ist mitten im Zentrum.

(viii) *Art und Weise:* ***Come?*** *Wie?*

***Come* andiamo? In macchina?**	*Wie* fahren wir? Mit dem Auto?

(ix) *Menge und Maß:* ***Quanto, quanta, quanti, quante?*** *Wie viel? Wie viele?*

***Quanto* tempo dura il film?**	*Wie* lang dauert der Film?
—Non lo so.	—Ich weiß es nicht.
***Quanti* vengono al cinema?**	*Wie viele* (Leute) kommen (mit) ins Kino?

(x) *Grund:* ***Perché?*** *Warum?*

***Perché* non andiamo a mangiare una pizza dopo il film?**	*Warum* gehen wir nach dem Film nicht eine Pizza essen?
—Che buon'idea!	—Was für eine gute Idee!

C

HANDLUNGEN UND ZUSTÄNDE: VERBEN UND IHR GEBRAUCH

7 Die Aufgabe der Verben

➤ Eine ausführliche Behandlung der Verbformen finden Sie in *Basiswissen Italienisch: Verben* in dieser Reihe

7a Handlungen, Gefühle, Zustände

Verben sind Wörter, die *Handlungen* ausdrücken

***Leggo* molto.**	Ich *lese* viel.

oder *Gefühle* und *Zustände* definieren:

Mi *piace* leggere.	Ich lese *gern*.
***Sono* studente.**	Ich *bin* Student.

7b Einfache und zusammengesetzte Verbformen

Italienische Verben bestehen wie in den Beispielen oben aus einem Wort (einfache Zeitformen) oder aus mehreren Elementen (zusammengesetzte Zeitformen), nämlich der passenden Form von **avere** oder **essere** und dem Partizip Perfekt:

***Ho* sempre *avuto* una passione per la lettura.**	Ich *habe* schon immer eine Vorliebe für das Lesen *gehabt*.

In manchen Situationen benutzt eine Sprache zusammengesetzte Zeitformen, wenn die andere Sprache einfache Zeitformen bevorzugt:

Il mio primo insegnante di inglese *è stato* molto bravo e mi *ha aiutato* tanto.	Mein erster Englischlehrer *war* sehr gut und *hat* mir sehr geholfen.

7c Hilfsverben

Wenn **avere** und **essere** zur Bildung von zusammengesetzten Zeitformen dienen, nennt man sie *Hilfs*verben, und sie werden mit der Form des Hauptverbs, dem *Partizip Perfekt,* verwendet, um eine Reihe von Zeiten zu bilden [➤11b, 11c, 18]:

Mi *sarebbe piaciuto* imparare l'inglese alla scuola elementare.	Ich *hätte* gern Englisch in der Grundschule *gelernt.*
Non *ho* mai *studiato* una lingua straniera.	Ich *habe* noch nie eine Fremdsprache *gelernt.*

Die meisten Verben bilden zusammengesetzte Zeitformen mit **avere**. [Mehr zu den Verben, die mit **essere** konjugiert werden ➤11c(ii) – 11c(viii).]

8 Das Verb im Satz

8a Was leistet ein Verb in einem Satz?

(i) Transitive und intransitive Verben

Alle Sätze bestehen aus einem Subjekt und einem Prädikat [➤4]. Das Prädikat besteht zumindest aus einem Hauptverb, enthält jedoch meist auch noch andere Informationen. Im nachstehenden Beispiel besteht das Prädikat lediglich aus dem Hauptverb:

I miei amici *partono.*	Meine Freunde *fahren ab.*

Im folgenden Beispiel besteht das Prädikat aus dem Verb plus weiteren Informationen:

I miei amici *hanno fatto le valigie ieri sera.*	Meine Freunde *haben gestern Abend ihre Koffer gepackt.*

Da Subjektpronomen [➤23b(i)] im Italienischen oft weggelassen werden, ist es möglich, dass Subjekt und Prädikat in einem Wort enthalten sind. Also kann auch ein vollständiger Satz aus einem Wort bestehen:

Partono.	Sie fahren ab.

Wenn das Verb in einem Satz ohne weitere Informationen Sinn ergibt (wie bei **partono**), nennt man es intransitiv. Braucht das Verb jedoch ein direktes Objekt (Akkusativ), damit ein sinnvoller Satz entsteht, nennt man das Verb transitiv. Im zweiten Beispiel würde **hanno fatto** ohne das direkte Objekt **le valigie** keinen Sinn ergeben.

(ii) Einige Verben verwendet man entweder transitiv:

Gianni cambia scuola.	Gianni wechselt die Schule.
Ho iniziato un nuovo libro.	Ich habe ein neues Buch angefangen.
Mi passi il pane per favore.	Reich mir bitte das Brot.

oder intransitiv:

Gianni è cambiato molto.	Gianni hat sich sehr verändert.
Il film è appena iniziato.	Der Film hat gerade angefangen.
Il tempo passa.	Die Zeit vergeht.

Diese Unterschiede werden in Wörterbüchern meist durch den Zusatz ‚itr' (intransitives Verb) bzw. ‚tr' (transitives Verb) angezeigt.

(iii) Das Prädikat kann „Extras" enthalten, die zwar nützliche Informationen liefern, jedoch nicht zwingend notwendig sind, damit der Satz Sinn ergibt.

I miei amici hanno fatto le valigie ieri sera prima di andare a letto.	Meine Freude haben ihre Koffer gestern Abend vor dem Zubettgehen gepackt.

Im vorstehenden Satz braucht das Verb **hanno fatto** den Zusatz **le valigie** als direktes Objekt, damit der Satz Sinn ergibt. Die weiteren Informationen im Prädikat sind zwar nützlich oder sogar wichtig, haben jedoch keinen weiteren Einfluss auf die grammatikalische Vollständigkeit des Satzes.

Italienische Verben können mit ihrem Objekt oder sonstigen Teilen des Prädikats durchaus anders verbunden sein als im Deutschen [➤ 8h]. Ein im Deutschen transitives Verb mit einem direkten Objekt kann im Italienischen, z.B. eine Präpositon vor dem Objekt erfordern:

Godono *di* buona salute.	Sie erfreuen sich guter Gesundheit.

Einige italienische Verben haben ein direktes Objekt da, wo im Deutschen eine Präposition verwendet wird:

Aspetto l'autobus.	Ich warte *auf* den Bus.

Bei einigen Verben steht eine andere Präposition:

Dipende *dal* giorno.	Es kommt *auf* den Tag an.

[Mehr zu diesen Unterschieden ➤8h.]

8b Reflexive Verben

(i) Die Handlung bezieht sich auf das Subjekt

Ein reflexives oder rückbezügliches Verb bezieht sich auf das Subjekt. Daher ist das Objekt der Handlung mit dem Subjekt identisch:

***Mi diverto* sempre quando esco con i miei amici.**	*Ich amüsiere mich* immer gut, wenn ich mit meinen Freunden ausgehe.
La mattina non *mi guardo* mai nello specchio per paura di svenire.	Morgens *sehe ich mich* nie im Spiegel an, weil ich Angst habe, in Ohnmacht zu fallen.
***Si pesa* ogni mattina.**	*Er wiegt sich* jeden Morgen.

(ii) In manchen Fällen beschreiben im Italienischen reflexive Verben eine Handlung, die im Deutschen nicht ausdrücklich rückbezüglich ist:

Durante la settimana *mi sveglio* alle sei.	Unter der Woche *wache ich* um sechs Uhr *auf.*
***Mi alzo* quasi subito.**	*Ich stehe* beinahe sofort *auf.*
Quando torno dal lavoro, *mi riposo.*	Wenn ich von der Arbeit zurückkomme, *ruhe ich mich aus.*
Di solito *mi addormento* in una poltrona.	Gewöhnlich *schlafe ich* im Sessel *ein.*
***Mi corico* abbastanza presto.**	*Ich gehe* früh *schlafen.*

(iii) In manchen Fällen ist die Rückbezüglichkeit des reflexiven italienischen Verbs im Deutschen überhaupt nicht nachvollziehbar:

Marta *si dimentica* spesso dei nomi dei suoi colleghi.	Marta vergisst oft die Namen ihrer Kollegen.
***Vi trattenete* fino a domani?**	Bleibt ihr bis morgen?
Non *ti stupire*, succede spesso.	Staune nicht, so was passiert oft.

Nachstehend finden Sie eine Liste ähnlicher Verben:

accorgersi	bemerken
andarsene	weggehen
dimenticarsi	vergessen
fidarsi	vertrauen
meravigliarsi	staunen
mettersi a	anfangen
opporsi	dagegen sein
pentirsi	bereuen
rammaricarsi	bedauern
recarsi	gehen
servirsi di	gebrauchen
stupirsi	staunen
trattenersi	bleiben
tuffarsi	tauchen
vantarsi	angeben, prahlen

Viele reflexive Verben können auch transitiv verwendet werden:

Mi sono svegliato.	Ich bin aufgewacht.
Ci siamo girati per guardare.	Wir haben uns umgedreht, um zu gucken.

aber

Ho svegliato mio fratello.	Ich habe meinen Bruder geweckt.
Abbiamo girato tutti i negozi.	Wir sind in alle Läden gegangen.

(iv) *Reziproke / Gegenseitige Handlungen*

Verben können in der reflexiven Form verwendet werden, um die Wechselseitigkeit einer Handlung auszudrücken. Dazu braucht man natürlich zwei Seiten. Daher werden nur die Pluralformen **noi, voi** und **loro** verwendet.

Purtroppo, non vedo spesso i miei amici italiani, ma per restare in contatto o *ci scriviamo* o *ci telefoniamo*.	Leider sehe ich meine italienischen Freunde nicht oft, aber um in Kontakt zu bleiben, *schreiben wir uns* oder *telefonieren (miteinander)*.

(v) *Reflexive Verben anstelle von Passiv*

Reflexiven Verbformen im Italienischen [➤17e] entspricht im Deutschen manchmal eine passivische Wendung.

Non *si vendono* giornali qui.	Zeitungen *werden* hier nicht *verkauft*.

(vi) Reflexive Verben drücken häufig einen Prozess aus:

abituarsi	sich gewöhnen	**raffreddarsi**	sich erkälten
abbronzarsi	braun werden	**seccarsi**	wütend werden
annoiarsi	sich langweilen	**stancarsi**	müde werden
arrabbiarsi	wütend werden	**stabilirsi**	sich einrichten
innervosirsi	nervös werden	**ubriacarsi**	sich betrinken
preoccuparsi	sich Sorgen machen		

8c *Die Verben* essere *und* stare

In bestimmten Fällen wird das Verb ‚sein' im Italienischen nicht durch **essere** ausgedrückt, sondern durch **stare**. Die folgenden Beispiele veranschaulichen den Gebrauch von **stare**:

- um zu fragen, wie es jemandem geht

Come *stai*? — *Sto* molto bene grazie, e tu?	Wie *geht* es dir? — Es *geht* mir sehr gut, danke, und dir?

- zur Bildung der progressiven Verbformen

Cosa *stai* facendo? — *Sto* scrivendo una lettera.	Was *machst* du gerade? — Ich *schreibe* einen Brief. (bin dabei, ...)

- in der Wendung ***stare per*** ‚im Begriff sein' etwas zu tun

Il pullman *sta per* partire.	Der Bus fährt *gleich* ab.

- in verschiedenen idiomatischen Wendungen:

stare attento	vorsichtig sein
stare fresco	das kommt davon
stare sulle spine	wie auf heißen Kohlen sitzen
stare buono	lieb / gut sein
stare zitto	ruhig sein / bleiben
stare in pensiero	besorgt sein

stare tranquillo	ruhig sein / bleiben
stare fermo	ruhig bleiben
stare in piedi	stehen (bleiben)
stare seduto	sitzen bleiben
stare in ginocchio	knien
stare fuori	draußen, von zu Hause weg sein

8d *Verben, die ein Objekt haben: das direkte Objekt transitiver Verben*

Die Mehrzahl der transitiven Verben hat ein direktes Objekt (oder Akkusativobjekt). Es bezeichnet die Person oder Sache, auf die sich die Handlung des Verbs in erster Linie bezieht.

Marco scrive *una lettera*.	Marco schreibt *einen Brief.*
Vedo *la mia amica* ogni sera.	Ich sehe *meine Freundin* jeden Abend.

Das direkte Objekt lässt sich mit Hilfe der Frage **Che cosa** ‚Was?' oder **Chi** ‚Wen?' ermitteln. Im ersten Beispiel ist **una lettera** die Antwort auf die Frage **Marco scrive che cosa?** Im zweiten Beispiel beantwortet **la mia amica** die Frage **Vedo chi?**

8e *Verben, die zwei Objekte haben: direktes und indirektes Objekt*

Manche transitiven Verben haben neben dem direkten Objekt noch ein zweites Objekt, das indirekte Objekt (Dativobjekt). Es lässt sich durch die Beantwortung der Frage ‚Wem?' ermitteln. Die wichtigsten Verwendungsmöglichkeiten des indirekten Objekts werden in den nachstehenden Abschnitten beschrieben.

(i) *Übergabe einer Sache / Übermittlung von Informationen*

Verben, die den Transfer von Personen, Sachen oder Informationen beschreiben (z.B. **dare** ‚geben', **dire** ‚sagen'), ergeben normalerweise erst mit einem indirekten Objekt einen Sinn. Es bezeichnet die Person oder Sache, auf die sich die Handlung des Verbs zusammen mit dem direkten Objekt richtet:

chiedere	fragen	**domandare**	(er)fragen
consegnare	liefern	**far sapere**	wissen lassen
consigliare	raten	**far vedere**	zeigen
dare	geben	**insegnare**	lehren
dire	sagen	**inviare**	senden

VERBEN UND IHR GEBRAUCH

mandare	schicken	**regalare**	schenken
mostrare	zeigen	**restituire**	zurückgeben
portare	bringen	**scrivere**	schreiben
presentare	vorstellen	**spiegare**	erklären
prestare	leihen	**suggerire**	vorschlagen
promettere	versprechen		

Cos'hai regalato *a tua sorella* per il suo compleanno?	Was hast du *deiner Schwester* zum Geburtstag geschenkt?
***Le* ho regalato un compact disc.**	Ich habe *ihr* eine CD geschenkt.

Wie das obige Beispiel zeigt, wird das indirekte Objekt — **tua sorella** — mit der Präposition **a** eingeleitet. In der Antwort kann das indirekte Objekt **a tua sorella** durch das Dativpronomen **le** ‚ihr' ersetzt werden.

Im Deutschen wird das indirekte Objekt nicht durch eine Präposition eingeleitet. Vergleichen Sie die folgenden Beispiele:

dare qualcosa a qualcuno	jemandem etwas geben
spiegare qualcosa a qualcuno	jemandem etwas erklären

(ii) Manche Verben haben im Italienischen ein indirektes Objekt, während ihre deutschen Entsprechungen von einem direkten Objekt begleitet werden.

A *me* non interessa.	Es interessiert *mich* nicht.

[Weitere Beispiele ➤8h(i).]

(iii) *Etwas für jemanden tun*

Mit dem indirekten Objekt wird häufig ausgedrückt, dass man etwas *für jemanden* tut:

***Mi* puoi fare un piacere quando vai in città? *Mi* compri un chilo di zucchero?**	Kannst du *mir* einen Gefallen tun, wenn du in die Stadt gehst? Kannst du *mir* ein Kilo Zucker mitbringen?

***Gli* ho trovato un bell'appartamento proprio in centro.**	Ich habe *ihm* eine schöne Wohnung mitten im Stadtzentrum besorgt.

Die Person oder Sache, der etwas weggenommen wird, wird auch oft als indirektes Objekt ausgedrückt:

***Mi* ha strappato la lettera.**	Er hat *mir* den Brief weggeschnappt.
Il ladro *le* ha rubato la borsa.	Der Dieb hat *ihr* die Handtasche gestohlen.

(iv) *Handlungen an Körper oder Kleidung*

Wird am Körper oder der Kleidung einer Person eine bestimmte Handlung ausgeführt, wird die betreffende Person zum indirekten Objekt.

Il dottore *mi* ha fasciato il braccio.	Der Arzt hat *mir* den Arm verbunden.
Quella macchia di caffè *le* ha rovinato il vestito.	Dieser Kaffeefleck hat *ihr* das Kleid ruiniert.

(v) *Die Stellung der Objekte*

Handelt es sich sowohl bei dem direkten als auch bei dem indirekten Objekt um ein Substantiv, so steht — im Gegensatz zum Deutschen — das direkte Objekt normalerweise vor dem indirekten, wenn beide etwa gleich lang sind. Ist ein Objekt beträchtlich länger als das andere, steht das kürzere zuerst:

Ho regalato *una giacca* a *mia madre*.	Ich habe *meiner Mutter eine Jacke.* geschenkt.
Ho regalato a *mia madre una bellissima giacca verde*.	Ich habe *meiner Mutter eine sehr schöne grüne Jacke geschenkt.*

Handelt es sich bei beiden Objekten um Pronomen, so steht das indirekte Objekt immer vor dem direkten.

***Me l'ha* prestato mio cugino.**	Mein Cousin hat *es mir* geliehen.

[Bitte schlagen Sie die Stellung der Objektpronomen in Bezug zum Verb in Abschnitt ➤23b(iv) nach.]

8f *Objekte und reflexive Verben*

Viele reflexive Verben sind transitive Verben, deren Handlung sich auf das Subjekt „zurückbezieht". Das Objekt der Handlung ist inhaltlich mit dem Subjekt identisch. [➤8b(i)]:

Giovanni *si lava*.	Giovanni *wäscht sich*.

Der Satz sagt also aus: **Giovanni lava Giovanni.**

(i) Einer ganzen Reihe italienischer reflexiver Verben entsprechen im Deutschen intransitive Verben [➤8b(ii), 8b(iii)].

Il treno *si è fermato* a tutte le stazioni.	Der Zug *hat* an jeder Station *gehalten*.
Quanti giorni *ti fermi* a Venezia?	Wie viele Tage *bleibst* du in Venedig?

(ii) Das Reflexivpronomen als indirektes Objekt

Das Reflexivpronomen kann auch indirektes Objekt sein [➤8e]. Dies kommt besonders dann vor, wenn das Subjekt eine Handlung an einem Körperteil oder der eigenen Kleidung vornimmt [➤8e(iv)]:

Mentre riparavo la macchina *mi sono tagliato* il dito.	Während ich das Auto reparierte, *habe ich mir* in den Finger geschnitten.

Im obigen Beispiel ist **il dito** das direkte Objekt, und **mi** ist das indirekte Objekt.

(iii) Das Reflexivpronomen kann auch die Gegenseitigkeit einer Handlung ausdrücken [➤8b(iv)], und zwar als direktes oder indirektes Objekt:

***Si salutano* ogni volta che *si vedono*.**	Sie begrüßen *sich* jedes Mal, wenn sie *sich (einander)* sehen.
***Vi scrivete* spesso? — No, ma *ci telefoniamo* spesso.**	Schreibt ihr *euch* oft? — Nein, aber wir telefonieren oft *(miteinander)*.

8g *Unpersönliche Verben*

Ein unpersönliches Verb hat im Deutschen das Subjekt ‚es', das bedeutungsleer ist und bei Sätzen wie ‚Es regnet' oder ‚Es ist unmöglich zu sagen …' die Stelle des Subjekts besetzt. Im Italienischen ist ‚es' bereits in der Verbform enthalten und wird nicht extra erwähnt. Unpersönliche Verben lassen sich in die folgenden Kategorien einteilen:

(i) Wenn es um das Wetter geht

Neben Verben wie **nevicare** ‚schneien', **tuonare** ‚donnern', **piovere** ‚regnen' gibt es eine Reihe von Ausdrücken, die mit **fare**, **essere** und **c'è** gebildet werden.

piovere	regnen	**fare bello**	schön sein
piovigginare	nieseln	**fare brutto**	schlecht sein
nevicare	schneien	**fare notte**	Nacht / dunkel werden
gelare	gefrieren	**fare giorno**	Tag / hell werden
sgelare	tauen	**essere nuvoloso**	wolkig sein
grandinare	hageln	**essere umido**	feucht sein
lampeggiare	blitzen	**essere afoso**	schwül sein
tuonare	donnern	**essere mite**	mild sein
fare caldo	heiß sein	**c'è il sole**	es ist sonnig
fare freddo	kalt sein	**c'è la nebbia**	es ist neblig
fare fresco	kühl sein	**c'è la foschia**	es ist diesig

Beachten Sie bitte auch:

tirare vento windig sein

Durante questo periodo il tempo è molto variabile, ma purtroppo fa sempre brutto: c'è la nebbia, fa molto freddo, nevica abbastanza, verso le quattro e mezzo fa già notte ...	Während dieser Jahreszeit ist das Wetter sehr wechselhaft, aber leider ist es immer schlecht: es ist neblig, es ist sehr kalt, es schneit recht viel, es wird schon gegen halb fünf dunkel ...
D'estate, però, fa molto caldo, delle volte 32 - 34 gradi. Non piove quasi mai. Si sta meglio la sera quando comincia a fare più fresco.	Im Sommer ist es dagegen sehr heiß, manchmal 32–34 Grad. Es regnet fast nie. Man fühlt sich am Abend besser, wenn es anfängt kühler zu werden.

(ii) ***C'è, ci sono****: es gibt (Singular / Plural)*

Diese Formen werden in der 3. Person Singular und Plural in

allen Zeiten verwendet:

Se questa nebbia non si dissipa, ci saranno molti incidenti stradali. Stamattina c'è stato un orribile incidente sul tratto di strada che passa davanti a casa nostra.	Wenn sich dieser Nebel nicht auflöst, wird es viele Unfälle geben. Heute Morgen hat sich auf dem Straßenabschnitt, der an unserem Haus vorbeiführt, ein schrecklicher Unfall ereignet.

(iii) Das Verb **essere** (in der 3. Person Singular) gefolgt von einem Adjektiv, Adverb oder Partizip Perfekt

Ausdrücke wie **è facile** ‚es ist einfach', **è possibile** ‚es ist möglich', **è necessario** ‚es ist notwendig', **è bene** ‚es ist gut', **è male** ‚es ist schlecht', **è meglio** ‚es ist besser', **è vietato** ‚es ist verboten', **è permesso** ‚es ist erlaubt' bezeichnet man normalerweise als unpersönlich, weil sie mit ‚es' eingeleitet werden. ‚Es' hat hier nur Platzhalterfunktion, denn inhaltlich ist die folgende Infinitivkonstruktion oder der folgende Teilsatz das wahre Subjekt des Satzes. In den folgenden Beispielen kann der Infinitiv oder Teilsatz das Subjekt ‚es' ersetzen.

È impossibile guidare con questa nebbia fitta.	Es ist unmöglich, in diesem dichten Nebel zu fahren.
***Guidare* con questa nebbia fitta è impossibile.**	*Das Fahren* ist in diesem dichten Nebel unmöglich.
È bene che non dobbiamo uscire.	Es ist gut, dass wir nicht aus dem Haus zu gehen brauchen.
***Che non dobbiamo uscire* è bene.**	*Dass wir nicht aus dem Haus zu gehen brauchen*, ist gut.

(iv) *Verben, die Notwendigkeit oder Anschein betreffen*

Die folgenden Verben werden im Italienischen immer in unpersönlichen Konstruktionen verwendet. Nach diesen Verben steht entweder ein Nebensatz mit dem Verb im Konjunktiv [➤16c(iii)] oder ein Infinitiv [➤8i]:

accadere	passieren	**bisognare**	nötig sein, brauchen
avvenire	geschehen	**convenire**	passen, eine gute Idee sein, lohnen
bastare	genug sein, ausreichen	**costare**	kosten

importare	bedeuten/wichtig sein	**sembrare**	scheinen
interessare	interessieren	**servire**	nützen
occorrere	nötig sein	**spettare**	jmds. Pflicht sein
parere	scheinen	**succedere**	passieren
riuscire	sein (+ *Adjektiv*)	**toccare**	müssen, jemandes Aufgabe sein

Pare che voglia piovere.	Es scheint, als würde es regnen.
Non importa, non andiamo lontano, basta portare l'ombrello.	Es ist nicht wichtig, wir gehen nicht weit, es genügt, wenn wir den Schirm nehmen.
Non serve a niente portare l'ombrello quando tira un vento così forte.	Es nützt nichts, den Schirm zu nehmen, wenn es derartig windig ist.
Riesce difficile tenerlo aperto.	Es ist schwer, ihn offen zu halten.
Non bisogna che tu venga con me.	Du brauchst nicht mitzukommen. (Es ist nicht nötig, dass du mit mir mitkommst.)

Diese Verben werden (mit Ausnahme von **bisognare**) in der 3. Person Singular oder Plural verwendet und haben oft ein indirektes Objekt.

Non *mi* interessa uscire quando fa così freddo.	Ich habe keine Lust rauszugehen, wenn es so kalt ist.
***Ci* pare che le strade siano molto scivolose.**	Es scheint (*uns),* dass die Straßen sehr rutschig sind.
Gino, non *ti* conviene prendere la macchina.	Gino, es ist keine gute Idee, mit dem Auto zu fahren.
Per una volta *ti* tocca andare a piedi.	Dieses Mal musst du laufen.
Prima di andare in macchina su queste strade scivolose, *ci* occorrono delle gomme nuove.	Bevor wir mit dem Auto auf diesen rutschigen Straßen fahren, brauchen wir neue Reifen.

(v) ***Piacere*** *‚gefallen' und ähnliche Verben*

Bei diesen Verben findet ein „Rollentausch" zwischen Subjekt und indirektem Objekt statt. Die Person (normalerweise Subjekt) wird zum Objekt. Das Verb steht in der 3. Person Singular oder Plural. Vergleichen Sie hierzu den deutschen Satz ‚Mir gefällt mein neues Auto', bei dem genau dieser Wechsel eintritt. Ist das Objekt (eine Person) ein Substantiv, steht es nach der Präpositon **a** am Satzanfang.

A mio fratello **piacciono i piatti vegetariani. Non *gli* piace affatto la carne.**	*Meinem Bruder* schmecken vegetarische Gerichte. Fleisch schmeckt *ihm* überhaupt nicht.

Das Wichtigste an dieser Satzkonstruktion ist daher:

- Das Subjekt (**i piatti vegetariani**) folgt dem Verb. Steht das Subjekt im Plural, muss das Verb natürlich auch in den Plural gesetzt werden. Es heißt also **(Mi) piacciono i piatti vegetariani**, aber **(Mi) piace la carne.**

- Wenn das Objekt ein Pronomen ist, wird es oft durch **a** + betontes Pronomen ergänzt [➤23h(ii)], und zwar besonders, um der Formulierung stärkeres Gewicht zu verleihen.

A me **non piacciono i piatti vegetariani.**	*Mir* schmecken vegetarische Gerichte nicht.

- Einige Verben, die man in dieser Konstruktion verwenden kann, wurden bereits [➤8(iv)] erwähnt. Weitere Beispiele:

andare di	Lust haben	**mancare**	fehlen
capitare di	passieren	**rimanere**	bleiben
dispiacere	Leid tun	**rincrescere**	Leid tun
dolere	schmerzen	**sfuggire**	entgehen
far male	wehtun		

Anche se mi fa male la schiena, non mi va di andare dal medico. Per fortuna, mi sono rimasti degli antidolorifici.	Mir schmerzt zwar der Rücken, aber ich habe keine Lust, zum Arzt zu gehen. Glücklicherweise habe ich noch Schmerzmittel.
Se ti capita di andare in farmacia, ti dispiace comprarmi delle aspirine?	Falls du zufällig in die Apotheke gehst, würde es dir etwas ausmachen, mir Aspirin mitzubringen?

8h Verb + Präposition + Substantiv

Verb und Objekt werden sehr oft mit einer Präposition verbunden, **a** und **di** sind die häufigsten. In den meisten Fällen stehen

diese Kombinationen aus Verb und Präposition (Prä-positionalverben) fest. Die Prägositon kann nicht weggelassen oder gegen eine andere eingetauscht werden, ohne dass der Sinn des Satzes verändert wird.
Die folgende Aufstellung enthält häufig verwendete Verben, die durch eine Präpositon mit ihrem Objekt verbunden sind. Im Deutschen steht nach diesen Verben auch oft eine Präposition, aber nicht unbedingt die gleiche. Es kommt auch vor, dass im Deutschen keine Präposition steht.

Mia figlia *bada ai* bambini.	Meine Tochter kümmert sich um die Kinder.
Non ho potuto *resistere alla* tentazione.	Ich habe der Versuchung nicht widerstehen können.
***Assomiglia* molto *a* sua sorella.**	Sie ähnelt ihrer Schwester sehr.
Dice che *ha bisogno di* soldi ma non *mi fido di* lui.	Er sagt, dass er Geld braucht, aber ich traue ihm nicht.

(i) Verben + ***a***

accennare a	erwähnen, sich beziehen auf
affacciarsi a	erscheinen, herausschauen
affezionarsi a	Zuneigung fassen
affidarsi a	vertrauen auf, sich verlassen auf
aspirare a	streben nach
assistere a	zugegen sein, beiwohnen
assomigliare a	ähneln
avvicinarsi a	sich nähern
badare a	sich kümmern um
cedere a	nachgeben
concedere a	erlauben, gewähren
contribuire a	beitragen zu
credere a / in	glauben an
dedicarsi a	sich widmen
disubbidire a	nicht gehorchen, sich widersetzen
giocare a	spielen (ein Spiel)
giungere a	ankommen
interessarsi a / di	sich interessieren für
mirare a	zielen auf
opporsi a	dagegen sein, sich widersetzen
partecipare a	teilnehmen
pensare a	nachdenken über, denken an
prepararsi a	(sich) vorbereiten auf

provvedere a	sorgen für
puntare a	zielen auf
resistere a	widerstehen
ricorrere a	greifen zu, sich wenden an / nach
riferirsi a	sich beziehen auf
rimediare a	abhelfen, wieder gutmachen
rinunciare a	aufgeben, verzichten
rispondere a	antworten
rivolgersi a	sich wenden an, sprechen mit
sopravvivere a	überleben
sottoporsi a	sich unterziehen
sovrintendere a	beaufsichtigen
sparare a	schießen auf
spettare a	jemandes Verantwortung / Pflicht sein
telefonare a	anrufen, telefonieren
tenerci a	Bedeutung beimessen, am Herzen liegen
toccare a	jemandes Aufgabe / Verantwortung sein
ubbidire a	gehorchen
voler bene a	gern haben

Mio figlio si dedica ai suoi studi. Al momento, pensa solo ai suoi esami. Non gioca più a tennis, che gli piace molto; non telefona ai suoi amici, che faceva quasi ogni sera; non ha risposto all'ultima lettera del suo corrispondente. Non fa altro che studiare.

Mein Sohn widmet sich seinem Studium. Momentan denkt er nur an seine Prüfungen. Er spielt nicht mehr Tennis, was ihm sehr viel Spaß macht; er telefoniert nicht mit seinen Freunden, was er sonst fast jeden Abend tat; er hat den letzten Brief seines Brieffreundes nicht beantwortet. Außer lernen tut er nichts.

(ii) *Verben +* ***di***

accontentarsi di	sich begnügen
accorgersi di	bemerken, realisieren
approfittare di	(aus)nutzen, benutzen
diffidare di	misstrauen
dimenticarsi di	vergessen
discutere di	diskutieren über, besprechen
fidarsi di	vertrauen
godere di	sich erfreuen an, genießen
informarsi di / su	herausfinden, sich informieren
innamorarsi di	sich verlieben

impadronirsi di	sich bemächtigen, aneignen
intendersi di	wissen über, sich auskennen
lagnarsi di	sich beklagen, jammern
lamentarsi di	sich beklagen, beschweren
mancare di	fehlen
meravigliarsi di	sich wundern, staunen
occuparsi di	sich kümmern um
pensare di	halten von
preoccuparsi di (per)	sich sorgen
rendersi conto di	bemerken, realisieren
ricordarsi di	sich erinnern
ridere di	lachen über
riempire di	füllen mit
sapere di	schmecken, klingen nach
servirsi di	gebrauchen, sich bedienen
stancarsi di	ermüden von, überdrüssig werden
stupirsi di	staunen, sich wundern
trattarsi di	sich handeln um
vantarsi di	prahlen mit, sich rühmen
vergognarsi di	sich schämen
vivere di	leben von

Mio figlio si rende conto dell'importanza dei suoi studi. Io e mia moglie ci meravigliamo del suo impegno e della sua motivazione. Approfitta di ogni occasione per studiare. Non si lamenta mai della quantità del lavoro che deve fare.

Mein Sohn ist sich über die Wichtigkeit seines Studiums im Klaren. Meine Frau und ich staunen über seinen Einsatz und seine Motivation. Er nutzt jede Gelegenheit zum Lernen. Er beklagt sich nie darüber, wie viel er zu tun hat.

(iii) *Verben +* ***con***

arrabbiarsi con	wütend werden
avercela con	Groll hegen gegen
competere con	konkurrieren mit
congratularsi con	gratulieren
incontrarsi con	sich treffen mit
prendersela con	sich ärgern, sich aufregen
sposarsi con	heiraten
trattare con	sich kümmern um, verhandeln mit

Mi congratulo con te.	Ich gratuliere dir.
Si è sposato con una ragazza francese.	Er hat eine Französin geheiratet.

*(iv) Verben + **per***

entusiasmarsi per	sich begeistern für
lottare per	kämpfen für / um
partire per	abreisen nach
passare per	durchfahren / -kommen
prendere per	für jemanden halten, verwechseln
scambiare per	für jemanden halten, verwechseln

L'ho preso per tuo cognato.	Ich habe ihn mit deinem Schwager verwechselt.
Sono partiti per l'Italia due giorni fa.	Sie sind vor zwei Tagen nach Italien abgereist.

*(v) Verben + **da***

allontanarsi da	weggehen
avere da	müssen
dipendere da	abhängen von
fare da	dienen als, fungieren als
giudicare da	urteilen nach
guardarsi da	aufpassen, vermeiden
provenire da	kommen von / aus, herkommen
scendere da	aussteigen (Auto, Zug usw.)
servire da	dienen als

Non è sempre possibile giudicare dalle apparenze.	Es ist nicht immer möglich nach dem Aussehen zu urteilen.
Durante il congresso ho fatto da interprete.	Während des Kongresses habe ich als Dolmetscher fungiert.

*(vi) Verben + **in, su, verso** und **contro***

entrare in	hereingehen, hineingehen
tradurre in	übersetzen in
trasformare in	ändern, verwandeln in

abbattersi su	schlagen
decidere su	entscheiden über
incidere su	wirken auf, beeinträchtigen
indagare su	untersuchen
influire su	beeinflussen
insistere su	bestehen auf
riflettere su	nachdenken über
salire su / in	einsteigen (Bus, Zug, Auto)
avviarsi verso	zugehen auf
dirigersi verso	aufbrechen nach, sich wenden nach
lottare contro	kämpfen gegen

Siamo entrati in casa.	Wir sind (ins Haus) eingetreten.
La decisione presa dal governo inciderà sul costo della vita.	Die von der Regierung gefällte Entscheidung wird sich auf die Lebenshaltungskosten auswirken.
L'uragano sta per abbattersi sulla costa.	Der Sturm wird in Kürze mit Wucht auf die Küste treffen.

(vii) Nachstehende Verben sind dagegen ohne Präposition direkt mit ihrem Objekt verbunden:

approvare	zustimmen
ascoltare	zuhören
aspettare	warten auf
commentare	kommentieren, sprechen über
cercare	suchen
chiedere	fragen nach
domandare	fragen nach
guardare	ansehen
operare	operieren
pagare	bezahlen
sfiorare	berühren (ein Thema)
sfogliare	durchblättern (Buch, Zeitung)
sognare	träumen von

A casa nostra preferiamo ascoltare la radio piuttosto che guardare sempre la televisione.	Bei uns zu Hause hören wir lieber Radio, statt immer fernzusehen.

8i Verb + reiner Infinitiv

Nachstehende Verben gehören zu einer Gruppe, in der sich alle Verben ohne Präposition mit einem Infinitiv verbinden.

bastare	genügen, ausreichen	**lasciare**	zulassen, erlauben
bisognare	nötig sein	**occorrere**	nötig sein
convenire	passen, lohnen	**osare**	wagen
		piacere	gefallen
desiderare	wollen, mögen, wünschen	**potere**	können, dürfen
detestare	hassen	**preferire**	bevorzugen
dispiacere	Leid tun	**rincrescere**	Leid tun
dovere	müssen	**sapere**	können, wissen
importare	wichtig sein	**sentire**	hören
intendere	beabsichtigen	**vedere**	sehen
interessare	interessieren	**volere**	wollen

Quest'anno intendo trascorrere le vacanze estive in Italia.	Dieses Jahr beabsichtige ich, meinen Sommerurlaub in Italien zu verbringen.
Desidero andarci per perfezionare il mio italiano.	Ich will dort hinfahren, um meine Italienischkenntnisse zu vervollkommnen.
Naturalmente mi interesserebbe visitare i monumenti antichi.	Natürlich bin ich daran interessiert, antike Denkmäler zu besuchen.

Die Infinitivkonstruktion nach Verben, die einen Wunsch, eine Vorliebe, Bedauern usw. ausdrücken, ist natürlich nur möglich, wenn das konjugierte Verb und der Infinitiv das gleiche Subjekt haben. Haben die zwei in einem Satz auftretenden Verben zwei verschiedene Subjekte, ist eine Nebensatzkonstruktion nötig. Das Verb des Nebensatzes steht in dem Fall im Konjunktiv [➤16a, 16c].

Quest'estate voglio *andare* in Italia.	Diesen Sommer will ich nach Italien *fahren.*
Non voglio *che* tu *vada solo*	Ich will nicht, *dass du* allein *fährst.*
Detesto *nuotare.*	Ich hasse es *zu schwimmen.*
Detesto *che* mi *interrompano.*	Ich hasse es, *dass sie* mich *unterbechen.*

8j Verb + Präposition + Infinitiv

Zahlreiche Verben werden mithilfe einer Präposition mit einem Infinitiv verbunden. Wie bei der Verbindung Verb + Präposition + Substantiv [➤8h] handelt es sich um eine feststehende Verbindung. Am häufigsten sind hier die Prépositonen **a** und **di** anzutreffen, gelegentlich werden auch einige andere verwendet.

*(i) Verben+ **a** + Infinitiv*

Verben, die den Infinitiv mit **a** anschließen

(A) drücken einen Beginn aus:

apprestarsi a	sich vorbereiten
cominciare a	anfangen
iniziare a	anfangen, beginnen
mettersi a	sich daranmachen
prendere a	anfangen
prepararsi a	sich vorbereiten
scoppiare a (ridere)	plötzlich anfangen (zu lachen)

(B) drücken Bewegung im weitesten Sinne aus:

affrettarsi a	sich beeilen
andare a	gehen (um etwas zu tun)
correre a	laufen (um etwas zu tun)
tornare a	wieder tun
venire a	kommen zu

(C) drücken eine Einladung oder Aufforderung aus:

costringere a	zwingen
forzare a	zwingen, nötigen
incitare a	anregen
incoraggiare a	ermutigen
invitare a	einladen
obbligare a	verpflichten
persuadere a	überreden
spingere a	drängen, anstiften
stimolare a	antreiben

Folgende Verben verwenden ebenfalls die Präposition **a**:

abituarsi a	sich gewöhnen an	**autorizzare a**	genehmigen
aiutare a	helfen	**azzardarsi a**	wagen
apprendere a	lernen	**continuare a**	fortfahren

convincere a	überzeugen zu	**provare a**	versuchen
decidersi a	sich entscheiden zu	**rassegnarsi a**	sich abfinden
		riuscire a	gelingen, schaffen
divertirsi a	Spaß haben an		
esitare a	zögern	**sfidare a**	herausfordern, trotzen
imparare a	lernen zu		
impegnarsi a	sich verpflichten	**tardare a**	verzögern
insegnare a	lehren	**tendere a**	streben nach, neigen zu
limitarsi a	sich einschränken		
portare a	führen zu	**tenere a**	begierig sein

Ieri sera ho provato ad imparare questi verbi. Ho cominciato a studiare intorno alle sette. Dopo un'ora, ero riuscito ad impararne una trentina. A quel punto, volevo smettere ma un amico mi ha incoraggiato ad andare avanti.	Gestern Abend habe ich versucht diese Verben zu lernen. Gegen sieben habe ich angefangen zu lernen. Nach einer Stunde war es mir gelungen, mir ungefähr 30 einzuprägen. An dem Punkt wollte ich aufhören, aber ein Freund hat mich ermutigt weiterzumachen.

(ii) *Verben + **di** + Infinitiv*

Verben, die den Infinitiv mit **di** anschließen, drücken das Ende einer Handlung aus:

cessare di	aufhören
finire di	beenden
smettere di	aufhören
stancarsi di	genug haben von
stufarsi di	überdrüssig werden

Folgende Verben verwenden ebenfalls die Präposition **di**:

accettare di	akzeptieren	**cercare di**	versuchen
accorgersi di	bemerken	**chiedere di***	fragen
accusare di	beschuldigen	**consigliare di***	raten
ammettere di	zugeben	**credere di**	glauben
aspettarsi di	erwarten	**decidere di**	entscheiden
avere bisogno di	brauchen	**dichiarare di**	verkünden
avere intenzione di	beabsichtigen	**dimenticare / -si di**	vergessen
avere paura di	Angst haben	**dire di***	sagen
avere vergogna di	sich schämen	**domandare di***	fragen
avere voglia di	Lust haben	**fare finta di**	vorgeben
badare di	sich kümmern	**fingere di**	so tun, als ob

giurare di	schwören	**ricordare / -si di**	sich erinnern
immaginare di	sich vorstellen	**rifiutare /-si di**	sich weigern
impedire di	verhindern	**rischiare di**	riskieren, Gefahr laufen
mancare di	fehlen		
meritare di	verdienen	**risolvere di**	entscheiden
minacciare di	drohen	**ritenere di**	bedenken
non vedere l'ora di	sich freuen auf	**sapere di**	wissen
offrire di	anbieten	**scegliere di**	wählen
ordinare di*	befehlen	**sembrare di**	scheinen
parere di	scheinen	**sentirsi di**	fühlen
parlare di	sprechen über	**sforzarsi di**	sich bemühen
pensare di	denken an	**sognare di**	träumen
pentirsi di	bereuen	**sperare di**	hoffen
permettere di*	erlauben	**suggerire di**	empfehlen
pregare di	bitten, fragen	**temere di**	fürchten
pretendere di	verlangen	**tentare di**	versuchen
proibire di*	verbieten	**trattarsi di**	sich handeln um
promettere di*	versprechen	**vantarsi di**	prahlen
proporre di*	vorschlagen	**vergognarsi di**	sich schämen
rammaricarsi di	bedauern	**vietare di**	verbieten, verhindern
rendersi conto di	realisieren		

Anm. Die obige Liste enthält einige *stehende Wendungen* wie **avere bisogno di**, eine Konstruktion aus Verb + Substantiv + Präposition. Sie werden genau wie die anderen Verben verwendet.

Abbiamo deciso di vendere la macchina perché consuma troppa benzina. Un amico ha offerto di comprarla, e ci ha chiesto di tenerla ancora per qualche settimana mentre cerca di vendere la sua. Abbiamo promesso di aspettare un po'. Ad ogni modo, non pensiamo di comprare un'altra macchina.	Wir haben uns entschieden, den Wagen zu verkaufen, weil er zu viel Benzin verbraucht. Ein Freund hat angeboten, ihn zu kaufen, und hat uns gebeten, ihn noch einige Wochen zu behalten, während er versucht seinen zu verkaufen. Wir haben versprochen eine Weile zu warten. Jedenfalls planen wir sowieso nicht, einen anderen Wagen zu kaufen.

- Die in der Liste mit Sternchen markierten Verben haben eine andere Struktur: Verb + indirektes Objekt + **di** + Infinitiv.

Abbiamo promesso ai nostri amici *di* aspettare un po'.	Wir haben unseren Freunden versprochen eine Weile zu warten.

Um sich die Struktur einzuprägen, kann man sich Folgendes merken:

promettere *a* qualcuno *di* fare qualcosa	jemandem versprechen etwas zu tun

***a* qualcuno** weist auf das indirekte Objekt hin, ***di* fare** zeigt an, dass die Präposition **di** vor den Infinitiv gehört.

[Mehr zu indirekten Objektpronomen ➤23b(iii).]

(iii) *Verben + **per** + Infinitiv*

finire per	schließlich etwas tun	**servire per**	dienen als
lottare per	kämpfen für	**stare per**	im Begriff sein

Abbiamo finito *per* accettare la sua offerta.	Wir nahmen sein Angebot schließlich an.

8k *Verb + Gerundium [➤ 10b, 10d]*

Die Gerundialkonstruktion ist im Deutschen heute generell nicht mehr üblich. Im Italienischen beschränkt sich der Gebrauch des Gerundiums auf folgende Situationen:

(i) ***Stare*** *+ Gerundium*

Das Gerundium eines Verbs bildet zusammen mit der konjugierten Form von **stare** die sogenannten progressiven oder Verlaufsformen [➤10e(ii)], meist im Präsens oder Imperfekt, gelegentlich auch im Futur. Das Gerundium bringt zum Ausdruck, dass eine Handlung gerade vor sich geht, also unmittelbar zu dem Zeitpunkt stattfindet oder stattfand, von dem die Rede ist. Das Gerundium betont den momentanen Verlauf stärker als die einfache Zeitform.

Cosa stai facendo?	Was tust du gerade? (in diesem Moment)
Sto scrivendo una lettera alla mia corrispondente italiana.	Ich schreibe (gerade) einen Brief an meine italienische Brieffreundin.

Stavo scrivendo una lettera quando ho sentito bussare alla porta.	Ich war gerade dabei, einen Brief zu schreiben, als ich es an der Tür klopfen hörte.

Das einfache Präsens wird dagegen verwendet, wenn die Handlung nicht zum Zeitpunkt der Äußerung stattfindet.

Non esco stasera perché devo scrivere alcune lettere.	Ich gehe heute Abend nicht aus, weil ich einige Briefe schreiben muss.

(ii) *Andare* + *Gerundium*

Andare wird manchmal verwendet, um den kumulativen Effekt einer Handlung zum Ausdruck zu bringen.

***Andava* parlando di questa corrispondente per ore e ore.**	Sie redete stundenlang über ihre Brieffreundin.

[Zur Bildung des Gerundiums ➤10d, zu progressiven Verbformen (Verlaufsformen) ➤10e(iii).]

8l *Verb + Partizip Perfekt*

Am häufigsten werden die Verben **avere** und **essere** mit dem Partizip Perfekt verbunden. Sie dienen als Hilfsverben zur Bildung der zusammengesetzten Zeitformen in der Vergangenheit [➤11c].

Das Verb **essere** wird mit dem Partizip Perfekt zur Bildung des Passivs verwendet:

La lettera *è scritta*.	Der Brief *wird geschrieben.*

[Bildung des Passivs mit anderen Verben als **essere**➤17d]

9 Modifizierung der Handlung: Modalverben

Modalverben dienen vor allem dazu, die Aussage anderer Verben zu modifizieren. Wie die nachstehende Aufstellung zeigt, sagt das Modalverb etwas über das Verhältnis zwischen dem Subjekt und dem Vollverb aus, das im Infinitiv [➤10a] steht.

Anm. Objektpronomen können dem Modalverb vorausgehen oder an das Ende des Infinitivs angehängt werden [➤23b(iv)].

***Ci* devo andare. / Devo andar*ci*.**	Ich muss *dahin* gehen.
***Te lo* possiamo comprare. / Possiamo comprar*telo*.**	Wir können *es dir* kaufen.

Die häufigsten Modalverben sind:

dovere	müssen
potere	können (körperlich in der Lage), dürfen
sapere	können (imstande sein)
volere	wollen

In den folgenden Abschnitten wird die genaue Verwendung und die jeweilige Bedeutung der Modalverben erklärt.

9a *Dovere*

Das Verb **dovere** drückt Notwendigkeit, (Auf)forderung, Verpflichtung und Zwang aus und verleiht dieser zentralen Bedeutung durch den Gebrauch verschiedener Zeitformen Nuancen. Die Bandbreite reicht vom direkten ‚ich muss …‘, bis zu ‚ich sollte …‘, ‚ich hätte … sollen‘. Darüber hinaus kann ‚dovere‘ wie ‚müssen‘ die hohe Wahrscheinlichkeit einer Annahme zum Ausdruck bringen. ‚Das Paket muss doch angekommen sein.‘

(i) Im Präsens

In der Gegenwart verleiht die Direktheit / Unmittelbarkeit der Aussage **dovere** ziemlich starkes Gewicht.

Prima di uscire *devi* mettere in ordine la tua camera.	Bevor du rausgehst, *musst du* dein Zimmer aufräumen.
***Devo* andare a comprare qualcosa in città.**	*Ich muss* etwas in der Stadt kaufen gehen.
Quando torno tutto *deve* essere al suo posto.	Wenn ich wieder da bin, *muss* alles an seinem Platz sein.

dovere kann eine Annahme zum Ausdruck bringen:

***Devi* arrabbiarti quando i figli lasciano la roba dappertutto.**	*Du musst* dich ärgern, wenn die Kinder ihre Sachen überall herumliegen lassen.
***Dev'essere* molto difficile tenere la casa sempre in ordine.**	*Es muss* sehr schwer sein immer Ordnung im Haus zu halten.

(ii) *Im Perfekt*

Mia moglie *ha dovuto* comprare qualcosa per la cena.	Meine Frau *musste* etwas zum Abendessen kaufen. (Notwendigkeit)

Aber auch folgende Verwendung ist möglich:

Mia moglie *dev'essere andata* in città.	Meine Frau *muss* in die Stadt *gegangen sein.* (Annahme)

(iii) *Im Imperfekt*

Mia moglie *doveva* andare in città per fare la spesa.	Meine Frau *musste* in die Stadt zum Einkaufen gehen. (Notwendigkeit)
Mia moglie *doveva* essere andata in città per fare la spesa.	Meine Frau *muss* in die Stadt zum Einkaufen gegangen sein. (Annahme)

(iv) *Im Konditional I*

Das Konditional von **dovere** wird häufig verwendet, es entspricht dem deutschen ‚sollte'.

La mia mamma ha ragione. ***Dovrei*** **mettere la mia camera in ordine prima di uscire.**	Meine Mutter hat Recht. *Ich sollte* mein Zimmer aufräumen, bevor ich rausgehe. (Notwendigkeit)

Gelegentlich werden Verpflichtung oder Zwang durch **essere** und das Partizip Perfekt von **costringere** oder **obbligare** ausgedrückt.

Se non mettessi la mia camera in ordine, ***sarei costretto*** **a stare** Hause **a casa.**	Wenn ich nicht mein Zimmer aufräumen würde, *müsste ich* zu bleiben.
Sono obbligato **a mettere in ordine la mia camera prima di uscire.**	*Ich muss (bin gezwungen)* mein Zimmer aufzuräumen, bevor ich rausgehe.

(v) *Im Konditional II*

Das Konditional II läßt sich meist durch ‚hätte … sollen' im Deutschen wiedergeben.

Avrei dovuto **mettere la mia camera in ordine ieri sera.**	*Ich hätte* gestern Abend mein Zimmer aufräumen *sollen.* (Notwendigkeit)

Manchmal hat es die Bedeutung von ‚hätte … müssen'

Se non avessi messo in ordine la mia camera prima di uscire, l'*avrei dovuto* fare al mio ritorno.	Wenn ich mein Zimmer nicht aufgeräumt hätte, bevor ich rausging, *hätte ich* es nach meiner Rückkehr *tun müssen.*

(vi) *Im Plusquamperfekt*

Aveva dovuto **mettere in ordine la sua camera prima di uscire.**	*Er hatte* sein Zimmer aufräumen *müssen,* bevor er rausging.

Dovere existiert auch als Vollverb mit der Bedeutung ‚schulden'.

Quanto ti *devo*?	Wie viel *schulde ich* dir?

9b Potere

(i) in der Lage sein, können

Potere ist im Sinne von ‚körperlich in der Lage sein …', ‚ermächtigt sein …', ‚die Erlaubnis haben …' zu verstehen und wird in dieser Bedeutung im Deutschen meist durch ‚können' oder ‚dürfen' wiedergegeben.

***Posso* entrare?**	*Darf ich* hereinkommen? (Erlaubnis)
Non *possiamo* venire domani sera.	*Wir können* morgen Abend nicht kommen. (nicht möglich)
Non *posso* chiudere questa finestra.	*Ich kann* dieses Fenster nicht schließen. (nicht fähig)

Im dritten Beispiel kann auch **riuscire a** anstelle von **potere** verwendet werden.

Non *riesco* a chiudere questa finestra.	*Ich kann* dieses Fenster nicht schließen.

Riuscire bedeutet ‚gelingen …', ‚schaffen …' oder ‚in der Lage sein …'

Quando parli in fretta non *riesco a* capire tutto.	Wenn du schnell sprichst, *kann ich* nicht alles verstehen. (*gelingt es mir nicht / schaffe ich es nicht,* alles zu verstehen)

Bei Verben der Sinneswahrnehmung wie **sentire** ‚hören', ‚fühlen', **vedere** ‚sehen' kann **potere** (wie im Deutschen auch) weggelassen werden. Das Gleiche gilt auch für **trovare** ‚finden'.

Parla più forte per favore perché non ti *sento.*	Sprich bitte lauter, weil ich dich nicht höre / hören kann.
Ho tolto i miei occhiali per fare la doccia, e adesso non li *trovo.*	Ich habe meine Brille zum Duschen abgenommen, und jetzt finde ich sie nicht.
Senza gli occhiali, non *vedo* niente.	Ohne meine Brille sehe ich nichts / kann ich nichts sehen.

Wenn man sehr höflich um Erlaubnis fragen möchte, verwendet man **permettere** mit dem Infinitiv [➤8j(ii)C].

Mi *permette* di dire una parola?	*Darf ich (Erlauben Sie mir)* ein Wort (zu) sagen?

Der unpersönliche Ausdruck **si può** [➤17e(ii)] wird oft verwendet, wenn um Erlaubnis gebeten wird, besonders dann, wenn die Handlung (der Infinitiv) nicht genannt wird.

***Si può* (fumare)?**	*Darf man* (rauchen)?

Der Infinitiv (hier **fumare)** kann dann weggelassen werden, wenn in einer echten Sprechsituation aus Kontext und Gesten hervorgeht, wofür man um Erlaubnis bittet.

(ii) *Möglichkeit*

Potere kann auch eine Möglichkeit ausdrücken, besonders wenn es im Konditional verwendet wird:

***Potrei* telefonare più tardi.**	*Ich könnte* (könnte möglicherweise) später telefonieren.
***Avresti potuto* telefonare ieri sera.**	*Du hättest* gestern Abend anrufen *können.*
***Potrei* uscire domani sera, ma stasera non posso perché sono troppo impegnato.**	*Ich könnte* morgen Abend ausgehen, aber heute Abend kann ich nicht, weil ich zu beschäftigt bin.

Potere kann auch Entrüstung ausdrücken.

Avrebbero potuto **dirci che non venivano.**	*Sie hätten* uns (doch) *sagen können*, dass sie nicht kommen würden.

(iii) ***Può darsi***

Die unpersönliche reflexive Form **può darsi** [➤16c(iii)] kann auch eine Möglichkeit bezeichnen.

Può darsi **che siano malati.**	*Kann sein* (*Es ist möglich*), dass sie krank sind.

9c ***Sapere***

(i) ***Sapere*** *oder* ***potere***

Sapere wird als Modalverb nur in der Bedeutung ,imstande sein' verwendet. Dieser Umstand wird im Deutschen jedoch häufig mit dem Wort ,können' ausgedrückt. Daher besteht die Gefahr, dass man **sapere** und **potere** verwechselt.

Mi ***puoi*** **dare una mano a tradurre questa lettera visto che** ***sai*** **parlare italiano? — Va bene, ma non** ***posso*** **farlo adesso.**	*Kannst du* mir helfen diesen Brief zu übersetzen, da du doch Italienisch *kannst* (imstande bist italienisch zu sprechen)? — In Ordnung, aber ich *kann* es jetzt nicht (tun).

Sapere wird auch im Sinne von ,in der Lage sein ...', ,fähig sein...' verwendet.

Quando il professore di storia mi ha interrogato sulla lezione precedente, ***ho saputo*** **rispondere a quasi tutte le sue domande.**	Als der Geschichtslehrer mir zur vorigen Stunde Fragen stellte, *konnte ich* beinahe alle seine Fragen beantworten.
Sapresti **riconoscere quella ragazza se la vedessi un'altra volta?**	*Könntest du (Wärst du in der Lage)* das Mädchen (zu) erkennen, wenn du sie noch einmal sehen würdest?

(ii) *Sapere* *wissen*

Sapere wird viel häufiger nicht als Modalverb, sondern als Vollverb mit der Bedeutung ‚wissen' gebraucht.

Sai **a che ora chiudono le banche?**	*Weißt du,* um wie viel Uhr die Banken schließen?

9d *Volere*

(i) *Wünschen, wollen*

Wie andere Modalverben [➤9a – 9c] kann auch **volere** verschiedene Bedeutungen haben. Es dient vor allem dazu, einen Wunsch auszudrücken:

Non *voglio* andare al cinema.	*Ich will* nicht ins Kino gehen.
— Cosa *vuoi* fare allora?	— Was *willst du* denn tun?
Voglio andare a ballare.	Ich *will* tanzen gehen.

(ii) *Bereitschaft und eine höfliche Bitte äußern*

Volere wird häufig eingesetzt, um eine Bitte oder die Bereitschaft, etwas zu tun, auszudrücken:

Non so proprio cosa fare perché mio figlio non *vuole* studiare.	Ich weiß nicht, was ich tun soll, weil mein Sohn nicht lernen *will.*
***Vuoi* smetterla.**	*Könntest du* bitte aufhören.
***Voglio* prestartelo io!**	*Ich will* es dir leihen!
***Volete* stare zitti per favore!**	*Würdet ihr* bitte ruhig sein!

(iii) *Absicht ausdrücken*

Volere kann auch im Sinne von ‚wollen …', ‚werden …', ‚beabsichtigen …' verwendet werden.

— Cosa *vuoi* fare quando finisci i tuoi studi universitari? — A dire il vero, non ho la più pallida idea.	— Was *willst du* tun, wenn du mit dem Universitätsstudium fertig bist? — Um die Wahrheit zu sagen, habe ich nicht die blasseste Ahnung.

(iv) *Mögen, wollen*

Um auszudrücken, dass man etwas tun möchte, wird am häufigsten das Konditional I von **volere** gebraucht.

Quando finisco i miei studi, *vorrei* diventare insegnante.	Wenn ich mit dem Studium fertig bin, *möchte ich* Lehrer(in) werden.

Daneben kann man auch das Konditional I [➤14d] von **piacere** verwenden.

Quando finisco i miei studi, *mi piacerebbe* diventare insegnante.	Wenn ich mit dem Studium fertig bin, *möchte ich* Lehrer(in) werden.

Für eine höfliche Bitte oder Frage eignet sich auch **gradire**.

***Gradirei* un bicchiere di acqua minerale.**	*Ich hätte gern* ein Glas Mineralwasser.
***Gradiresti* una tazza di caffè?**	*Möchtest du* eine Tasse Kaffee?

(v) *Hätte ... wollen*

Um auszudrücken, dass man gern etwas getan hätte, gebraucht man das Konditional II [➤14e] von **volere** oder **piacere**.

A scuola *avrei voluto (mi sarebbe piaciuto*) imparare il tedesco.	In der Schule *hätte ich gern* Deutsch gelernt. (*hätte ich Deutsch lernen wollen*)

Möchten Sie, dass jemand anderes etwas tut, verwenden Sie **volere** oder **piacere** + **che** + Konjunktiv [➤16c(i)].

I miei genitori *volevano che (io) imparassi* il francese.	Meine Eltern *wollten, dass ich* Französisch *lerne*.

Beachten Sie bitte auch den Gebrauch von **volere** in den folgenden idiomatischen Wendungen:

***Voglio bene* ai miei genitori.**	*Ich liebe* meine Eltern.
Tutti gli *vogliono bene.*	*Sie haben* ihn alle *gern.*
Sembra che *voglia* piovere.	Es sieht so aus, als *wolle es* regnen.
Quanto *ci vuole* per arrivare all'aeroporto? — Con la macchina *ci vogliono* due ore.	Wie lange *braucht man* zum Flughafen? — Mit dem Auto *dauert es* zwei Stunden.
Cosa *vuol dire* questa parola?	Was *bedeutet* dieses Wort?
Al giorno d'oggi, conoscere le lingue *vuol dire* molto.	Heutzutage *sind* Sprachkenntnisse viel *wert.*
Ho sempre dei brutti voti in matematica. — Ma cosa *vuoi* se non studi mai?	Ich habe immer schlechte Noten in Mathematik. — Aber was *willst du,* wenn du nie lernst?

[Mehr zum Gebrauch der Hilfsverben **essere** und **avere** mit Modalverben➤11c(vii).]

9e Fare, lasciare + *Infinitiv*

Die in diesem Abschnitt behandelten Verben sind keine Modalverben [➤9a – d], können jedoch in der Verbindung mit Infinitiven auf ähnliche Art eine neue oder veränderte Bedeutung schaffen.

(i) *Fare*

(A) Fare + Infinitiv bedeutet ‚etwas tun lassen'

***Ho fatto aggiustare* la lavastoviglie.**	*Ich habe* den Geschirrspüler *reparieren lassen.*
Quando l'*hai fatta* aggiustare?	Wann *hast* du ihn reparieren *lassen*?

Bei Konstruktionen mit **fare** + Infinitiv stehen sämtliche Objektpronomen (**l'** im Beispiel oben) vor **fare** und nicht nach dem Infinitiv wie bei der Mehrzahl der Verb+Infinitiv-Konstruktionen.

(B) Fare + Infinitiv bedeutet auch ‚jemanden veranlassen, etwas zu tun':

***Ho fatto tradurre* la lettera dalla mia amica.**	*Ich habe* den Brief von meiner Freundin *übersetzen lassen.*

Beachten Sie den Unterschied zwischen italienischer und deutscher Wortstellung. Im Italienischen kann weder **la lettera** noch **dalla mia amica** zwischen **fatto** und **tradurre** stehen.

Folgen zwei Objekte auf **fare** + Infinitiv, so wird das sich auf **fare** beziehende Objekt zum indirekten Objekt.

Ho fatto assaggiare questo formaggio *al mio amico.*	Ich habe *meinen Freund* diesen Käse probieren lassen.
Fa*gli* assaggiare questo formaggio.	Lass *ihn* diesen Käse probieren.

Diese beiden Beispielsätze implizieren, dass man jemanden einlädt, auffordert oder veranlasst, etwas zu tun (Beispiel oben).

(C) Fare + reflexives Verb im Infinitiv: Ist das auf **fare** folgende Verb reflexiv, entfällt das Reflexivpronomen.

Quello che mi fa *arrabbiare* è che ho appena comprato questa lavastoviglie.	Was mich *ärgert* ist, dass ich diesen Geschirrspüler gerade erst gekauft habe.

(D) Beachten Sie auch:

far aspettare	(jemanden) warten lassen
far capire	(jemandem) zu verstehen geben
far entrare	(jemanden) hereinlassen
far passare	(jemanden) vorbeilassen
far vedere	(jemandem) zeigen
fare venire	(jemanden) bestellen

Scusami se ti *ho fatto aspettare.*	Tut mir Leid, dass ich dich warten ließ.
Mi *hanno fatto capire* che non potevano venire.	Sie *haben* mir *zu verstehen gegeben,* dass sie nicht kommen konnten.
La *faccio entrare?*	*Soll* ich sie *hereinbitten*?

Mi *ha fatto vedere* la lettera che aveva ricevuto.	*Er hat* mir den Brief *gezeigt,* den er bekommen hatte.

(ii) *Lasciare*

Gefolgt von einem Infinitiv bedeutet **lasciare** ‚jemanden etwas tun lassen‘ oder ‚etwas geschehen lassen‘.

Se vuole andare all'estero con i suoi amici, *lascia*lo *andare.*	Wenn er mit seinen Freunden ins Ausland reisen will, *lass* ihn *gehen.*

Die besonderen Regeln in Bezug auf Pronomen und reflexive Verben, die für den Gebrauch von **fare** mit dem Infinitiv [➤9e(i) oben] gelten, treffen genauso auch auf **lasciare** zu, wenn es auf diese Art benutzt wird.

Beachten Sie auch folgende idiomatische Wendungen:

***Lasciamo perdere / andare*!**	*Vergessen wir es!*
***Lascia stare* quella radio!**	*Lass* das Radio *in Ruhe (Hände weg* vom Radio)!

10 Nicht zeitgebundene Verbformen: Infinite Formen

10a Der Infinitiv

Der Infinitiv ist die Verbform, die Sie normalerweise als Stichwort in Wörterbüchern finden. Er ist die Grundform des Verbs und bezeichnet eine bestimmte Handlung oder einen Zustand ohne Angabe von Zeit oder Subjekt (*infinite* Verbform). Ein Infinitiv dient oft dazu, das Hauptverb inhaltlich zu ergänzen.

(i) *Infinitivendungen*

Die meisten italienischen Verben enden auf **-are** (**trovare**), **-ere** (**vedere**) oder **-ire** (**aprire**). Einige wenige Verben haben unregelmäßige Infinitivendungen. Dazu gehören **porre** ‚stellen, legen,' **tradurre** übersetzen' und **trarre** ‚zeichnen', ‚ziehen'.

(ii) *Gebrauch des Infinitivs*

Die wichtigsten Anwendungsmöglichkeiten des Infinitivs:

➤8i reiner Infinitiv
➤8j Verb + Präposition + Infinitiv
➤9 Modalverb + Infinitiv
➤15b(i) Verneinter Imperativ in der 2. Person Singular (**tu**)
➤15d(i) Infinitiv statt Imperativ

(iii) *Der substantivierte Infinitiv*

Wird ein Infinitiv wie ein Substantiv gebraucht, kann er die Funktion eines Subjekts oder Objekts übernehmen. In diesem Fall kann dem Infinitiv der bestimmte Artikel **il** (maskulin) vorangestellt werden (im Deutschen verwendet man ‚das').

***(Il) viaggiare* mi piace molto. Preferisco *andare* in aereo. Questo è *domandare* troppo alla mia amica che detesta (il) *viaggiare* in aereo.**	*Reisen* gefällt mir sehr. Ich ziehe es vor mit dem Flugzeug *zu verreisen.* Das ist zu viel *verlangt* von meiner Freundin, die *das Fliegen* hasst.

Manche Infinitive haben sich als Substantive verselbständigt:

l'essere	Sein	**il dovere**	Pflicht
il dispiacere	Missfallen, Bedauern	**il piacere**	Vergnügen

(iv) Präposition + Infinitiv

Der Infinitiv ist die einzige Verbform, die nach Präpositionen [➤25b(iii)] gebraucht werden kann. Sehr viele Verben verlangen eine bestimmte Präposition als Verbindungsglied zu einem nachfolgenden Infinitiv. Darüber hinaus gibt es Präpositionen, nach denen oft eine Infinitivkonstruktion steht:

al fine di	damit, um zu
al posto di	anstatt zu
allo scopo di	mit dem Ziel ... zu
con	mit
dopo	nach
invece di	anstatt zu
per	um zu
senza	ohne zu
tra	zwischen, mit ... und

Quest'anno la mia amica ed io abbiamo intenzione di iscriverci a un corso estivo a Firenze *allo scopo di migliorare* il nostro italiano. *Invece di comprare* un biglietto di andata e ritorno, la mia amica preferisce comprare solo il biglietto di andata *per poter* andare in giro finché vuole alla fine del corso. *Tra il viaggiare, il dormire, il mangiare,* ecc., ci costerà un occhio della testa.

Dieses Jahr beabsichtigen meine Freundin und ich, uns für einen Sommerkurs in Florenz anzumelden, *um* unsere Italienischkenntnisse *zu verbessern. Anstatt* eine Rückfahrkarte *zu kaufen,* nimmt meine Freundin lieber eine einfache Fahrkarte, *um* nach dem Ende des Kurses so viel sie möchte umherreisen *zu können. Mit Transport, Übernachtungen, dem Essen* usw. wird es uns ein Vermögen kosten.

⚠ Nach **dopo** steht immer der Infinitiv Perfekt. Die einzige Ausnahme zu dieser Regel ist **dopo mangiato** ‚nach dem Essen'.

Dopo *aver parlato* a lungo dei vari corsi, abbiamo deciso di seguire quello a Firenze.

Nachdem wir lange über die verschiedenen Kurse *gesprochen hatten,* haben wir uns für den in Florenz entschieden.

10b Was sind Partizip Präsens und Gerundium?

Im Italienischen unterscheidet sich das *Partizip Präsens* (**il participio presente**) auch in der Form vom *Gerundium* (**il gerundio**). Das Partizip Präsens der meisten Verben wird durch Anhängen der Endung **-ante** oder **-ente** an den Stamm des Verbs [➤10c(i) unten] gebildet. Das Gerundium wird durch Anhängen der Endung **-ando** oder **-endo** an den Verbstamm [➤10d(i) unten] gebildet. In den folgenden Abschnitten wird die Verwendung beider Verbformen beschrieben.

10c Das Partizip Präsens

(i) *Wie man das Partizip Präsens bildet*

Das Partizip Präsens wird durch Anhängen von **-ante** an den Stamm von Verben, die auf **-are** enden, gebildet. An den Stamm von Verben, die auf **-ere** oder **-ire** enden, wird **-ente** angehängt.

parlare	**parl*ante***	sprechend
contenere	**conten*ente***	enthaltend
servire	**serv*ente***	dienend

Um den Plural zu bilden, ersetzt man **-e** mit **-i**.

Einige Partizipien werden unregelmäßig gebildet:

nutriente	nahrhaft
proveniente	abstammend, herkommend
ubbidiente	gehorchend

(ii) *Verbaler Gebrauch des Partizip Präsens*

Das Partizip Präsens wird im Italienischen selten mit verbaler Funktion verwendet (im Deutschen nie), und es empfiehlt sich, nur bekannte Partizipien mit Verbfunktion zu verwenden. Die Präsenspartizipien in der folgenden Liste können verbal verwendet werden.

appartenente	gehörend
attestante	bezeugend
concernente	betreffend
contenente	enthaltend
indicante	anzeigend
proveniente	abstammend, herleitend
rappresentante	repräsentierend, entsprechend
riguardante	betreffend

Il treno *proveniente* da Genova è in arrivo sul binario sette.	Der aus Genua *kommende* Zug fährt auf Gleis sieben ein.
Durante il viaggio ho letto un articolo *riguardante* il vertice dei paesi *appartenenti* all'ONU (Organizzazione delle Nazioni Unite).	Während der Reise habe ich einen das Gipfeltreffen der zur UNO *gehörenden* Länder *betreffenden* Artikel gelesen. (einen Artikel über das Treffen der UNO-Mitgliedsstaaten)

Wenn Sie sich nicht sicher sind, ob eine Konstruktion mit einem Partizip Präsens verwendet werden kann, benutzen Sie stattdessen einen *Relativsatz*.

Il treno *che proviene* da Genova ...	Der Zug, *der* aus Genua *kommt* ...
Ho letto un articolo *che riguarda* ...	Ich habe einen Artikel gelesen, *der ... betrifft*
I paesi *che appartengono* all'ONU ...	Die Länder, *die* zur UNO *gehören* ...

(iii) *Adjektivischer Gebrauch des Partizips Präsens*

Das Partizip Präsens wird sehr häufig als Adjektiv verwendet.

acqua *corrente*	*fließendes* Wasser
la lezione *seguente*	die *folgende* Lektion
un bambino *ubbidiente*	ein *folgsames* Kind

Wird das Partizip Präsens als Adjektiv gebraucht, gleicht man seine Endung dem Substantiv, zu dem es gehört, an.

una borsa *pesante*	eine *schwere* Tasche

aber

delle borse *pesanti*	*schwere* Taschen

[Angleichung der Adjdektive, die auf **-e** enden ➤22a(i)B.]

(iv) *Substantivischer Gebrauch des Partizips Präsens*

Wie die folgenden Beispiele zeigen, kann das Partizip Präsens in bestimmten Fällen die Funktion eines Substantivs übernehmen:

il cantante	Sänger
il conoscente	Bekannter
la corrente	Strom
l'insegnante	Lehrer(in)
il passante	Passant
il rappresentante	Vertreter

Mio fratello è rappresentante presso una ditta di cosmetici francese.	Mein Bruder ist Vertreter bei einer französischen Kosmetikfirma.

10d Das Gerundium

Wie man das Gerundium bildet

Das Gerundium wird prinzipiell genau wie das Partizip Präsens gebildet. Nur ist die Endung **-ando** für Verben, die auf **-are** enden, und **-endo** für Verben auf **-ere** und **-ire**. Im Italienischen gibt es zwei Gerundialformen: Gegenwart und Vergangenheit. Das Gerundium wird im deutschen Sprachgebrauch nicht verwendet. Die folgenden Übersetzungen italienischer Gerundialformen dienen lediglich zur Veranschaulichung.

arrivare	**arriv*ando***	ankommend (Gegenwart)
arrivare	**ess*endo* arrivato**	angekommen seiend (Vergangenh.)
vedere	**ved*endo***	sehend (Gegenwart)
vedere	**av*endo* visto**	gesehen habend (Vergangenheit)
finire	**fin*endo***	beendend (Gegenwart)
finire	**av*endo* finito**	beendet habend (Vergangenheit)

Im Gegensatz zum Partizip Präsens ist das Gerundium unveränderlich.

Das Gerundium der folgenden Verben wird unregelmäßig gebildet:

bere	**bevendo**	trinkend
dire	**dicendo**	sagend
fare	**facendo**	tuend
porre	**ponendo**	stellend, legend
tradurre	**traducendo**	übersetzend
trarre	**traendo**	ziehend

Um das Partizip Präsens dieser Verben zu bilden, ersetzen Sie die Endung **-endo** mit der Endung **-ente**.

10e Gebrauch des Gerundiums

(i) ‚Indem …', ‚da …', ‚während …', ‚weil …'

Das Gerundium hat verbale Funktion und dient oft dazu, einen Nebensatz verkürzt wiederzugeben, wie die folgenden Beispiele zeigen.

Seguendo **il corso a Firenze, spero di migliorare molto il mio italiano.**	*Indem ich* einen Kurs in Florenz *belege*, hoffe ich mein Italienisch entscheidend zu verbessern.
Passando **per la Francia, io e la mia amica coglieremo l'occasione per visitare altri luoghi.**	*Während wir* durch Frankreich *fahren*, werden meine Freundin und ich die Gelegenheit nutzen, auch noch andere Orte zu besuchen.
Arrivando **a Firenze, dobbiamo trovare una sistemazione.**	Wenn wir in Florenz *ankommen*, müssen wir eine Unterkunft finden.
Non avendo **molti soldi, cercheremo di prenotare due posti in un albergo della gioventù.**	*Da wir nicht* viel Geld *haben*, werden wir versuchen, zwei Plätze in der Jugendherberge zu reservieren.

Wird das Gerundium mit **pur** eingeleitet, drückt es eine Einschränkung oder ein Zugeständnis aus: ‚obwohl …'.

Pur avendo **una conoscenza elementare della lingua italiana, preferiamo iscriverci al corso per principianti.**	*Obwohl wir* Grundkenntnisse in Italienisch *haben*, schreiben wir uns lieber in einen Kurs für Anfänger ein.

Im Präsens kann das Gerundium die Gleichzeitigkeit von zwei Handlungen zum Ausdruck bringen.

Sfogliando **un giornale italiano ho visto l'annuncio per questo corso a Firenze.**	*Beim Durchblättern* einer italienischen Zeitung sah ich die Anzeige für diesen Kurs in Florenz.

Das Perfekt des Gerundiums wird seltener gebraucht. Es bringt zum Ausdruck, dass ein Geschehen zeitlich vor der Handlung des Hauptverbs stattgefunden hat.

***Avendo visto* l'annuncio, ho deciso di scrivere subito per chiedere informazioni relative al corso.**	Nachdem ich die Anzeige gesehen hatte, beschloss ich sofort zu schreiben und um Informationen zum Kurs zu bitten.

Das Perfekt des Gerundiums wird aus dem Präsens des Gerundiums von **essere** oder **avere** und dem Partizip Perfekt eines Verbs gebildet.

[Hilfsverb **essere** oder **avere**➤11c; Stellung der Pronomen mit dem Gerundium ➤23b(iv).]

Das Subjekt eines mithilfe des Gerundiums verkürzten Nebensatzes ist normalerweise mit dem Subjekt des Hauptsatzes identisch. Das trifft bei allen bisherigen Beispielsätzen zu. Haben Haupt- und Nebensatz verschiedene Subjekte, wird statt des Gerundiums ein Nebensatz verwendet.

***Sfogliando* il giornale ho visto l'annuncio.**	*Während ich* die Zeitung *durchblätterte,* habe ich die Anzeige gesehen. (gleiches Subjekt: ich)
Ho visto la mia amica *che sfogliava* il giornale.	Ich sah meine Freudin, *die* die Zeitung *durchblätterte.* (verschiededene Subjekte)

(ii) *Progressive Zeitformen*

Das Gerundium steht auch nach **stare** und **andare** zur Bildung der *progressiven Zeiten* (Verlaufsformen) [➤8k(i) – 8k(ii)].

Perché *stai sfogliando* il giornale italiano?	Warum *blätterst du* die italienische Zeitung durch?
La mia amica *andava* avanti *leggendo* le riviste e i giornali italiani per migliorare la sua comprensione della lingua.	Meine Freundin *las weiter* italienische Zeitschriften und Zeitungen (fuhr fort, zu lesen), um ihr Verständnis der Sprache zu verbessern.

Unter Umständen wird Ihnen auch das Verb **venire** in einer Gerundialkonstruktion begegnen. Diese Verwendung ist zwar regional möglich, gilt hochsprachlich jedoch als nicht korrekt.

10f *Das Partizip Perfekt*

(i) *Wie man das Partizip Perfekt bildet*

Das Partizip Perfekt der regelmäßigen Verben wird folgendermaßen gebildet:

Infinitiv	***Partizip Perfekt***
trovare	trov*ato*
vendere	vend*uto*
finire	fin*ito*

[Partizip Perfekt der unregelmäßigen Verben ➤18d(i), 19g(ii),19h.]

(ii) *Wie man das Partizip Perfekt verwendet*

(A) zur Bildung zusammengesetzter Zeitformen [➤11c]:

Ho *mandato* la lettera.	Ich habe den Brief *geschickt.*
Saranno già *partiti.*	Sie werden schon *gefahren* sein.

[Angleichung der Endung des Partizips Perfekt in den zusammengesetzten Zeitformen ➤11d.]

(B) zur Bildung des Passivs mit **essere, andare** und **venire**

La lettera è stata *imbucata.*	Dieser Brief ist *abgeschickt* worden.
Questa lettera va *imbucata* oggi.	Dieser Brief muss heute *abgeschickt* werden.
Ulteriori dettagli verranno *mandati* domani.	Weitere Einzelheiten werden morgen *geschickt* (werden).

Beachten Sie bitte, dass das Partizip in Geschlecht und Zahl (Genus und Numerus) mit dem Subjekt von **essere**, **andare** und **venire** übereinstimmt. [Einzelheiten zum Passiv ➤17.]

(**C**) als Adjektiv. Dann bekommt das Partizip Perfekt die üblichen dem Geschlecht und der Zahl entsprechenden Adjektivendungen [➤22a(i)]:

un'occasione mancata	eine verpasste Gelegenheit
le finestre chiuse	die geschlossenen Fenster

• Manche dieser Partizipien sind zu eigenständigen Adjektiven geworden und können mit **essere** gebraucht werden, ohne dass dadurch eine passivische Bedeutung entsteht:

Nella mia famiglia, siamo tutti *appassionati* dello sport.	In meiner Familie sind wir alle sport*begeistert*.

(**D**) als Substantiv:

i *sopravvissuti* della tragedia	die *Überlebenden* der Tragödie
la *scomparsa* della ragazza	das *Verschwinden* des Mädchens

(**E**) in Partizipialkonstruktionen. Im Deutschen steht normalerweise ein Relativsatz o.ä.:

Il bambino, *investito* dalla macchina, è stato ricoverato all'ospedale.	Das Kind, das von dem Auto *angefahren* wurde, ist ins Krankenhaus eingeliefert worden.

Das Partizip Perfekt kann auch in absoluten Partizipialkonstruktionen verwendet werden, wenn zum Ausdruck gebracht werden soll, dass etwas getan worden ist / getan worden war.

***Scritta* la lettera, sono andato ad imbucarla.**	*Als ich den Brief geschrieben hatte (Den B. geschrieben)*, habe ich ihn abgeschickt.

Ist das Verb der absoluten Partizipialkonstruktion transitiv, stimmt es in Zahl und Geschlecht mit seinem direkten Objekt überein (**la lettera**). Ist das Verb der Partizipialkonstruktion intransitiv und bezieht sich auf das Subjekt des Hauptsatzes, dann stimmt das Partizip Perfekt in Geschlecht und Zahl mit dem Subjekt überein.

***Partiti* di casa, siamo andati subito alla stazione.**	*Nachdem wir* das Haus *verlassen hatten,* gingen wir direkt zum Bahnhof.

Das Partizip Perfekt dient manchmal zur Beschreibung eines Zustands:

appoggiato	angelehnt
sdraiato	liegend
seduto	sitzend

Il ragazzo era *sdraiato* per terra.	Der Junge *lag* auf dem Boden. (wörtlich: Der Junge *war* auf dem Boden *liegend*.)

11 Zeitverlauf und der Gebrauch der Zeitformen

11a *Was drücken die Zeitformen aus?*

Die *Zeitformen* oder *Tempora* im grammatischen Sinn sind nicht mit ‚Zeit' als solcher gleichzusetzen, obgleich die Begriffe oft austauschbar verwendet werden. Zeit ist ein Aspekt unseres Lebens und teilt sich in die Bereiche Vergangenheit, Gegenwart und Zukunft auf. Zeitformen sind grammatische Strukturen, die den Zeitpunkt und die näheren Umstände eines Geschehens aufzeichnen. Ihre Zahl, Bezeichnung und ihr Gebrauch sind in jeder Sprache sehr unterschiedlich.

11b *Ein Wort oder zwei? Einfache und zusammengesetzte Zeitformen*

In der Grammatik spricht man von einem *einfachen* Tempus, wenn das Verb aus einem einzigen Wort besteht. *Zusammengesetzte* Zeitformen bestehen aus mindestens zwei Wörtern (Hilfsverb + ein oder mehr Perfektpartizipien oder ein Gerundium, je nach Tempus).

Die verschiedenen mit **stare**, **andare** und gelegentlich **venire** + Gerundium gebildeten Zeiten sind zusammengesetzte Tempora. Sie werden *progressive* Zeiten (oder *Verlaufsform*) [➤10e(ii)] genannt. Theoretisch kann jedes Tempus eine progressive Form bilden, doch am häufigsten kommt sie im Präsens und Imperfekt vor.

Cosa *stai facendo* in cucina?	Was *tust du (gerade)* in der Küche?
***Sto lavando* i piatti.**	*Ich spüle* das Geschirr.
***Stavo mangiando* quando hai telefonato.**	*Ich war beim Essen*, als du anriefst.

11c *Hilfsverben in zusammengesetzten Zeitformen*

(i) *Avere*

Die meisten italienischen Verben — alle transitiven Verben und eine gewisse Zahl intransitiver Verben — bilden ihre zusammengesetzten Zeitformen mit dem Hilfsverb **avere**.

aver trovato	gefunden haben	Infinitiv Perfekt
ho trovato	ich habe gefunden	Perfekt
avevo trovato	ich hatte gefunden	Plusquamperfekt
avrò trovato	ich werde gefunden haben	Futur II
avrei trovato	ich hätte gefunden	Konditional II
ebbi trovato	ich hatte gefunden	**Trapassato Remoto**
abbia trovato	ich hätte gefunden	Konjunktiv Perfekt
avessi trovato	ich hätte gefunden	Konj. Plusquamperf.

(ii) Essere

Eine recht große Anzahl italienischer Verben bildet die zusammengesetzten Zeiten mit **essere:**

essere andato	gegangen sein	Infinitiv Perfekt
sono andato	ich bin gegangen	Perfekt
ero andato	ich war gegangen	Plusquamperfekt
sarò andato	ich werde gegangen sein	Futur II
sarei andato	ich wäre gegangen	Konditional II
fui andato	ich war gegangen	**Trapassato Remoto**
sia andato	ich sei gegangen	Konjunktiv Perfekt
fossi andato	ich wäre gegangen	Konj. Plusquamperf.

Welche Verben bilden die zusammengesetzten Zeitformen mit dem Hilfsverb **essere**?
Die Mehrzahl der intransitiven Verben
Die meisten unpersönlichen Verben
Alle reflexiven Verben
[Definition der Begriffe transitiv und intransitiv ➤8a(i).]

(iii) *Intransitive Verben*

Intransitiv gebrauchte Verben lassen sich in die folgenden Kategorien einteilen:

(**A**) Verben, die eine Ortsveränderung oder einen Zustand bezeichnen:

andare	gehen
arrivare	ankommen
cadere	fallen
emigrare	emigrieren
entrare	hereinkommen, hineingehen
essere	sein
fuggire	entkommen, flüchten, fliehen
giungere	ankommen, erreichen
partire	fahren, abfahren

passare	vorbeikommen
restare	bleiben
rimanere	bleiben
salire	einsteigen (Auto, Bus usw.)
scappare	weglaufen
scendere	aussteigen (Auto, Bus, Zug)
sorgere	aufstehen
stare	sein, bleiben
tornare	zurückkehren
uscire	ausgehen, nach draußen gehen
venire	kommen

Ieri *siamo stati* a casa tutto il giorno.	Gestern *sind wir* den ganzen Tag zu Hause *gewesen.*
Sabato sera *sono andato* al cinema. *Sono uscito* verso le sette e *sono tornato* a casa a mezzanotte.	Am Samstag Abend *bin ich* ins Kino *gegangen. Ich bin* gegen sieben aus dem Haus *gegangen* und um Mitternacht *zurückgekehrt.*

(**B**) Verben die eine Zustandsveränderung physischer oder psychischer Art bezeichnen:

apparire	erscheinen
arrossire	erröten
comparire	erscheinen
crescere	(auf)wachsen
dimagrire	abnehmen (Gewicht)
divenire	werden
diventare	werden
fiorire	blühen, florieren
guarire	sich erholen, heilen
impallidire	blass werden
impazzire	verrückt werden
ingrassare	zunehmen (Gewicht)
invecchiare	altern, alt werden
morire	sterben
nascere	geboren werden
scomparire	verschwinden
scoppiare	ausbrechen, platzen
sparire	verschwinden
svanire	verschwinden
svenire	ohnmächtig werden

Sono cresciuto **in campagna.**	*Ich bin* auf dem Land *aufgewachsen.*
È nata **nel 1978.**	*Sie wurde* 1978 *geboren.*
Sono scoppiati **a ridere.**	*Sie sind* in Gelächter *ausgebrochen.*
Sono ingrassato **di cinque chili.**	*Ich habe* fünf Kilo *zugenommen.*

(**C**) Weitere intransitiv gebrauchte Verben mit **essere**:

dipendere	abhängen
durare	dauern
emergere	hervortreten
esistere	existieren
intervenire	dazwischentreten
prevalere	sich durchsetzen
ricorrere	sich wenden an
risultare	sich herausstellen
riuscire	gelingen, schaffen

Sono riuscito **a capire tutto.**	*Ich habe es geschafft* alles zu verstehen.
Lo spettacolo *è durato* due ore e mezza.	Die Vorstellung *hat* zweieinhalb Stunden *gedauert.*

(iv) *Unpersönliche Verben*

(**A**) Verben, die mit dem Wetter zu tun haben [➤8g(i)], wie **piovere**, **nevicare**, **gelare**, **grandinare**, **lampeggiare**, **tuonare**, werden traditionell mit **essere** konjugiert, aber im aktuellen Sprachgebrauch ist **essere** oder **avere** akzeptabel:

è nevicato oder **ha nevicato** — es hat geschneit

(**B**) Eine gewisse Anzahl von Verben, die unpersönlich sind oder unpersönlich verwendet werden können, konjugiert man mit **essere**:

accadere	passieren
avvenire	geschehen
bastare	genügen
bisognare	notwendig sein
capitare	passieren
convenire	ratsam sein, passen
costare	kosten
dispiacere	Leid tun
importare	wichtig sein

mancare	fehlen
occorrere	notwendig sein
parere	scheinen
piacere	gefallen
rincrescere	Leid tun
sembrare	scheinen
servire	dienen
spettare	zufallen
succedere	passieren
toccare	jmds. Sache sein, an der Reihe sein
valere	wert sein
volerci	brauchen

Cos'è *successo?*	Was *ist passiert?*
Ci *è voluta* più di un'ora per arrivare alla stazione.	*Wir haben* über eine Stunde zum Bahnhof *gebraucht.*
Mi *è piaciuto* molto il libro.	Mir hat das Buch gut gefallen.
Però, mi *è costato* parecchio.	Aber *es hat* viel *gekostet.*

Beachten Sie bitte, dass **voluta** an das Subjekt **un'ora** (feminin, Singular) angeglichen wird.

(v) Reflexive Verben

Alle reflexiv gebrauchten Verben konjugiert man mit **essere**:

Mi sono svegliato* alle sette, *mi sono alzato* subito, *mi sono lavato* e *mi sono vestito.	*Ich bin* um sieben *aufgewacht,* sofort *aufgestanden, habe mich gewaschen* und *angezogen.*

Viele reflexiv gebrauchte Verben haben auch eine nicht reflexive (transitive) Form. Dann konjugiert man sie mit **avere**:

***Ho svegliato* mio fratello.**	*Ich habe* meinen Bruder *geweckt.*
***Ho alzato* la mano.**	*Ich habe* die Hand *gehoben.*
***Ho lavato* i piatti.**	*Ich habe* das Geschirr *gespült.*
***Ho vestito* mio figlio.**	*Ich habe* mein Kind *angezogen.*

*(vi) Verben, die mit **essere** oder **avere** konjugiert werden*

Einige Verben bilden die zusammengesetzten Tempora mit **essere,** wenn sie intransitiv gebraucht werden, und mit **avere,** wenn sie in transitiver Bedeutung verwendet werden:

aumentare	erhöhen, vermehren
cambiare	ändern, wechseln
cominciare	anfangen
correre	laufen
diminuire	senken, sinken
finire	beenden
guarire	heilen, gesund werden
migliorare	verbessern
passare	vorbeigehen, verbringen (Zeit)
peggiorare	verschlimmern, schlimmer werden
salire	steigen, einsteigen
saltare	hüpfen, springen
scendere	hinuntergehen, aussteigen
suonare	klingeln, spielen (Musik)
vivere	leben
volare	fliegen

La mia vita *è cambiata.*	Mein Leben *hat sich verändert.* (intr.)
***Ho cambiato* idea.**	*Ich habe* meine Meinung *geändert.* (tr.)
***È saltato* in acqua.**	*Er sprang* ins Wasser. (intr.)
***Ha saltato* il pranzo.**	*Er übersprang* das Mittagessen. (tr.)
***Siamo scesi* dal treno.**	*Wir stiegen* aus dem Zug. (intr.)
***Abbiamo sceso* le scale.**	*Wir gingen* die Treppe *hinunter.* (tr.)
Il mio italiano *è migliorato.*	Mein Italienisch *hat sich verbessert.* (intr.)
***Ho migliorato* il mio italiano.**	*Ich habe* mein Italienisch *verbessert.* (tr.)

Einige der Verben in der Liste werden bei intransitiver Benutzung entweder mit **avere** oder **essere** konjugiert. Welches Hilfsverb verwendet wird, hängt von der Bedeutung des Verbs ab.

Correre, **saltare** und **volare** werden mit **essere** konjugiert, wenn die Bewegung eine Ortsveränderung bewirkt und mit **avere** in allen anderen Fällen.

***Siamo volati* alla stazione.**	*Wir sind* zum Bahnhof *geeilt (geflogen).*
Dopo la lezione *sono corso* a casa.	Nach der Unterrichtsstunde *bin ich* nach Hause *gelaufen.*
***Sono saltato* dalla macchina.**	*Ich bin* aus dem Auto *gesprungen.*

aber:

***Abbiamo corso* per un'ora.**	*Wir sind* eine Stunde *gelaufen.*
***Ho saltato* per dieci minuti.**	*Ich bin* zehn Minuten lang *gehüpft.*
Non *ho* mai *volato* in un elicottero.	*Ich bin* noch nie mit einem Hubschrauber *geflogen.*

Beachten Sie auch, dass **vivere** mit **avere** oder **essere** konjugiert werden kann, wenn es intransitiv verwendet wird.

***Sono vissuti (Hanno vissuto)* in quell'appartamento per quasi dieci anni.**	*Sie haben* beinahe zehn Jahre in dieser Wohnung *gelebt.*

(vii) *Die Modalverben* **dovere, potere** *und* **volere** *[➤9a, 9b, 9d]*

Früher galt es als korrekter, diese Modalverben mit **essere** zu konjugieren, wenn der folgende Infinitiv ein mit **essere** konjugiertes Verb ist. Im modernen Sprachgebrauch kann **essere** oder **avere** verwendet werden. Tatsächlich wird **avere** heute gern zur Betonung des Modalverbs eingesetzt.

Non *siamo potuti* venire al matrimonio.	*Wir haben* nicht zur Hochzeit kommen *können. (konnten)*
***Sono voluto* partire di buon'ora.**	*Ich wollte* früh aufbrechen.
La mia amica *è dovuta* rimanere a casa.	Meine Freundin *musste* zu Hause bleiben. (*hat müssen)*

Die drei Modalverben werden mit **avere** konjugiert, wenn der nachfolgende Infinitiv ein Verb ist, das mit **avere** konjugiert wird.

Non *abbiamo voluto* prendere il treno delle sette.	*Wir wollten* nicht den Sieben-Uhr-Zug nehmen.
Alla fine *ho dovuto* mandare un telegramma.	Am Ende *musste ich* ein Telegramm schicken. *(habe müssen)*
Non *ha potuto* prestarmi il libro.	*Sie konnte* mir nicht das Buch leihen.

Werden **dovere**, **volere** oder **potere** mit einen reflexiven Verb gebraucht, gibt es zwei Möglichkeiten: Das Hilfsverb ist **essere**, wenn das Reflexivpronomen vor dem Modalverb steht, und **avere**, wenn das Reflexivpronomen direkt an den Infinitiv angehängt wird.

***Mi sono* dovuto alzare presto.** aber ***Ho dovuto alzarmi* presto.**	Ich musste früh aufstehen.

(viii) *Das Passiv [➤17]*

Essere wird zur Bildung aller Zeiten im Passiv verwendet.

La macchina *è riparata.*	Das Auto *ist repariert.*
Non *saranno* tutti *invitati.*	*Sie werden* nicht alle *eingeladen werden.*
Molte case *sono state danneggiate.*	Viele Häuser *sind beschädigt worden.*

[Zur Bildung des Passivs mit anderen Hilfsverben ➤17d]

11d Angleichung des Partizip Perfekt in zusammengesetzten Zeitformen

Die folgenden Regeln gelten für alle zusammengesetzten Zeiten.

(i) *Mit **avere** gebildete zusammengesetzte Zeitformen*

Nicht angeglichen wird das Partizip Perfekt von Verben, die mit **avere** konjugiert werden:

- an das Subjekt:

***Maria* ha *comprato* la gonna.**	*Maria* hat den Rock *gekauft.*

- oder an das vorangestellte indirekte Objektpronomen [➤23b(iii)]:

***Le* ho *dato* il giornale.**	Ich habe *ihr* die Zeitung *gegeben.*

Die Angleichung des Partizip Perfekt ist *freigestellt:*

- wenn das direkte Objekt vor dem Verb steht:

***La gonna che* Maria ha *comprata* è molto cara.** oder ***La gonna che* Maria ha *comprato* è molto cara.**	(Die erste Form gilt als veraltet) *Der Rock, den* Maria *gekauft* hat, ist sehr teuer.

Das direkte Objekt ist das Relativpronomen [➤23m(ii)] **che**, das die Stelle von **la gonna** besetzt, daher die Angleichung. Im Allgemeinen ist es jedoch üblicher, das Partizip Perfekt unverändert zu lassen: **la gonna che Maria ha *comprato.***

- wenn das direkte Objektpronomen **mi, ti, ci, vi** ist [➤23b(ii)]:

Maria, *ti* ho *vista* (*ti* ho *visto*) in città.	Maria, ich *habe dich* in der Stadt *gesehen.*

- wenn sich das Pronomen **ne** [➤23f] auf eine bestimmte Menge bezieht. In dem Fall erfolgt die Angleichung des Partizips an das Substantiv, auf das sich **ne** bezieht oder an die Mengenangabe:

Quanto vino hai bevuto? — Ne ho *bevuto/bevuti* due bicchieri.	Wie viel Wein hast du getrunken? — Ich habe zwei Gläser getrunken.
Quante sigarette hai comprato? — Ne ho *comprate/comprati* tre pacchetti.	Wie viele Zigaretten hast du gekauft? — Ich habe drei Schachteln gekauft.
Quanti cioccolatini hai mangiato? — Ne ho *mangiati/mangiato* parecchi.	Wie viel Schokolade hast du gegessen? — Ich habe viel gegessen.

Das Partizip Perfekt *muss* angeglichen werden:

- wenn ihm die Pronomen **lo**, **la**, **li**, **le** vorausgehen [➤23b(ii)]:

Maria *l'(la)* ha *comprata* stamattina.	Maria *hat es* heute Morgen *gekauft.*

- wenn das vorangehende Pronomen **ne** ist und in der Bedeutung von ‚einige' oder ‚ein Teil von etwas' verwendet wird:

Hai bevuto del vino? — Sì, *ne* ho *bevuto.*	Hast du etwas Wein getrunken? — Ja, ich habe *etwas getrunken.*
Hai comprato delle sigarette? — Sì, *ne* ho *comprate.*	Hast du Zigaretten gekauft? — Ja, ich habe *einige gekauft.*
Hai mangiato dei cioccolatini? — Sì, *ne* ho *mangiati.*	Hast du Schokolade gegessen? — Ja, ich habe *etwas gegessen.*

(ii) *Mit **essere** gebildete zusammengesetzte Zeitformen*

Das Partizip Perfekt der mit **essere** gebildeten zusammengesetzten Zeitformen stimmt in Numerus (Zahl) und Geschlecht mit dem Subjekt des Verbs überein:

Ieri sera sono *andato* al concerto con mio fratello. *I miei genitori sono rimasti* a casa, e *mia sorella* è *uscita* con il suo ragazzo.	Gestern Abend *bin ich* mit meinem Bruder ins Konzert *gegangen. Meine Eltern sind* zu Hause *geblieben,* und *meine Schwester ist* mit ihrem Freund *ausgegangen.*

Bei den reflexiven Verben kann das Partizip an das Subjekt angeglichen werden:

***La ragazza* si è *lavata* i capelli.**	*Das Mädchen hat* sich das Haar *gewaschen.*

oder an das direkte Objekt. Diese Form gilt als literarisch und ist heute eher selten:

La ragazza si è *lavati i capelli.*	Das Mädchen *hat sich das Haar gewaschen.*

12 Präsens

Der Gebrauch der verschiedenen Tempora im Indikativ wird in Kapitel 12 – 14 erklärt (Zum Gebrauch des Konjunktivs ➤16). Der Indikativ stellt ein Geschehen als tatsächlich und wirklich, als gegeben dar.

12a *Indikativ Präsens [➤18c(i)]*

Dieses Tempus erfüllt viele Funktionen:

(i) *Es stellt die gegenwärtige Situation dar*

Cosa *fai?*	Was *tust du*?
— *Leggo* il giornale.	— *Ich lese* die Zeitung.

[Einzelheiten zur Bildung der progressiven Formen ➤12b.]

(ii) *Es drückt aus, was manchmal oder gewöhnlich geschieht*

***Leggo* il giornale ogni sera.**	*Ich lese* jeden Abend die Zeitung.
Di solito *guardo* il telegiornale prima di cenare.	*Ich sehe* normalerweise vor dem Abendessen die Nachrichten.

(iii) *Es drückt aus, was bald oder in der Zukunft geschieht*

Der zukünftige Charakter einer Aussage wird durch ein *Zeitwort* zum Ausdruck gebracht.

Marco, apparecchia per favore, fra poco *mangiamo.*	Marco, deck bitte den Tisch, *wir essen* gleich.

Anm. Ebenso wie im Deutschen ist es im Italienischen durchaus üblich, das Präsens zum Ausdruck der unmittelbaren Zukunft zu verwenden.

***Ci vediamo* l'anno prossimo.**	*Wir sehen uns* nächstes Jahr.

La settimana prossima *andiamo* in vacanza.	Nächste Woche *fahren wir* in Urlaub.

(iv) *Es drückt aus, was bisher geschehen ist und noch weiter fortdauern könnte.*

***Abito* in questa casa da parecchi anni, cioè dal 1994.**	*Ich wohne* seit einigen Jahren in diesem Haus, das heißt seit 1994.

‚Seit' wird im Italienischen mit **da** ausgedrückt.
Der Satz oben kann auch folgendermaßen umformuliert werden:

È da parecchi anni che abito in questa casa. oder **Sono parecchi anni che abito in questa casa.**	Ich wohne seit einigen Jahren in diesem Haus.

Beachten Sie bitte, dass das Verb **è** im ersten Beispiel *immer* im Singular steht, während das Verb in der zweiten Konstruktion mit dem Substantiv, das ihm folgt, übereinstimmen muss (weil es das Subjekt ist). Also heißt es beispielsweise **è un anno,** aber **sono parecchi anni**.

Um zu fragen, ‚seit wann …' oder ‚wie lange …' verwendet man **da quanto tempo**, **da quando** oder **quanto tempo è che?**

***Da quanto tempo* abiti in questa casa? — Da parecchi anni.** ***Quanto tempo è che* piove?** **— Da tre ore.**	*Seit wann* wohnst du in diesem Haus? — Seit mehreren Jahren. *Wie lange* regnet es schon? — Seit drei Stunden.

(v) *Das historische Präsens*

Zur Beschreibung von Ereignissen, die (gewöhnlich) in der (jüngsten) Vergangenheit stattfanden und die man aktueller und lebhafter gestalten möchte, benutzt man das *historische* Präsens. Im Italienischen wird es relativ häufig eingesetzt.

Ti *chiedo* di darmi una mano a spostare i mobili. *Dici* che *vieni* subito e mezz'ora dopo *stai* ancora *seduto* davanti al televisore.	*Ich bitte* dich, mir beim Möbelrücken zu helfen. *Du sagst, du kommst* sofort, und eine halbe Stunde später *sitzt du* immer noch vor dem Fernsehgerät.
Un anno dopo, il regista di questo film *muore* in un incidente stradale.	Ein Jahr später *stirbt (starb)* der Regisseur dieses Films bei einem Autounfall.

12b Die Progressivform des Präsens

Das progressive Präsens (Verlaufsform) wird mit dem Präsens von **stare** + Gerundium [➤10e(ii)] gebildet. In einigen Fällen kann man das progressive Präsens auch mit **andare** oder **venire** als Hilfsverb bilden. Die Progressivform wird als Alternative zum einfachen Präsens [➤12a(i)] verwendet, die Handlung *muss* jedoch zum gegenwärtigen Zeitpunkt im Gang sein.

Cosa *stai facendo*? — *Sto leggendo* il giornale.	Was *tust du (gerade)*? — *Ich lese (gerade)* die Zeitung.

⚠ Dieses Tempus können Sie jedoch nicht verwenden, um auszudrücken, was *in Kürze geschehen wird,* wie in 12a(iii).

13 Die Vergangenheitsformen

Im Italienischen gibt es die folgenden Vergangenheitsformen: das Perfekt (**passato prossimo**), das Imperfekt (**imperfetto**), das Passato Remoto, das Plusquamperfekt (**trapassato prossimo**) und das Trapassato Remoto.

13a *Das Perfekt*

Hierbei handelt es sich um eine zusammengesetzte Zeit, die mit dem Präsens von **avere** oder **essere** und dem Partizip Perfekt gebildet wird [➤11c(i), 11c(ii)]. [die Konjugation des Präsens ➤19; die Angleichung des Partizips Perfekt ➤11d.]

Das italienische Perfekt erfüllt zwei Funktionen. Häufig entspricht es dem deutschen Perfekt, bisweilen wird es anstelle von Imperfekt oder Passato Remoto [➤18c(vi)] verwendet.

Das Perfekt kann folgendermaßen gebraucht werden:

(i) *Um auszudrücken, das etwas, was in der Vergangenheit geschehen ist, noch auf das Hier und Jetzt Einfluss hat:*

***Mi è sempre piaciuto* l'italiano.**	Italienisch *habe ich schon immer gemocht. (mag)*
Ma *non sono mai andato* in Italia.	Aber *ich bin noch nie* in Italien *gewesen.*

(ii) *Um über eine Reihe wiederholter Handlungen zu sprechen, die bis in die Gegenwart andauern:*

***Ho spesso pensato* di andare in Italia con una mia amica.**	*Ich habe schon oft daran gedacht,* mit einer Freundin nach Italien zu fahren.

(iii) *Um über vergangene Handlungen oder Ereignisse zu sprechen, die vollständig abgeschlossen, deren Auswirkungen aber noch zu spüren sind:*

Purtroppo, questa mia amica *ha perso* il suo lavoro.	Leider *hat* meine Freundin ihren Job *verloren.* (und *jetzt* kann sie es sich nicht leisten, mit mir nach Italien zu fahren, selbst wenn sie es wollte)

(iv) *Um über ein Ereignis der jüngsten Vergangenheit zu sprechen:*

***Hai visto* la tua amica?**	*Hast du* deine Freundin *gesehen*?
Sì, l'*ho vista stamattina.*	*Ich habe* sie *heute Morgen gesehen.*

Anm. In Nord- und einigen Teilen Mittelitaliens ist es üblich, das Perfekt anstelle des Passato Remoto zu verwenden, um über in der Vergangenheit abgeschlossene Handlungen und Ereignisse, die schon einige Zeit zurückliegen, zu sprechen.

Due anni fa *ho pensato* di andare in Italia, ma alla fine *ho deciso* di andare in Francia.	Vor zwei Jahren *dachte ich daran* nach Italien zu fahren, aber am Ende *habe ich beschlossen,* nach Frankreich zu fahren.

13b Das Imperfekt [➤18c(v)]

Dieses Tempus dient dazu, eine unvollendete oder wiederholte, gewohnheitsmäßige Handlung in der Vergangenheit zu beschreiben. Es wird in den folgenden Situationen gebraucht:

(i) *Um auszudrücken, dass etwas nicht abgeschlossen/andauernd ist oder möglicherweise durch ein anderes Ereignis unterbrochen wurde:*

***Guardavo* un film alla televisione quando la mia amica mi ha telefonato.**	*Ich sah mir* einen Film im Fernsehen *an*, als meine Freundin anrief. (angerufen hat)

Anm. Es gibt auch eine progressive Form (Verlaufsform) des Imperfekts, die in diesem Fall ebenfalls gebraucht werden kann [➤8k(i)].

***Stavo guardando* un film alla televisione quando la mia amica ha telefonato.**	*Ich sah mir (gerade)* einen Film im Fernsehen *an*, als meine Freundin anrief. (angerufen hat)

(ii) *Um etwas in der Vergangenheit wiederholt oder regelmäßig Geschehenes auszudrücken:*

Quando la mia amica *lavorava*, *uscivamo* insieme almeno due volte alla settimana.	Als meine Freundin *Arbeit hatte, sind wir* mindestens zweimal in der Woche *ausgegangen.*

Im deutschen Sprachgebrauch unterscheidet man bei der Wahl des Vergangenheitstempus nicht zwischen abgeschlossenen und nicht abgeschlossenen oder wiederholten, gewohnheitsmäßigen und einmaligen Handlungen. Unterschiede in der Verwendung der Zeitformen sind eher zwischen der gesprochenen und der Schriftsprache zu beobachten. Daher braucht es wahrscheinlich einige Übung, um die Zeitenfolge im Italienischen zu meistern.

La mia amica mi *ha telefonato* due volte.	Meine Freundin *hat mich zweimal angerufen.*

(iii) *Um zwei parallel ablaufende Handlungen zu kennzeichnen:*

Mentre *guardavo* la televisione, *sbrigavo* le faccende domestiche.	Beim Fernsehen habe ich die Hausarbeit erledigt. (Während ich fernsah)

(iv) *Um einen beschreibenden Hintergrund zu liefern:*

La mia amica *lavorava* in un'agenzia di viaggi. Le *piaceva* molto il suo lavoro anche se la paga non *era* molto buona. Siccome l'agenzia *si trovava* a un chilometro da casa sua, *andava* sempre a piedi. Quando *pioveva, prendeva* l'autobus.	Meine Freundin *arbeitete* in einem Reisebüro. Ihre Arbeit *gefiel* ihr sehr, auch wenn die Bezahlung nicht sehr gut *war.* Da das Büro nur einen Kilometer von ihrem Haus *entfernt war, ging* sie immer zu Fuß. Wenn es *regnete, nahm* sie den Bus.

(v) *Um eine Absicht/unerfüllten Wunsch auszudrücken, wird umgangssprachlich oft das Imperfekt anstelle des Konditional II* [➤14e] *verwendet, besonders mit* ***dovere, potere*** *und* ***volere****:*

La mia amica *poteva (avrebbe potuto*) trasferirsi a un'altra agenzia e allora non *perdeva* (*avrebbe perduto*) il lavoro, ma ha respinto l'offerta.	Meine Freundin *hätte sich* in ein anderes Büro versetzen lassen *können*, dann *hätte sie* ihre Arbeit nicht *verloren*, aber sie hat das Angebot abgelehnt.

(vi) *Anstelle des Präsens oder des Konditional, um eine höfliche Anfrage zu formulieren:*

***Vuoi (Volevi)* uscire stasera?**	*Wolltest du* heute Abend ausgehen?
Ti ho telefonato perché *vorrei* (*volevo*) chiederti un piacere.	Ich habe angerufen, weil *ich* dich um einen Gefallen bitten *wollte*.

(vii) *Anstelle des Konjunktivs Plusquamperfekt und des Konditional II in Sätzen, die mit* ***se*** *[➤16j(iii)] eingeleitet werden. Dies gilt jedoch nur für die italienische Umgangssprache:*

Se *ti trasferivi (ti fossi trasferita)* a quell'altra agenzia, non *perdevi (avresti perduto)* il lavoro.	Wenn *du dich* in das andere Büro *hättest versetzen lassen*, *hättest du* deinen Arbeitsplatz *nicht verloren*.

(viii) *Mit* ***da****, um auszudrücken, dass ein Geschehen schon eine gewisse Zeit ablief und auch noch hätte weitergehen können:*

***Lavoravo* da tre anni presso quell'agenzia di viaggi quando mi hanno chiesto di trasferirmi.**	*Ich hatte* drei Jahre in dem Reisebüro *gearbeitet*, als sie mich versetzen wollten.

Anm. Der gleiche Inhalt kann auch folgendermaßen formuliert werden:

Erano tre anni che lavoravo presso quell'agenzia ... oder **Era da tre anni que lavoravo presso quell'agenzia ...**	Ich hatte drei Jahre in dem Reisebüro gearbeitet, ...

13c Das Passato Remoto [➤18c(vi)]

Das Passato Remoto dient zur Beschreibung bereits abgeschlossener Handlungen. Es sagt aus, was zu einer bestimmten Zeit geschah.

La mia amica *lasciò la scuola* all'età di sedici anni e *trovò* subito un lavoro presso un'agenzia di viaggi.	Meine Freundin *verließ* mit sechzehn die Schule und *fand* sofort eine Stelle in einem Reisebüro.

Das Passato Remoto beschreibt Handlungen oder Ereignisse, die während einer bereits abgeschlossenen Zeitspanne geschehen sind, die Wochen, Monate, Jahre oder sogar Jahrhunderte betragen kann.

***Lavorò* presso quest'agenzia per tre anni.**	*Sie arbeitete* drei Jahre in diesem Reisebüro.

Der Gebrauch des Passato Remoto beschränkt sich heute weitgehend auf die Schriftsprache. Allerdings wird dieses Tempus in einigen Teilen Mittelitaliens und vor allem in Süditalien umgangssprachlich verwendet, auch wenn es um Handlungen oder Ereignisse geht, die in der *jüngsten* Vergangenheit stattfanden.

Ieri sera io e la mia amica *andammo* al cinema.	Gestern Abend *sind* meine Freundin und ich ins Kino *gegangen*.

In Norditalien würde man in diesen Beispielen anstelle des Passato Remoto eher das Perfekt verwenden, sowohl in der gesprochenen Sprache als auch im alltäglichen Schriftverkehr.

13d Das Plusquamperfekt

Dieses Tempus bildet man mit dem Imperfekt der Hilfsverben **avere** oder **essere** [➤11c(i), 11c(ii)] und dem Partizip Perfekt. Es entspricht weitgehend dem deutschen Plusquamperfekt. Damit soll ausgedrückt werden, was vor einem Ereignis in der Vergangenheit bereits geschehen ist.

Ero **appena** ***arrivato*** **a casa quando** ***squillò*** **il telefono.**	*Ich war* gerade nach Hause *gekommen,* als das Telefon *klingelte.*
Voleva dirmi che ***aveva deciso*** **di lasciare il suo posto presso l'agenzia di viaggi.**	Sie wollte mir erzählen, dass sie *beschlossen hatte,* ihre Stelle im Reisebüro zu kündigen.
Aveva lavorato **lì per tre anni.**	*Sie hatte* drei Jahre dort *gearbeitet.*

⚠ Um auszudrücken, dass ein Geschehen seit einer gewissen Zeit ablief und wahrscheinlich auch weiterhin andauerte, verwendet man das Imperfekt mit **da** + Zeitwort [➤13b(viii)], nicht das Plusquamperfekt.

13e Das Trapassato Remoto [➤19]

Dieses Tempus bildet man mit dem Passato Remoto von **avere** oder **essere** und dem Partizip Perfekt. Diese Zeitform wird nicht in der gesprochenen Sprache verwendet, man begegnet ihr in der Schriftsprache (literarische Texte usw.). Sie erfüllt die gleiche Funktion wie das Plusquamperfekt [➤13d] und wird in Nebensätzen nach temporalen (zeitlichen) Konjunktionen (wie **dopo che** ‚nachdem', **quando** ‚wenn', **appena** ‚sobald als') verwendet, wenn der Hauptsatz im Passato Remoto steht:

Appena la mia amica ***ebbe lasciato*** **la scuola, trovò un lavoro.**	Sobald meine Freundin die Schule *verlassen hatte,* fand sie eine Stelle.

In der gesprochenen Sprache und in vielen Fällen auch in der Schriftsprache wird das Trapassato Remoto durch das Plusquamperfekt ersetzt.

Appena la mia amica ***aveva lasciato*** **la scuola, trovò un lavoro.**	Sobald meine Freundin die Schule *verlassen hatte, fand sie eine Stelle.*

14 Futur und Konditional

14a *Das Futur I [➤18c(iii)]*

Das Futur I oder einfache Futur (**il futuro semplice**) drückt im Italienischen wie im Deutschen aus, was zu einem Zeitpunkt in der Zukunft geschehen wird. Dies ist jedoch weder die einzige noch unbedingt die häufigste Art, den Gedanken der Zukünftigkeit auszudrücken [➤12a(iii)]. Das Futur I wird verwendet

(i) um auszudrücken, was geschehen wird:

Prima di uscire *mi laverò* i capelli.	Bevor ich ausgehe, *werde ich mir* das Haar *waschen.*

(ii) um einen festen Entschluss oder eine Absicht mitzuteilen:

Domani sera *resterò* a casa e non *farò* niente.	Morgen Abend *werde ich* zu Hause bleiben und *(werde)* nichts *tun.*

(iii) um — oft in herablassendem Ton — einer Anweisung Nachdruck zu verleihen:

Non *starai seduto* tutta la sera a fare niente, *risponderai* a quella lettera.	*Du wirst* nicht den ganzen Abend untätig *herumsitzen, du wirst* diesen Brief *beantworten.*

(iv) um eine Annahme oder Behauptung auszudrücken. Im Deutschen verwendet man dabei oft Wörter wie ‚wohl‘, ‚schon‘ oder ‚nur‘:

***Saranno* le undici passate e non è ancora tornato a casa. Dove *sarà?* — *Sarà* con il suo amico Gianni.**	*Es wird* schon nach elf sein, und er ist immer noch nicht zu Hause. Wo *wird er wohl sein?* — *Er wird* mit seinem Freund Gianni *zusammen sein.*

(v) *in Sätzen, die mit* ***se*** *eingeleitet werden:*

Se non *tornerà* fra poco, *telefonerò* al suo amico.	Wenn *er* nicht bald *zurückkommt, werde ich* seinen Freund *anrufen.*

Beachten Sie bitte, dass im Deutschen nach ‚wenn' Präsens verwendet wird, wohingegen im Italienischen nach **se** Futur *oder* Präsens steht.

Se non *torna* fra poco, *telefonerò* al suo amico.	Wenn *er* nicht bald *zurückkommt, werde ich* seinen Freund *anrufen.*

(vi) *nach temporalen Konjunktionen:*

Das Futur steht normalerweise nach einer Reihe von temporalen Konjunktionen wie **quando** ‚wenn', **appena** ‚sobald' und **finché** ‚solange wie' im Nebensatz, wenn das Verb des Hauptsatzes auch im Futur steht. Im Deutschen würde man hier Präsens verwenden.

Quando *arriverà* a casa, *sarà* stanco morto. Finché *vivrò*, non *capirò* mai perché deve sempre tornare a casa tardi.	Wenn *er* zu Hause *ankommt, wird* er hundemüde *sein.* Solange *ich lebe, werde ich* nie *verstehen,* warum er immer so spät heimkommt.

14b *Das Futur II*

Das Futur II (**il futuro anteriore**) ist eine zusammengesetzte Zeit, die mit dem Futur der Hilfsverben **essere** oder **avere** [➤11c(i), 11c(ii)] + Partizip Perfekt gebildet wird. Es berichtet von einem in der Zukunft abgeschlossenen Geschehen. Man gebraucht es

(i) *um etwas auszudrücken, was — oft zu dem Zeitpunkt, an dem sich etwas anderes ereignet — geschehen sein wird:*

Quando *sarò arrivata* ti telefonerò.	Wenn ich *angekommen bin*, werde ich dich anrufen. (wörtlich: Wenn *ich angekommen sein werde* ...)

(ii) *zum Ausdruck einer Annahme oder Vermutung, ähnlich wie in Absatz 14a(iv):*

Ma dove *sarà andato? Avrà perduto* l'ultima corriera.	Aber wohin *wird er gegangen sein? Er wird* den letzten Bus *verpasst haben.*

(iii) *nach temporalen Konjunktionen*

Das Futur II steht nach temporalen Konjunktionen wie **quando** ‚wenn', **appena** ‚sobald wie' und **dopo che** ‚nachdem' im Nebensatz, wenn der Hauptsatz im Futur steht und die Handlung des Nebensatzes zeitlich vor der Handlung des Hauptsatzes liegt.

Quando *avremo finito* di guardare questo programma, andremo a letto.	Wenn *wir* diese Sendung *zu Ende gesehen haben*, werden wir zu Bett gehen.

⚠ Beachten Sie bitte, dass in derartigen Sätzen im Deutschen nach temporalen Konjunktionen nicht das Futur I oder II steht, sondern das Perfekt.

14c *Alternativen zum Futur*

Das einfache Futur ist im Italienischen nicht die am häufigsten gebrauchte Form, um etwas Zukünftiges auszudrücken. Besonders in der Umgangssprache werden auch andere Konstruktionen benutzt. Dazu gehören:

(i) *Präsens [➤ 12a(iii)]*

Man gebraucht das Präsens häufig, wenn man sich auf die unmittelbare Zukunft bezieht.

A che ora *ci vediamo* domani sera? — Alle otto in piazza. — E cosa *facciamo?* — Prima, *facciamo* una bella passeggiata lungo il fiume, poi *andiamo* a mangiare una pizza. — E dopo? — Dopo, *torniamo* a casa.	Um wie viel Uhr *sehen wir uns* morgen Abend? — Um acht Uhr auf dem Platz (der Piazza) — Und was *machen wir?* — Zuerst *machen* wir einen schönen Spaziergang am Fluss entlang, dann *gehen wir Pizza essen.* — Und dann? — Dann *gehen* wir nach Hause.

⚠ Es wird das einfache Präsens, *nie* die Progressivform verwendet.

(ii) *Pensare di* und ähnliche Verben

Zukunftspläne und Absichten drückt man auch mit **pensare di**, **avere intenzione di**, **avere in mente di** und **avere in programma** aus.

Cosa *pensi di* fare quest'estate? — *Ho in mente di* andare negli Stati Uniti.	Was *hast du* diesen Sommer *vor*? — *Ich beabsichtige* in die Vereinigten Staaten zu reisen.
***Hai* qualcosa *in programma* per questo fine settimana? — No, *ho intenzione di* rimanere a casa.**	*Hast du* für dieses Wochenende etwas *geplant*? — Nein, *ich habe die Absicht*, zu Hause zu bleiben.

⚠ Vorsicht ist bei dem Verb **volere** geboten [➤9d(ii)]. Das Beispiel unten hat keine futurische Bedeutung. Das Präsens drückt hier eine höfliche Bitte aus, die man im Deutschen mit Konditional wiedergibt.

***Vuoi* chiudere la porta, per favore.**	*Würdest du* bitte die Tür schließen.

14d Das Konditional I [➤18c(iv)]

Das Konditional I (**il condizionale presente**) hat verschiedene Anwendungsgebiete. Dazu gehören

(i) *Höfliche Bitten und Vorlieben:*

***Vorrei* un chilo di pomodori.**	*Ich hätte gern* ein Kilo Tomaten.
***Potrei* assaggiare un po' di questo formaggio?**	*Dürfte ich* ein Stück von diesem Käse probieren?
***Preferirei* pagare con un assegno.**	*Ich würde lieber* mit Scheck bezahlen.

(ii) *Vorschläge machen und Ratschläge erteilen:*

***Dovrebbero* prendere il treno delle nove e quindici.**	*Sie sollten* den Zug um 9 Uhr 15 *nehmen*.
Io non *prenderei* quello che parte mezz'ora prima perché è sempre affollato.	*Ich würde* nicht den *nehmen*, der eine halbe Stunde früher abfährt, weil er immer voll ist.

(iii) *die indirekte Rede:*

Um wiederzugeben, was jemand anderes sagt

Anche gli altri dicono che *sarebbe* meglio partire più tardi.	Die anderen sagen auch, dass *es* besser *sei*, später loszufahren.

Achten Sie darauf, dass wenn die Verbform, die die direkte Rede einleitet, in einer Form der Vergangenheit steht, muss in der indirekten Rede im Nebensatz das Konditional II verwendet werden [➤14e(iv)].

(iv) *um auszudrücken, was unter ganz bestimmten Umständen eintreten würde, besonders oft nach einem Nebensatz mit **se** [➤16j]:*

Che cosa *faresti* tu Maria? Se io fossi in te, *accetterei* il consiglio degli altri.	Was *würdest du tun*, Maria? Wenn ich du wäre, *würde ich* den Rat der anderen annehmen.

(v) *um Zweifel auszudrücken:*

È meglio partire più tardi? —Non *saprei*.	Ist es besser später loszufahren? — *Ich weiß es nicht* (*würde ... wissen*).

Der Gebrauch des Konditional vermittelt ein Gefühl der *Unsicherheit*, was durch die Verwendung des Indikativ nicht zum Ausdruck käme.

(vi) *um jemandes Meinung zu zitieren oder eine unbestätigte Neuigkeit zu berichten:*

Secondo un mio amico, i macchinisti *farebbero* sciopero domani.	Laut einem Freund von mir *werden* die Zugführer morgen streiken.

14e Das Konditional II

Das Konditional II (**il condizionale passato**) ist eine zusammengesetzte Zeitform, die mit dem Konditional der Hilfsverben

avere oder **essere** [➤11c(i), 11c(ii)] und dem Partizip Perfekt des entwprechenden Verbs gebildet wird. Es berichtet, was hätte geschehen können. Es wird in ähnlichen Situationen eingesetzt wie den in Abschnitt 14d beschriebenen, mit dem Unterschied, dass die Handlungen, auf die Bezug genommen wird, in der Vergangenheit liegen.

Es wird gebraucht

(i) *um einen unerfüllten Wunsch oder Vorliebe auszudrücken:*

***Avrei voluto* un chilo di pomodori.**	*Ich hätte* ein Kilo Tomaten *haben wollen.*
***Avrei preferito* pagare con un assegno.**	*Ich hätte lieber* mit Scheck *bezahlt.*

(ii) *um Vorschläge zu machen und Ratschläge zu erteilen:*

***Avresti dovuto* prendere il treno delle nove e quindici come avevo detto io.**	*Du hättest* den Zug um 9 Uhr 15 *nehmen sollen*, wie ich dir gesagt hatte.

(iii) *in der Verneinung, um Überraschung oder Unglauben auszudrücken:*

Io non *avrei* mai *preso* il treno che parte mezz'ora prima perché è sempre affollato.	*Ich hätte* nie den Zug *genommen*, der eine halbe Stunde früher abfährt, weil er immer so voll ist.

(iv) *in der indirekten Rede:*

Gli altri hanno detto che *sarebbe stato* meglio partire più tardi.	Die anderen sagten, *es sei besser gewesen,* später abzufahren.

Wenn der die indirekte Rede einführende Hauptsatz in einer Zeit der Vergangenheit steht, steht der mit ***che*** eingeleitete Nebensatz im Konditional II. Diese Regel gilt auch für ähnliche Konstruktionen mit **pensare, credere, sperare, immaginare, promettere.**

Sapevo che *avresti preso* il treno delle nove e quindici.	Ich wusste, dass *du* den Zug um 9 Uhr 15 *nehmen würdest.*

Das Konditional I kann jedoch stehen, wenn das Geschehen erst zu einem zukünftigen Zeitpunkt stattfindet.

Speravo che *saresti partito* domani mattina.	Ich hatte gehofft, dass *du* (erst) morgen früh *abfahren würdest.*

(v) *um auszudrücken was unter bestimmten Umständen geschehen wäre, sehr oft nach einem Nebensatz mit **se** [➤16j]:*

Che cosa *avresti fatto* tu Maria? Se fossi stata in te, *avrei accettato* il consiglio degli altri.	Was *hättest du getan,* Maria? Wenn ich du gewesen wäre, *hätte ich* den Rat der anderen *angenommen.*

Anm. Umgangssprachlich kann eine hypothetische Annahme in einer mit **se** eingeleiteten Satzkonstruktion durch Imperfekt in Haupt- und Nebensatz ausgedrückt werden [➤16j(iii)]:

Se *ero* in te, *accettavo* il consiglio degli altri.	Wenn ich du gewesen wäre, *hätte ich* den Rat der anderen *angenommen.*

(vi) *um eine persönliche Meinung zu einem vergangenen Geschehen zu äußern:*

Penso che *avresti dovuto* accettare il loro consiglio.	Ich meine, dass *du ihren Rat hättest annehmen sollen.*

Anm. ‚Hätte ...sollen' drückt man mit **dovere** aus, ‚hätte ... können' mit **potere.**

Avresti potuto **prendere il pullman.**	*Du hättest* den Bus *nehmen können.*

15 Bitten und Befehle: Der Imperativ

15a Was drückt der Imperativ aus?

Der *Imperativ* (auch *Befehlsform* genannt) dient vielen Zwecken. Dazu gehören Aufforderungen, Befehle, Warnungen, Anweisungen, Einladungen und Ratschläge.

15b Bildung des Imperativs

Im Italienischen gibt es für die vier verschiedenen Anredeformen — ‚du / ihr' sowie ‚Sie' Singular und ‚Sie' Plural [➤23b(i)] — vier verschiedene Imperativformen und zusätzlich noch die verneinten Imperativformen. Die Imperative zu **tu** (‚du') und **voi** (‚ihr') entsprechen dem Präsens Indikativ [➤18c(i)], mit Ausnahme der zweiten Person Singular (**tu**) regelmäßiger Verben, die auf **-are** enden. **Lei** und **Loro** sind der Form nach im Imperativ mit dem Präsens Konjunktiv [➤18c(ii)] identisch. Die erste Person Plural **noi** (‚lasst uns ...') wird auch mithilfe der entsprechenden Form des Konjunktivs ausgedrückt, die mit dem Präsens Indikativ übereinstimmt. Im folgenden eine Aufstellung regelmäßig gebildeter Imperative:

	Parlare	*Prendere*	*Aprire*	*Finire*
(tu)	**parla**	**prendi**	**apri**	**finisci**
(Lei)	**parli**	**prenda**	**apra**	**finisca**
(noi)	**parliamo**	**prendiamo**	**apriamo**	**finiamo**
(voi)	**parlate**	**prendete**	**aprite**	**finite**
(Loro)	**parlino**	**prendano**	**aprano**	**finiscano**

Parla **più piano per favore.**	*Sprich* leiser bitte.
Prendiamo **il treno delle sei.**	*Lasst uns den Zug* um 6 *nehmen.*
Apra **la finestra per cortesia.**	*Machen Sie* bitte das Fenster auf.
Finite **di parlare delle vacanze.**	*Hört auf* über den Urlaub zu reden.

Die folgenden Verben bilden die **tu**-Form und gelegentlich die **voi**-Form unregelmäßig (mit Sternchen gekennzeichnet):

	essere	*avere*	*andare*	*dare*
(tu)	**sii***	**abbi***	**va'* (vai)**	**da'* (dai)**
(Lei)	**sia**	**abbia**	**vada**	**dia**
(noi)	**siamo**	**abbiamo**	**andiamo**	**diamo**
(voi)	**siate***	**abbiate***	**andate**	**date**
(Loro)	**siano**	**abbiano**	**vadano**	**diano**

	dire	*fare*	*stare*
(tu)	**di'***	**fa'* (fai)**	**sta'* (stai)**
(Lei)	**dica**	**faccia**	**stia**
(noi)	**diciamo**	**facciamo**	**stiamo**
(voi)	**dite**	**fate**	**state**
(Loro)	**dicano**	**facciano**	**stiano**

(i) *Verneinter Imperativ*

Im verneinten Imperativ steht **non** vor dem konjugierten Verb, mit Ausnahme der zweiten Person Singular (**tu**), bei der **non** vor den Infinitiv gestellt wird:

Apri la porta.	Öffne die Tür.
aber	
***Non aprire* la porta.**	*Öffne nicht* die Tür.

für alle anderen Formen gilt:

Andiamo. Non andiamo.	Gehen wir. Lasst uns nicht gehen.
Guardi. Non guardi.	Sehen Sie mal. Sehen Sie nicht hin.

(ii) *Stellung der Pronomen mit dem Imperativ*

Pronomen werden lückenlos an die **tu-**, **noi-** und **voi**-Formen des Imperativs angeschlossen:

Guarda*lo.*	Sieh *ihn* dir an.
Andiamo*ci.*	Gehen wir *dorthin.*
Vendete*la.*	Verkauft *es.*
Comprate*ne* due.	Kauft zwei *davon.*

Bei **Lei** und **Loro** stehen die Pronomen vor dem Imperativ:

***Le* dica di aspettare.**	Sagen Sie *ihr*, dass sie warten soll.
***Lo* vendano.**	Verkaufen Sie *es*.

Die einzige Ausnahme ist **loro** (‚ihnen', Dativpronomen), das hinter dem Imperativ steht, aber nicht mit ihm verbunden wird.

Di' *loro* di aspettare.	Sag *ihnen*, dass sie warten sollen.

⚠ Wenn auf **va, da, di, fa** und **sta** ein Objektpronomen folgt — mit Ausnahme von **gli** — wird der Anfangsbuchstabe des Pronomens verdoppelt.

Di*mmi* tutto.	Sag *mir* alles.
Va*cci* subito.	Geh sofort *(dort)hin*.
Di*lle* la verità.	Sag *ihr* die Wahrheit
Fa*llo* per domani.	Erledige *es* bis morgen.
aber	
Di*gli* di telefonarmi.	Sag *ihm*, er möchte mich anrufen.
Da*gli* qualcosa da bere.	Gib *ihm* etwas zu trinken.

(iii) Stellung der Pronomen mit verneintem Imperativ

In der zweiten Person Singular (**tu**-Form) kann das Pronomen vor den Infinitiv gestellt oder direkt daran angehängt werden:

Non *lo* fare oder **Non far*lo*.**	Tu *es* nicht.

Das Gleiche gilt für **noi** und **voi**, doch werden in der Praxis Objektpronomen meist an den Imperativ angehängt.

Non compriamo*lo* adesso.	Lasst *es* uns jetzt nicht kaufen.
Non guardate*mi*.	Seht nicht *mich* an.

Bei **Lei** und **Loro** *bleiben* die Pronomen vor dem Imperativ:

Non *la* mangi.	Essen Sie *es* nicht.
Non *ci* vadano.	Gehen Sie nicht *dorthin*.

Anm. Diese Regeln sowie die in Abschnitt [➤15(ii)] oben beschriebenen gelten gleichermaßen für die Stellung der Reflexivpronomen [➤23c] bei reflexiven Verben.

Non *ti* preoccupare oder **Non preoccupar*ti*.**	Mach *dir* keine Sorgen.
Non preoccupate*vi*.	Macht *euch* keine Sorgen.
Non *si* alzi.	Stehen Sie nicht auf.
Sbriga*ti*.	Beeil dich.
Sediamo*ci*.	Setzen wir *uns*.
Svegliate*vi*.	Wacht auf.

[Mehr zu Gebrauch und Stellung von Pronomen ➤23b(ii–v).]

15c Gebrauch des Imperativs

Der Imperativ kann Verschiedenes ausdrücken:

- Eine Bitte

***Telefonami* quando hai più informazioni.**	*Ruf* mich *an*, wenn du weitere Informationen hast.

- Einen Befehl oder eine Aufforderung

***Vai* a lavarti le mani prima di mangiare.**	*Geh* dir vor dem Essen die Hände waschen.

- Eine Warnung

***Non toccare* la frutta.**	*Fass* das Obst nicht an.

- Eine Anweisung

***Rispondete* alle seguenti domande.**	*Beantwortet* die folgenden Fragen.

- Eine Aufforderung

Se non ti piace la birra, *prendi* qualcos'altro.	Wenn du kein Bier magst, *trink (nimm)* doch etwas anderes.

- Einen Ratschlag

***Ripassate* l'imperativo prima dell'esame.**	*Wiederholt* den Imperativ vor der Prüfung.

15d Andere Möglichkeiten, den Imperativ auszudrücken

(i) *Infinitiv*

Häufig wird auf Hinweis- oder Warnschildern, in Handbüchern und Rezepten der Infinitiv [➤10a] gebraucht, weil es auf Klarheit und Kürze ankommt.

Non *sporgersi* dal finestrino.	Nicht aus dem Fenster *lehnen.*
***Leggere* attentamente il testo.**	Den Text gründlich *lesen.*

(ii) **divieto di** + *Substantiv,* **è vietato** + *Infinitiv*

Divieto di accesso.	Betreten verboten.
È vietato fumare.	Rauchen verboten.

(iii) *Indikativ Präsens*

Umgangssprachlich gebraucht man manchmal den Indikativ Präsens mit fragender Betonung, um eine Aufforderung freundlicher klingen zu lassen. Die gleiche Wirkung lässt sich auch mit einen Modalverb [➤9] + Infinitiv erzielen.

Mi *porta/può portare* un'altra bottiglia di acqua minerale, per favore?	*Können Sie* mir noch eine Flasche Mineralwasser *bringen*, bitte? (Bringen Sie mir bitte ...?)
Mi *spiega/vuole spiegare* la differenza?	*Wollen Sie* mir bitte den Unterschied *erklären*? (Erklären Sie mir bitte ...?)

16 Ungewissheit: Der Konjunktiv

16a *Wozu dient der Konjunktiv?*

Der Konjunktiv (**il congiuntivo**) ist im Italienischen in der gesprochenen und der Schriftsprache häufig anzutreffen. Der Gebrauch des Konjunktivs spiegelt gewöhnlich eine gewisse emotionale Betrachtungsweise wider. Er deutet auf einen Grad der Unsicherheit hin, drückt einen Wunsch, eine Befürchtung, Freude usw. aus. Damit steht er in Kontrast zum Indikativ, der ein Geschehen als tatsächlich und gegeben darstellt. Vergleichen Sie die folgenden Beispiele:

Sono sicuro che *vengono*.	Ich bin sicher, dass *sie kommen.* (Indikativ, Ausdruck einer Tatsache)
È possibile che *vengano*.	Es ist möglich, dass *sie kommen.* (Konjunktiv, Ausdruck von Unsicherheit)

Der Konjunktiv wird wie in den Beispielen oben in erster Linie in Nebensätzen verwendet, die (häufig) mit **che** eingeleitet werden. Im Hauptsatz steht der Konjunktiv in bestimmten Imperativformen [➤15 and 16h(i)] und in einigen anderen Fällen [➤16h(ii)]. Der Konjunktiv ist ein wichtiger Bestandteil der italienischen Sprache, der viel Aufmerksamkeit verdient.

In den folgenden Abschnitten werden die Grundregeln für den Gebrauch des Konjunktivs im Italienischen erklärt. Es ist jedoch nicht davon auszugehen, dass die folgenden Regeln im alltäglichen Sprachgebrauch ausnahmslos befolgt werden. Wo immer möglich, werden wir auf Abweichungen hinweisen.

Als Faustregel kann man sich merken, dass nur dann Konstruktionen aus Hauptsatz mit einem Nebensatz im Konjunktiv verwendet werden, wenn das Subjekt wechselt. Bei gleichem Subjekt werden normalerweise andere Konstruktionen wie z.B. der Infinitiv bevorzugt:

Stasera *voglio uscire*.	Heute Abend *will ich ausgehen.*
Non *voglio che tu esca* stasera.	*Ich will* nicht, *dass du* heute Abend *ausgehst.*

Im ersten Beispiel haben beide Verben das gleiche Subjekt. Daher steht nach **voglio** der Infinitiv. Im zweiten Beispiel hat der Hauptsatz ein anderes Subjekt als der Nebensatz, und der Nebensatz steht im Konjunktiv.

16b Die Zeitformen im Konjunktiv

[Zur Bildung von Konjunktiv Präsens und Imperfekt ➤18c(ii), 18c(vii); Konjunktiv Perfekt und Plusquamperfekt ➤16b, 19; Bildung der zusammengesetzten Zeitformen mit den Hilfsverben **avere** und **essere** ➤11c.]

Der Konjunktiv hat vier Zeiten: Präsens, Imperfekt, Perfekt und Plusquamperfekt. Alle vier Zeiten werden im Italienischen verwendet. Die Zeit des Konjunktivs wird von der Zeit des Verbs in dem Satz bestimmt, von dem der Konjunktiv abhängt. [Zur Zeitenfolge ➤16i.]

Penso che *capiscano* tutto.	Ich glaube, dass *sie* alles *verstehen..* (Präsens)
Penso che *abbiano capito* tutto.	Ich glaube, dass *sie* alles *verstanden haben.* (Perfekt)
Pensavo che *capissero* tutto.	Ich dachte, dass *sie alles verstehen würden.* (Imperfekt)
Pensavo che *avessero capito* tutto.	Ich dachte, dass *sie alles verstan*den hätten. (Plusquamperfekt)

16c Der Konjunktiv nach bestimmten Verben

Die folgenden Verbkategorien verlangen den Konjunktiv. Die gebräuchlichsten Verben haben wir aufgelistet.

*(i) Verben, die Wünsche, Zuneigung, Vorliebe, einen Befehl, Erlaubnis, Verbot, Nachdruck und Erwartung ausdrücken, wenn ihnen **che** folgt:*

aspettare che ...	darauf warten, dass ...
aspettarsi che ...	erwarten, dass ...

attendere che ...	darauf warten, dass ...
augurarsi che ...	wünschen / hoffen, dass ...
desiderare che ...	wollen, dass ...
impedire che ...	verhindern, dass ...
insistere che ...	darauf bestehen, dass ...
lasciare che ...	zulassen, dass ...
ordinare che ...	befehlen, dass ...
permettere che ...	erlauben, dass ...
piacere che (mi piace etc.) ...	gefallen / mögen, dass ...
preferire che ...	vorziehen, dass ...
proibire che ...	verbieten / verhindern, dass ...
sperare che ...	hoffen, dass ...
suggerire che ...	empfehlen / raten, dass ...
volere che ...	wünschen / wollen, dass ...

Ai miei genitori *non piace che* io *esca* ogni sera. *Preferiscono che stia* a casa almeno due o tre sere alla settimana. *Insistono* sempre *che io studi di* più perché, naturalmente, *vogliono che superi* a pieni voti gli esami di fine anno. *Si aspettano che vada* all'università.	Meinen Eltern *gefällt es nicht, dass ich* jeden Abend *ausgehe. Sie möchten lieber, dass ich* zwei oder drei Abende in der Woche zu Hause *bleibe. Sie bestehen darauf, dass ich* mehr *lerne*, denn natürlich *wollen sie, dass ich* meine Abschlussprüfung mit Glanz *bestehe. Sie erwarten, dass ich* auf die Universität *gehe.*

- Von den oben aufgeführten Verben können **impedire**, **ordinare**, **permettere**, **proibire**, **suggerire** und **lasciare** mit dem Infinitiv verwendet werden [➤8i(ii)C, 9e(ii)], auch wenn das Subjekt des Hauptsatzes nicht das Subjekt des Infinitivs ist. Tatsächlich wird diese Konstruktion *bevorzugt* verwendet, besonders wenn das Objekt des Prädikats ein Pronomen ist.

I miei genitori non *proibiscono che io esca.* Vorzuziehen ist: **I miei genitori non *mi proibiscono di uscire.***	Meine Eltern *verbieten mir* nicht *auszugehen.*

Nach **aspettarsi**, **augurarsi**, **desiderare**, **piacere**, **preferire**, **sperare** und **volere** wird die Infinitivkonstruktion nur verwendet, wenn Haupt- und Nebensatz das gleiche Subjekt haben.

Mi piace *uscire*. Non voglio *stare* sempre a casa a studiare. Spero di *passare* gli esami ma non mi aspetto di *passarli* a pieni voti.	Es macht mir Spaß *auszugehen*. Ich will nicht immer zu Hause *bleiben*, um zu lernen. Ich hoffe, *dass ich* die Prüfungen *bestehe*, aber ich erwarte nicht, sie glänzend zu *bestehen*.

[Verben, die eine Präposition vor dem Infinitiv verlangen ➤8j.]

(ii) *Verbkonstruktionen, die Gefühle wie Freude, Überraschung, Unglauben, Enttäuschung, Bedauern, Ärger und Furcht ausdrücken, wenn ihnen* ***che*** *folgt:*

avere paura che ...	Angst haben, dass ...
dispiacere (mi dispiace usw.) che ...	Leid tun, dass ...
essere arrabbiato che ...	sich ärgern, dass ...
essere contento / felice che ...	sich freuen, dass ...
essere deluso che ...	enttäuscht sein, dass ...
essere infelice / scontento che ...	unglücklich / unzufrieden sein, dass
essere sorpreso / stupito che ...	überrascht sein, dass ...
essere spiacente che ...	Leid tun, dass ...
essere triste che ...	traurig sein, dass ...
meravigliarsi che ...	erstaunt sein, dass ...
rincrescere che ...	bedauern, dass ...
stupirsi che ...	überrascht sein, dass ...
temere che ...	fürchten, dass ...

***Sono contento che* i tuoi esami *siano andati* bene. *Mi meraviglio*, però, *che tu sia riuscito* a superarli con dei voti così alti dato che uscivi quasi ogni sera.**	*Ich freue mich, dass* deine Prüfungen gut *gelaufen sind. Ich bin* allerdings *erstaunt, dass du es geschafft hast,* so gute Noten zu erreichen, wo du doch beinahe jeden Abend ausgegangen bist.

Wie bei vielen Verben in der Liste ist wiederum die Infinitivkonstruktion vorzuziehen, wenn beide Satzhälften das gleiche Subjekt haben:

Sono molto contento *di aver superato* tutti i miei esami.	Ich freue mich sehr, *dass ich* alle meine Prüfungen *bestanden habe*.

Siamo spiacenti *di non poter* venire al ristorante per festeggiare la buona notizia.	Es tut uns Leid, *dass wir nicht* mit ins Restaurant kommen *können,* um die gute Nachricht zu feiern.

(iii) *Unpersönliche Konstruktionen, die Notwendigkeit, Möglichkeit, Wahrscheinlichkeit, Wichtigkeit und Dringlichkeit ausdrücken, wenn ihnen* ***che*** *folgt:*

accade che ...	es passiert, dass ...
basta che ...	es ist genug, dass ...
è bene che ...	es ist gut, dass ....
bisogna che ...	es ist notwendig, dass ...
capita che ...	es kommt vor, dass ...
conviene che ...	es ist besser / ratsam, dass ...
è difficile che ...	es ist schwierig / unwahrscheinlich, dass ...
è facile che ...	es ist einfach / wahrscheinlich, dass
importa che ...	es ist wichtig, dass ...
è impossibile che ...	es ist unmöglich, dass ...
è improbabile che ...	es ist unwahrscheinlich, dass ...
è inutile che ...	es ist sinnlos, dass ...
è male che ...	es ist schlecht, dass ...
è meglio che ...	es ist besser, dass ...
è naturale che ...	es ist natürlich, dass ...
è necessario che ...	es ist notwendig, dass ...
occorre che ...	es ist notwendig, dass ...
pare che ...	es scheint, dass ...
è peggio che ...	es ist schlimmer, dass ...
è un peccato che ...	es ist schade, dass ...
è possibile che ...	es ist möglich, dass ...
è preferibile che ...	es ist vorteilhafter, dass ...
è probabile che ...	es ist wahrscheinlich, dass ...
può darsi che ...	es ist möglich, dass ...
sembra che ...	es scheint, dass ...
è strano che ...	es ist seltsam, dass ...
succede che ...	es kommt vor, dass ...
è utile che ...	es ist nützlich, dass ...
vale (la pena) che ...	es ist (der Mühe) wert / lohnt sich, dass ...

***È meglio che* si *faccia* qualcosa al più presto possibile.**	*Es ist besser,* so schnell wie möglich etwas zu tun. (Es ist besser, dass ...)

Bisogna che **il governo *prenda* questi provvedimenti per ridurre il tasso di inflazione.**	*Es ist notwendig, dass* die Regierung diese Schritte *unternimmt*, um die Inflationsrate zu senken.
Sembra che **le cose *vadano* di male in peggio.**	Die Lage *scheint sich* immer weiter *zu verschlechtern.* (Es scheint, dass)

⚠ Oft steht nach unpersönlichen Konstruktionen im Italienischen der Infinitiv, wenn er im Deutschen ebenfalls stehen kann.

Bisogna *prendere* questi provvedimenti.	Es ist notwendig diese Schritte *zu unternehmen.*
È meglio *fare* qualcosa al più presto possibile.	Es ist besser, so schnell wie möglich etwas *zu tun.*
È meglio *scegliere* gli spettacoli che ti interessano piuttosto che *avere* un abbonamento e *vedere* opere che magari già conosci.	Es ist besser, die Vorstellungen *auszuwählen*, die einen interessieren, als ein Abo *zu haben* und Stücke *zu sehen*, die man schon kennt.

(iv) *Verbkonstruktionen, die eine persönliche Meinung, Zweifel, Unsicherheit oder eine Verneinung ausdrücken*

credere che ...	glauben, dass ...
(non) dire che ...	(nicht) sagen, dass ...
dubitare che ...	bezweifeln, dass ...
negare che ...	verneinen / leugnen, dass ...
pensare che ...	meinen, dass ...
(non) sapere che ...	(nicht) wissen, dass ...
ritenere che ...	bedenken, dass ...

Dubito che **questi provvedimenti *possano* risolvere l'attuale crisi economica.**	*Ich bezweifle, dass* diese Maßnahmen die augenblickliche Wirtschaftskrise beheben *können.*
Non *credo che* il governo *abbia fatto* abbastanza per rimediare alla situazione.	*Ich glaube nicht, dass* die Regierung genug *getan hat*, um die Situation zu beheben.

⚠ Beachten Sie auch, dass einige Ausdrücke in der verneinten Form verwendet werden und die Negation Unsicherheit und Zweifel verstärkt.

Ist der Sprecher seiner Sache sicher, steht dagegen Indikativ.

***So che* il governo non *ha fatto* abbastanza.**	*Ich weiß, dass* die Regierung nicht genug *getan hat.*

Das gilt auch für die wertungsfreie, emotionslose Mitteilung von Tatsachen in Formulierungen wie **è vero / certo che ...**, es ist wahr / sicher, dass ...‘ **sono sicuro che ...**, ich bin sicher, dass ...‘

***È vero che* il governo non *ha fatto* abbastanza.**	*Es ist wahr, dass* die Regierung nicht genug *getan hat.*

(v) *Der Konjunktiv steht in indirekten Fragen, die mit **se, come, quando, quanto, perché** und **dove** eingeleitet werden.*

Mi domando *perché* il governo non *abbia fatto* di più.	Ich frage mich, *warum* die Regierung nicht mehr *getan hat.*
Non capisci forse *quanto sia* delicata l'attuale situazione.	Vielleicht verstehst du nicht, *wie* heikel die augenblickliche Situation *ist.*

Zwar gilt die Verwendung des Konjunktivs in indirekten Fragen als korrekter, doch geht man im alltäglichen Sprachgebrauch immer stärker dazu über, den Indikativ zu verwenden.

Non capisco *perché* non *hanno fatto* qualcosa.	Ich verstehe nicht, *warum* sie nichts *getan haben.*

(vi) *Der Konjunktiv steht nach **il fatto che** ... ‚die Tatsache, dass ...‘, wenn mit dem folgenden Satz ein Werturteil oder eine emotionale Reaktion abgegeben wird. Manchmal entfällt **il fatto**, doch der Konjunktiv wird beibehalten.*

***Il fatto che ci sia* tanta disoccupazione è inaccettabile.** ***Che ci sia* tanta disoccupazione è inaccettabile.**	(*Die Tatsache*), *dass* die Arbeitslosigkeit so hoch *ist*, ist nicht akzeptabel.

È un fatto che ... (es ist eine Tatsache, dass ...) steht mit dem Indikativ, weil die folgende Aussage eine ‚Realität' zum Ausdruck bringt.

È un fatto che *c'è* troppa disoccupazione.	Es ist eine Tatsache, dass die Arbeitslosigkeit zu hoch *ist.*

16d Der Konjunktiv in Adverbialsätzen

Der Konjunktiv steht in adverbialen Nebensätzen, wenn deren Aussage zu dem Zeitpunkt, an dem die Handlung des Prädikats stattfindet, *noch keine Realität ist.* Nach bestimmten unterordnenden Konjunktionen [➤5a(ii)] steht allerdings immer der Konjunktiv, während er bei anderen, je nach dem wie ‚real' oder ‚irreal' die Aussage ist, gebraucht wird oder nicht.

(i) Temporale Nebensätze

Der Konjunktiv steht nach **prima che** ‚bevor' und **finché non** ‚bis'.

Devo preparare la loro camera *prima che arrivino.* Però, non voglio buttare giù la pasta *finché non siano arrivati.*	Ich muss ihr Zimmer vorbereiten, *bevor sie ankommen.* Aber ich will die Pasta nicht aufsetzen, bis sie *angekommen sind.*

Der Indikativ steht nach **finché** ‚solange wie' und auch nach anderen Konjunktionen und adverbialen Ausdrücken der Zeit [➤14a(vi)] wie:

appena	sobald wie
dopo che	nachdem
mentre	während
quando	wenn
una volta che	wenn einmal, sobald

***Appena saranno arrivati,* preparerò da mangiare.**	*Sobald sie angekommen sind,* werde ich das Essen zubereiten.

(ii) Finale Nebensätze (zum Ausdruck des Zwecks)

Die folgenden Konjunktionen drücken den Grundgedanken ‚damit etwas geschieht' aus. Da die angesprochene Handlung noch nicht geschehen ist, steht danach der Konjunktiv.

affinché ...	damit …
in maniera che ...	so dass …
in / di modo che ...	so dass / mit der Absicht, dass ….
perché ...	so dass / mit der Absicht, dass …

Vi faccio tutti questi esempi *perché impariate* a usare correttamente il congiuntivo. Cerco di spiegare un po' alla volta *in modo che* tutto *sia* chiaro.	Ich gebe euch alle diese Beispiele, *damit ihr lernt,* den Konjunktiv richtig anzuwenden. Ich versuche, ihn nach und nach zu erklären, *damit* alles klar *ist.*

Haben **in / di modo che** ... und **in maniera che** ... die Bedeutung ‚mit dem Ergebnis, dass …' (d.h. die Handlung hat offensichtlich stattgefunden), dann wird der Indikativ gebraucht.

Il professore ha spiegato un po' alla volta il congiuntivo *in modo che* la maggior parte degli studenti lo *sa* usare correttamente.	Der Lehrer hat den Konjunktiv nach und nach erklärt *mit dem Ergebnis, dass (so dass)* die Mehrzahl der Schüler ihn richtig anwenden *kann.*

Beachten Sie auch, dass nach **perché** der Indikativ steht, wenn die Konjunktion die Bedeutung ‚weil' hat.

La maggior parte degli studenti usa correttamente il congiuntivo *perché* il professore l'*ha spiegato* un po' alla volta.	Die Mehrzahl der Schüler wendet den Konjunktiv richtig an, *weil* der Lehrer ihn nach und nach *erklärt hat.*

(iii) Einräumende Nebensätze

Der Konjunktiv steht nach den folgenden Konjunktionen:

benché ...	selbst wenn, obwohl, obgleich …
malgrado (che) ...	trotz der Tatsache, dass …
nonostante (che) ...	obwohl …
sebbene ...	selbst wenn, obwohl, obgleich …
seppure ...	auch wenn, sogar wenn …

Diese Konjunktionen beziehen sich normalerweise auf eine Annahme, darum wird danach der Konjunktiv verwendet.

Nach **malgrado** und **nonostante** fällt **che** meist weg.

***Benché sia* difficile, farò del mio meglio per spiegare l'uso del congiuntivo.**	*Auch wenn es schwierig ist,* werde ich mein Bestes tun, den Gebrauch des Konjunktivs zu erklären.

Nach den folgenden Ausdrücken steht immer Konjunktiv, weil sie immer eine hypothetische Annahme einleiten:

ammettiamo che ...	nehmen wir an, dass ...
mettiamo che ...	nehmen wir an, dass ...
poniamo che ...	nehmen wir an, dass ...
supponiamo che ...	nehmen wir an, dass ...

***Ammettiamo che* il professore non *riesca* a spiegare tutto in una volta.**	*Nehmen wir an, dass* der Lehrer es nicht *schafft,* alles auf einmal zu erklären.

(iv) *Konditionale Nebensätze*

Nach den folgenden Konjunktionen steht immer Konjunktiv:

a condizione che ...	unter der Bedingung, dass ...
a meno che (non) ...	sofern / falls (nicht), es sei denn ...
a patto che ...	unter der Bedingung, dass ...
purché ...	vorausgesetzt, dass ...
salvo che (non) ...	außer / vorausgesetzt, dass ...

***A meno che non piova* preferisco partire di buon'ora.**	*Sofern es nicht regnet,* wäre es mir lieber, früh loszufahren.
Sono disposto ad andare con la mia macchina *a condizione che paghiate* la benzina.	Ich bin bereit mit meinem Wagen zu fahren *unter der Bedingung, dass ihr* das Benzin *bezahlt.*

(v) *Andere Konjunktionen, nach denen Konjunktiv steht*

caso mai ...	falls, im Falle ...
nel caso che ...	falls, im Falle ...
per paura che (non) ...	aus Furcht, dass ...
qualora ...	falls, im Falle ...
senza che ...	ohne dass ...

Caso mai faccia* brutto tempo domani, possiamo sempre fare qualcos'altro. Ho deciso di prendere la macchina *senza che* i miei genitori lo *sapessero.	*Sollte* das Wetter morgen schlecht *sein,* können wir immer noch etwas anderes unternehmen. Ich habe beschlossen den Wagen zu nehmen, *ohne dass meine* Eltern es *wissen.*

(vi) *Gebrauch des Infinitivs bei gleichem Subjekt*

Haben Haupt- und Nebensatz das gleiche Subjekt, steht nach den folgenden präpositionalen Ausdrücken der Infinitiv [➤10a(iv)]:

per	um zu	**prima di**	bevor
per paura di	aus Furcht vor	**senza**	ohne

***Prima di partire,* ascolterò il bollettino meteorologico alla radio.** **Ho deciso di prendere la macchina *senza dire* niente ai miei genitori.**	*Bevor ich losfahre,* werde ich mir den Wetterbericht im Radio anhören. Ich habe beschlossen den Wagen zu nehmen, *ohne* meinen *Eltern* etwas davon *zu sagen.*

Das Subjekt von ‚losfahren' und ‚anhören' im ersten Satz und ‚beschließen' und ‚sagen' im zweiten ist ‚ich'. Eine Nebensatzkonstruktion mit Konjunktiv lässt sich so vermeiden.

16e *Der Konjunktiv nach Indefinitpronomen*

Der Konjunktiv steht in Nebensätzen, die mit den folgenden Indefinitpronomen eingeleitet werden:

chiunque	wer (auch) immer / jeder, der
comunque	wie (auch) immer, egal wie
dovunque	wo (auch) immer
qualunque	welcher/ e / es (auch) immer
qualunque cosa	was (auch) immer
qualsiasi cosa	was (auch) immer

***Chiunque venga* con noi deve contribuire al costo della benzina.**	*Wer auch immer* mit (uns) kommt, muss sich an den Benzinkosten beteiligen.

***Dovunque vogliate* andare sono disposto a guidare.**	*Wo immer ihr auch* hin(fahren) *wollt,* ich bin bereit zu fahren. (Egal wohin)
***Qualunque* decisione *prendiate* sull'itinerario, fatemela sapere entro stasera.**	*Welche* Entscheidung ihr auch über die Route *trefft,* lasst sie mich bis heute Abend wissen.
***Comunque decidano* i miei amici, io andrò lo stesso.**	*Egal wie* meine Freunde *entscheiden,* ich fahre auf jeden Fall.

Keine der mit **chiunque**, **dovunque**, **qualunque** und **comunque** eingeleiteten Aussagen ist Realität, daher wird der Konjunktiv verwendet.
‚Wie auch immer' lässt sich auch durch **per quanto** gefolgt von einem Adjektiv + Verb ausdrücken:

***Per quanto brutto sia* il tempo domani, preferisco fare qualcosa che stare a casa.**	*Wie schlecht das Wetter* morgen auch *sein mag,* mir ist es lieber etwas zu unternehmen, als zu Hause zu bleiben.

(i) *Ob … oder nicht*

Diese Konstruktion verlangt gleichermaßen den Konjunktiv.

***Che piova o che faccia bello*, non mi importa.**	*Ob es regnet oder schön ist,* ist mir nicht wichtig.

16f Der Konjunktiv in Relativsätzen [➤23m]

(i) *Konjunktiv zum Ausdruck von Wunsch oder Bedingung*

Der Konjunktiv steht im Relativsatz, wenn darin ein Wunsch oder eine Bedingung enthalten ist. Vergleichen Sie nachstehende Beispiele:

La ditta vuole assumere *una segretaria che abbia* un'ottima conoscenza dell'inglese e dello spagnolo.	Das Unternehmen will eine *Sekretärin* einstellen, *die* sehr gute Englisch- und Spanischkenntnisse *hat.*

d.h. eine Sekretärin, die diese Bedingungen erfüllt. Daher steht das Verb des Relativsatzes im Konjunktiv.

L'amministratore delegato della ditta ha già *una segretaria che parla* perfettamente queste due lingue.

Der Generaldirektor hat bereits *eine Sekretärin, die* diese beiden Sprachen perfekt *beherrscht.*

Diese Sekretärin ist bereits bei dem Unternehmen angestellt, und es ist eine bekannte Tatsache, dass sie diese Sprachen spricht. Daher steht das Verb (**parla**) im Indikativ.

Quando l'amministratore delegato va a Torino per motivi di affari, la sua segretaria gli deve sempre trovare *un albergo che sia* proprio in centro città.

Wenn der Generaldirektor geschäftlich nach Turin fährt, muss seine Sekretärin ihm immer *ein Hotel* besorgen, *das* mitten im Zentrum *liegt.*

d.h. ein Hotel, das diese Bedingung erfüllt: Konjunktiv

Non gli piace *quell'albergo che si trova* a tre chilometri dall'aeroporto perché è troppo lontano dallo stabilimento che deve visitare.

Das Hotel, das drei Kilometer vom Flughafen *entfernt ist,* gefällt ihm nicht, weil es zu weit von der Fabrik, die er besuchen muss, entfernt ist.

d.h. das Hotel, in dem er schon übernachtet hat: Indikativ

- Manchmal wird mit dieser Konstruktion auch ein Zweck- oder Absichtsgedanke [➤16d(ii)] formuliert, d.h. ‚jemand soll etwas tun'. Das gilt insbesondere in Verbindung mit **cercare**, **volere** und ähnlichen Verben.

Cerco *qualcuno che faccia* da interprete quando vengono i rappresentanti da Madrid.

Ich suche *jemanden, der* als Dolmetscher *fungiert,* wenn die Vertreter aus Madrid kommen.

(ii) Der Konjunktiv nach verneintem Bezugswort

Der Konjunktiv steht in Relativsätzen, die mit **niente / nulla** ‚nichts' / ‚kein' oder **nessuno** ‚niemand' / ‚kein' eingeführt werden.

Non c'è *nessuno* in ufficio *che sappia* parlare spagnolo.	Es gibt *niemanden* im Büro, *der* Spanisch (sprechen) *kann.*
Non c'è *nessuna probabilità che si possa* trovare un interprete prima di domani.	Es ist *unwahrscheinlich, dass man* bis morgen einen Dolmetscher findet.

(iii) Der Konjunktiv nach dem Superlativ

Der Konjunktiv steht im Relativsatz nach einem Superlativ:

Questa è una delle mansioni segretariali *più esigenti che io abbia* mai *dovuto* compiere.	Das ist eine der *anspruchsvollsten* Sekretariatsarbeiten, die *ich* je ausführen *musste.*

Beachten Sie hier, dass Wörter wie **primo** ‚erster', **ultimo** ‚letzter', **unico** und **solo** ‚einziger, nur' in diesem Zusammenhang wie Superlative behandelt werden:

È *l'unica* persona in ufficio *che sia* in grado di compiere questa mansione.	Sie ist *die einzige* Person im Büro, *die* diese Aufgabe erfüllen *kann.*

Die Verwendung des Konjunktivs nach dem Superlativ wird im alltäglichen Sprachgebrauch nicht immer eingehalten.

Der Konjunktiv steht nicht direkt nach ‚der einzige, der …' / ‚die erste, die …' usw. In diesen Konstruktionen verwendet man **a** + Infinitiv.

Era la *prima* segretaria *ad essere* assunta da questa ditta.	Sie war die *erste* Sekretärin, *die* von dieser Firma eingestellt wurde.

Beachten Sie auch, dass die Verwendung von **ad** vor einem Infinitiv, der mit einem Vokal beginnt, freigestellt ist und oft bevorzugt wird.

16g Der Konjunktiv nach dem Komparativ

Der Konjunktiv steht im Nebensatz nach einem Komparativ:

Questa segretaria è *più flessibile di quanto pensassimo.*	Diese Sekretärin ist *flexibler, als wir angenommen hatten.*
È *più flessibile che non sembri.*	Sie *ist flexibler, als sie scheint.*

In der Konstruktion im zweiten Beispiel muss **non** vor das Verb gesetzt werden. Diese Art Vergleich lässt sich auch mit **di quel che** + Indikativ ausdrücken.

È *più flessibile di quel che sembra.*	Sie ist *flexibler, als sie scheint.*

16h Der Konjunktiv in Hauptsätzen

(i) Im Imperativ [➤15]

Der Konjunktiv dient dazu, die Imperativformen für **Lei / Loro** (die Anrede mit ‚Sie‘) zu bilden.

Si accomodino.	*Bitte setzen Sie sich.* (Plural)
***Parli* piano.**	*Sprechen Sie* langsam. (Singular)

(ii) Zum Ausdruck einer Wunschvorstellung

***Che tu sia* sempre felice!**	*Mögest du* immer glücklich *sein*!

Ein brennender Wunsch, dass etwas geschehen oder nicht geschehen möge, lässt sich mit **magari** + Konjunktiv Imperfekt oder Plusquamperfekt ausdrücken — die Verwendung des Imperfekts deutet möglicherweise an, dass die Wahrscheinlichkeit, dass der Wunsch in Erfüllung geht, eher gering ist, während das Plusquamperfekt wohl Bedauern darüber ausdrückt, dass der Wunsch nicht gewährt wurde.

***Magari fosse* possibile!**	*Wenn es nur* möglich *wäre*!
***Magari fosse stato* possibile!**	*Wäre es nur* möglich *gewesen*!

Anm. **Magari** kann auch alleine stehen, um eine vorhergegangene Aussage zu bekräftigen.

Sarebbe bello avere più tempo libero. *Magari*!	Es wäre schön mehr freie Zeit zu haben. *Schön wär's*!

16i *Die Tempusfolge beim Konjunktiv*

Folgende Tempuskombinationen sind am häufigsten:

(i) *Hauptsatz* im Indikativ Präsens, Futur, Perfekt oder im Imperativ,— *Nebensatz* im Konjunktiv Präsens oder Perfekt [➤18c].

***Spero* che tutto *vada* bene.**	*Ich hoffe,* dass alles gut *gehen wird.*
***Sono contento* che *abbiano deciso* di venire a trovarci.**	*Ich freue mich,* dass *sie sich entschieden haben* uns zu besuchen.
***Spolvera* i mobili *prima che arrivino* gli ospiti!**	*Wisch* den *Staub* von den Möbeln *bevor* die Gäste *ankommen*!
Non *penso* che *arrivino* oggi.	*Ich glaube* nicht, dass *sie* heute *ankommen.*

Wenn der Hauptsatz im Präsens steht, kann der Nebensatz im Konjunktiv Imperfekt stehen, wenn dies sinngemäß notwendig ist.

***Mi dispiace* che non *potessero* venire tutti quanti.**	*Es tut mir Leid,* dass nicht alle kommen *konnten.*

(ii) *Hauptsatz im Indikativ Imperfekt, Perfekt, Passato Remoto, Plusquamperfekt oder im Konditional I, Konditional II — Nebensatz im Konjunktiv Imperfekt oder Plusquamperfekt [➤18c].*

***Pensavo* che *venissero* alla fine del mese.**	*Ich dachte,* dass *sie* Ende des Monats *kommen würden.*
***Sarebbe* difficile che *cambiassero* i loro progetti.**	*Es wäre* schwierig für sie, ihre Pläne *zu ändern.*
Mi *sembrò* che *si fossero riferiti* alla data del loro arrivo nell'ultima lettera.	*Mir war so,* als *hätten sie* in ihrem letzten Brief ihr Ankunftsdatum *erwähnt.*

Man sollte jedoch bedenken, dass in sehr vielen Fällen, in denen in der deutschen Sprache das Futur oder der Konditional im Nebensatz verwendet wird, auch im Italienischen die entsprechende Zeitform verwendet werden kann. Das heißt, der Konjunktiv braucht dann nicht zum Einsatz zu kommen.

Spero che *arriveranno* fra poco. (Indikativ Futur)	Ich hoffe, dass *sie* bald *ankommen werden.*
oder	
Spero che *arrivino* fra poco. (Konjunktiv Präsens)	Ich hoffe, dass *sie* bald *ankommen werden.*
Speravo che *sarebbero venuti* alla fine del mese. (Konditional II)	Ich hoffte, dass *sie* Ende des Monats *kommen würden.*
oder	
Speravo che *venissero* alla fine del mese. (Konjunktiv Imperfekt)	Ich hoffte, dass *sie* Ende des Monats *kommen würden.*

Beachten Sie bitte, dass im Nebensatz Konditonal II verwendet wird, wenn das Verb im Hauptsatz in der Vergangeheit steht [➤14e(iv)].

16j ‚Wenn'-Sätze

[Siehe auch Abschnitt 14d Konditional I; 14e Konditional II.]

Ob in einem ‚Wenn'-Satz nach **se** der Konjunktiv gebraucht wird oder nicht, hängt von der Art der Bedingung ab: Erscheint diese erfüllbar? Ist die Erfüllung unwahrscheinlich? Ist die Bedingung erfüllt oder unerfüllt? Die folgenden Strukturen kommen am häufigsten vor.

(i) *Erfüllbare Bedingung*

Wenn völlig offen ist, ob die Bedingung erfüllt wird oder nicht, steht nach **se** *Indikativ* Präsens oder Futur [➤18c] (*nie* Konjunktiv Präsens), und das Verb des Hauptsatzes steht im Präsens, Imperativ oder Futur [➤18c].

Se non *arrivano/arriveranno* fra poco, *dovrò* uscire.	Wenn *sie* nicht bald *ankommen, werde ich* gehen *müssen.*
Se non *vengono* prima dell'una, *possiamo* mangiare senza di loro.	Wenn *sie* nicht vor ein Uhr *kommen, können wir* ohne sie *essen.*

Eine erfüllbare Bedingung lässt sich auch durch die Verwendung des Perfekts nach **se** ausdrücken.

Se non *sono arrivati* prima dell'una, possiamo mangiare.	Wenn *sie* nicht bis ein Uhr *angekommen sind,* können wir essen. (Sie kommen vielleicht bis ein Uhr an, vielleicht auch nicht.)

(ii) *Erfüllung der Bedingung unwahrscheinlich*

Wenn die Erfüllung der Bedingung unwahrscheinlich oder unmöglich ist, steht nach **se** der Konjunktiv Imperfekt [➤18c(vii)], und das Verb des Hauptsatzes steht im Konditional I [➤18c(iv)].

Se *arrivassero* prima dell'una, *potremmo* mangiare tutti insieme.	Wenn *sie* vor ein Uhr *ankommen sollten, könnten wir* alle gemeinsam *essen.* (d.h. es ist unwahrscheinlich, dass sie vor ein Uhr ankommen.)

(iii) *Unerfüllte Bedingung*

Wenn die Bedingung unerfüllt ist, also *nicht* den Tatsachen entspricht, folgt auf **se** der Konjunktiv Plusquamperfekt [➤16b, 19], und der Hauptsatz steht im Konditional II [➤14e].

Se *fossero arrivati* prima dell'una, *avremmo potuto* mangiare tutti insieme. (*unerfüllte Bedingung*)	Wenn *sie* vor ein Uhr *angekommen wären, hätten wir* alle gemeinsam *essen können.* (Aber sie sind nicht vor ein Uhr angekommen, darum konnten wir nicht gemeinsam essen.)

Wenn es die Situation erfordert, kann im Hauptsatz auch das Konditional I stehen.

Se *fossero arrivati* in orario, non *sarei* così preoccupato ora.	Wenn *sie* rechtzeitig *gekommen wären, wäre ich* jetzt nicht so besorgt.

Anm. Besonders in der gesprochenen Sprache werden Konjunktiv Plusquamperfekt im Nebensatz nach **se** und Konditional II im Hauptsatz häufig durch Indikativ Imperfekt in beiden Teilsätzen ersetzt.

Se *arrivavano* prima dell'una, *potevamo* mangiare tutti insieme.	Wenn *sie* vor ein Uhr *angekommen wären, hätten wir* alle gemeinsam *essen können.*

(iv) *Erfüllte Bedingung*

Die Bedingung gilt als erfüllt, wenn die Handlung oder das Geschehen stattgefunden hat. In diesen Fällen folgt auf **se** die Zeit des Indikativs, die am besten geeignet ist.

Se non *sono arrivati,* è perché c'è molto traffico sull'autostrada.	Wenn *sie* noch nicht *angekommen sind,* liegt es daran, dass auf der Autobahn so viel Verkehr ist.

(v) *Was wäre, wenn ...?*

'Was wäre, wenn ...' wird durch **e se ...** + *Indikativ* Präsens, Imperfekt oder *Konjunktiv* Plusquamperfekt ausgedrückt, wie aus den folgenden Beispielen hervorgeht:

E se* non *vengono?	*Was ist, wenn sie* nicht *kommen*?
E se* non *venissero?	*Was wäre, wenn sie* nicht *kämen*?
***E se* non *fossero venuti*?**	*Was wäre, wenn sie* nicht *gekommen wären*?

(vi) *Als ob ...*

'Als ob' wird durch **come se ...** gefolgt vom Konjunktiv Imperfekt oder Plusquamperfekt ausgedrückt.

Parli *come se* non *venissero.*	Du redest, *als würden sie* nicht *kommen.*
Parli *come se fosse successo* qualcosa.	Du redest, *als ob* etwas *passiert wäre.*

17 Was einem zugefügt wird: Das Passiv

17a *Was drückt das Passiv aus?*

Handelnde und Zielpersonen einer Handlung

Im Passiv handelt das Subjekt des Satzes nicht selbst, sondern es ist das Ziel der mit dem Verb ausgedrückten Handlung. Vergleichen Sie die folgenden Beispiele:

Il meccanico *ha riparato* la macchina.	Der Mechaniker *hat* das Auto *repariert.* (Aktiv)
aber	
La macchina *è stata riparata* dal meccanico.	Das Auto *ist* von dem Mechaniker *repariert worden.* (Passiv)

Im Passiv wird das *direkte Objekt* (**la macchina**) des transitiven Verbs zum Subjekt. Daher können nur transitive Verben im Passiv verwendet werden [➤8a(i), 8d]. Doch das Passiv unterscheidet sich nicht nur formal vom Aktiv. Die Betonung ist anders: Im Passiv ist besonders wichtig, was dem Subjekt geschieht. Wer die Handlung ausführt ist weniger wichtig und wird oft nicht einmal angegeben.

La macchina è stata riparata.	Das Auto ist repariert worden.

17b *Bildung des Passivs*

Das Passiv wird mit dem entsprechenden Tempus von **essere** + Partizip Perfekt gebildet. Das Partizip Perfekt gleicht sich mit der Endung an das Subjekt an.

La portiera della macchina è *stata ammaccata*, ma *sarà riparata* fra un paio di settimane.	Die Autotür *ist verbeult worden,* aber *sie wird* innerhalb von zwei Wochen *repariert werden.*

17c Wer oder was vollzieht die Handlung?

Die Person oder Sache, die eine Handlung ausführt, ist im Aktiv das Subjekt des transitiven Verbs. Im Passiv wird der Ausführende mit **da** (‚von') eingeführt.

La portiera della macchina sarà riparata *da un meccanico.*	Die Autotür wird *von einem Mechaniker* repariert (werden).
La portiera è stata ammaccata *da una motocicletta.*	Die Autotür ist *von einem Motorrad* verbeult worden.

17d Bildung des Passivs mit anderen Verben als essere

(i) Venire

Venire kann anstelle von **essere** verwendet werden, allerdings *nur* in den einfachen Zeitformen [➤11b]. **Venire** betont die *Ausführung* der Handlung, während **essere** den *Zustand* hervorhebt, doch der Bedeutungsunterschied ist oft nur geringfügig.

La macchina *viene* riparata.	Das Auto *wird* repariert.

(ii) Andare

Andare kann **essere** in Fügungen mit **perdere** ‚verlieren', **disperdere** ‚verschwenden', **sprecare** verschwenden' ersetzen.

La mia polizza d'assicurazione *è andata persa.*	Meine Versicherungspolice *ist verloren gegangen.*

In seinen einfachen Zeitformen kann das Verb **andare** auch zum Ausdruck des *Zwangs* dienen.

La riparazione *va fatta* entro la fine di questa settimana.	Die Reparatur *muss* bis Ende dieser Woche *erledigt werden.*
La fattura *andrà inviata* alla compagnia di assicurazioni.	Die Rechnung *muss* der Versicherung *geschickt werden.* (*wird …*)

In dieser Struktur ersetzt **andare** die konjugierte Form von **dovere** + **essere**.

La riparazione *deve essere* fatta ...	Die Reparatur muss ausgeführt werden ...
La fattura *dovrà essere* inviata ...	Die Rechnung wird geschickt werden müssen ...

(iii) ***Restare*** *und* ***rimanere***

Restare und **rimanere** können **essere** ersetzen, wenn das nachfolgende Partizip Perfekt einen Zustand beschreibt wie zum Beispiel **sconvolto** ‚erschüttert', **deluso** ‚enttäuscht', **stupito** ‚erstaunt', **chiuso** ‚geschlossen', **aperto** ‚offen'.

In seguito all'incidente stradale *sono rimasto* molto depresso.	Nach dem Autounfall *war ich* sehr deprimiert.
Questa officina *resterà* chiusa per le prime due settimane di agosto.	Diese Werkstatt *bleibt* in den ersten beiden Augustwochen *geschlossen.* *(wird bleiben)*

Modalverben [➤9] bilden *kein* Passiv. Darum muss der begleitende Infinitiv ins Passiv gesetzt werden.

La compagnia di assicurazioni *deve* pagare la fattura.	Die Versicherung *muss* die Rechnung *bezahlen.* (Aktiv)
La fattura deve *essere pagata* dalla compagnia di assicurazioni.	Die Rechnung *muss* von der Versicherung *bezahlt werden.* (Passiv)

17e *Alternativen zum Passiv*

Im Italienischen begegnet einem das Passiv viel häufiger in der Schriftsprache — in Zeitungsartikeln beispielsweise — als in der gesprochenen Sprache, in der im Allgemeinen die folgenden Alternativen bevorzugt werden.

(i) *Das* ***si passivante***

Häufig wird **si** — genannt **si passivante** — mit einem Verb in der dritten Person Singular oder Plural kombiniert. Das Verb nach **si** steht dabei im *Aktiv*. In dieser Konstruktion kann der Handelnde nicht mit **da** eingeführt werden, d.h. man kann nicht ausdrücken, wer oder was die Handlung ausführt.

Dove *si faranno* le riparazioni? Non *si fa* la carrozzeria in questa autorimessa.	Wo *werden* die Reparaturen *ausgeführt*? Die Blecharbeiten *werden* nicht in dieser Werkstatt *ausgeführt*.

(ii) *Das unpersönliche **si***

Zusammen mit der dritten Person Singular des Verbs drückt das unpersönliche **si** so viel wie ‚man', ‚wir', ‚die Leute' usw. aus.

Non *si* sa mai quello che succederà.	*Man* weiß nie, was passiert.
Cosa *si* fa adesso senza la macchina?	Was machen *wir* nun ohne Auto?

- **Si** wird in einer Reihe unpersönlicher Ausdrücke [➤8g] verwendet, mit deren Hilfe sich das Passiv umgehen lässt.

si crede	man glaubt
si dice	man sagt
si pensa	man denkt
si prega	es wird gebeten
si prevede	es ist geplant, vorgesehen
si può	man darf
si sa	es ist bekannt
si spera	man hofft

***Si prevede* che finiranno il più del lavoro entro la fine di questa settimana.**	*Es ist geplant,* dass sie den größten Teil der Arbeit bis Ende der Woche erledigt haben.

⚠ Steht das Subjekt im Plural, muss das Verb nach **si** auch in den Plural gesetzt werden. In dem Fall wird das **si passivante** [➤17e(i) oben] verwendet.

Dove *si comprano i pezzi di ricambio?*	Wo *kauft man Ersatzteile?*

17f Passivkonstruktionen: Verben mit zwei Objekten

Passivkonstruktionen können wie gesagt nur mit Verben, die ein direktes Objekt haben, gebildet werden. Im Passiv wird das direkte Objekt des transitiven Verbs zum Subjekt [➤17a oben].

Verben, die neben dem direkten Objekt auch noch ein indirektes Objekt [➤8e(i)] haben — wie **dare**, **insegnare** und **dire** — lassen sich ebenfalls ohne weiteres ins Passiv setzen:

Mi è stato dato un libro.	Mir ist ein Buch gegeben worden.
Mi hanno dato un libro	Sie gaben mir ein Buch.

Die zweite (aktive) Version wird im italienischen Sprachgebrauch allerdings bevorzugt verwendet.

18 Die italienischen Verbgruppen

18a *Vorhersehbarkeit: Konjugation des Verbs*

Den Stamm und die verschiedenen Endungen eines Verbs nennt man seine Konjugation. Die verschiedenen Verbformen lassen sich auf verschiedenen Ebenen ableiten.

(i) *Regelmäßige Verben*

Bei den meisten Verben können Sie allein vom Infinitiv [➤10a] alle Zeitformen ableiten. Natürlich funktioniert das nur, wenn Sie die Regeln kennen. Regelmäßige Verben gehören zu einer von drei Gruppen mit verschiedenen Infinitivendungen:

parlare	sprechen	(erste Konjugation)
vendere	verkaufen	(zweite Konjugation)
dormire	schlafen	(dritte Konjugation)

Die große Mehrheit italienischer Verben endet auf **-are**. Praktisch alle neu in den Sprachgebrauch aufgenommenen Verben enden ebenfalls auf **-are**, z.B. **fotocopiare** ‚fotokopieren'.

(ii) *Unregelmäßige Verben*

Verben, bei denen sich nicht alle Formen vom Infinitiv ableiten lassen, heißen unregelmäßig. Einige der am häufigsten verwendeten Verben sind unregelmäßig. [Tabellen unregelmäßiger Verben ➤19g, 19h; Ausführlicher wird das Thema in ➤*Berlitz Italienisch: Verben* behandelt.] Manche unregelmäßigen Verben bilden Gruppen. Wenn Sie also ein Verb und seine Gruppe kennen, können Sie die Formen der anderen ableiten, z.B. **togliere** ‚entfernen', **cogliere** ‚pflücken, sammeln' und **sciogliere** ‚auflösen'[➤19h].

(iii) *Zusammengesetzte Verben*

Verben, bei denen dem Grundverb ein Präfix (Vorsilbe) vorangestellt wird, nennt man zusammengesetzte Verben [➤18e]. Sie werden fast immer wie das Grundverb konjugiert. **Contenere** ‚enthalten', **mantenere** ‚erhalten' und **sostenere** ‚unterstützen' werden alle wie **tenere** ‚halten' konjugiert.

18b Hauptverbgruppen: Wie werden sie konjugiert?

Die drei Hauptkonjugationen

Bei der Bildung der Zeitformen gibt es viele Gemeinsamkeiten zwischen den einzelnen Konjugationen und den regelmäßigen und unregelmäßigen Verben. In den Erklärungen zur Bildung der einzelnen Zeitformen werden diese deutlich. Es wird häufig auf den *Stamm* des Infinitivs Bezug genommen. In den drei regelmäßigen Konjugationen erhält man den Stamm durch Abtrennen der Infinitivendung **-are, -ere** oder **-ire**:

Infinitiv	*Stamm*
parlare	**parl-**
vendere	**vend-**
dormire	**dorm-**

Zur zweiten Konjugation gehören zwei Verbarten, Verben wie **leggere,** die auf der drittletzten Silbe betont werden und Verben wie **vedere**, die auf der vorletzten Silbe betont werden. Die Verben der dritten Konjugation bilden ebenfalls zwei Gruppen: Ein Teil wird wie **dormire** konjugiert, und eine beträchtliche Anzahl anderer Verben schiebt **-isc-** zwischen den Stamm und die Endung für **io**, **tu**, **lui / lei** und **loro** im Indikativ Präsens und Konjunktiv Präsens und für **tu**, **Lei** und **Loro** im Imperativ. Ein Beispiel aus dieser Gruppe ist **capire** [➤19f].

18c Bildung der Zeitformen

Bei allen Verben lassen sich Stamm und Endung bestimmter Zeitformen von anderen Formen des Verbs ableiten. Die Formen, bei denen dies nicht möglich ist, muss man lernen. Aber wenn man die wichtigsten Zusammenhänge erst einmal erkennt, lassen sich meist weitere Formen ableiten.

Es ist immer gut, wenn man weiß, wie man den Verbstamm erkennt, an den die Endungen der Zeitformen angehängt werden, und wenn man eventuelle Änderungen in der Schreibweise kennt. In den folgenden Abschitten gehen wir auf die Verbendungen für jede Zeit ein und weisen auf mögliche Fehlerquellen hin.

Darüber hinaus unterscheidet man zwischen *Indikativ* (Wirklichkeitsform) und *Konjunktiv* (Möglichkeitsform) [➤16].

In den Kapiteln 18 und 19 dienen **parlare** ‚sprechen', **vendere** ‚verkaufen' und **dormire** ‚schlafen' als Beispiel.

(i) *Indikativ Präsens[➤12a]*

Regelmäßige Formen werden durch Anhängen der folgenden Endungen an den Stamm des Infinitivs gebildet:

parl(are)	**-o**	**-i**	**-a**	**-iamo**	**-ate**	**-ano**
vend(ere)	**-o**	**-i**	**-e**	**-iamo**	**-ete**	**-ono**
dorm(ire)	**-o**	**-i**	**-e**	**-iamo**	**-ite**	**-ono**

[Personalpronomen **io** ‚ich', **tu** ‚du' und so weiter ➤ 23b(i).]

Verben wie **capire** schieben in der 1. bis 3. Person Singular und in der 3. Person Plural **-isc-** zwischen Stamm und Endung. Die Endungen sind die gleichen wie bei **dormire**.

Die Endungen in der 1. und 2. Person Singular sowie in der 1. Person Plural sind bei allen drei Konjugationen identisch. Die 2. Person Plural behält **-a**, **-e** oder **-i**, den charakteristischen Vokal des Infinitivstamms, bei.

Die folgenden Verben verdienen besondere Aufmerksamkeit. Bei diesen Verben ändert sich die Schreibweise, meist um zu erreichen, dass der Wortklang gleich bleibt.

(A) Verben der ersten Konjugation

- Verben, deren Stamm auf **-g** oder **-c** endet — wie **pagare** ‚bezahlen' und **cercare** ‚suchen' — haben ein **h** vor dem Vokal **i**: **paghi**, **paghiamo**, **cerchi**, **cerchiamo**. (Die gleiche Regel gilt auch für den Vokal **e** [➤18c(iii) unten].)

- Verben auf **-iare** haben nur ein **-i** in der 2. Person Singular, wenn das **-i** in **-iare** nicht betont ist — z.B. **studi** (**studiare** ‚studieren, lernen'), denn hier wird die erste Silbe betont.

- Verben auf **-iare** haben Doppel-**i** in der 2. Person Singular, wenn das **-i-** im Stamm betont ist, z.B. **scii** (**sciare** ‚Ski laufen').

(B) Verben der zweiten Konjugation

- Verben auf **-gliere** — wie **scegliere** ‚wählen' — gelten zwar als unregelmäßig, haben aber nur wenige unregelmäßige Formen. Im Präsens werden die Konsonanten **-gl-** in der 1. Person Singular und der 3.Person Plural vertauscht, **scelgo** und **scelgono**, sonst werden die regelmäßigen Endungen der zweiten Konjugation beibehalten. Da die Betonung nicht auf dem **-i** des Stamms liegt, hat die 2. Person Singular dieses Verbs und anderer in dieser Gruppe nur ein **-i**: **scegli**.

- Verben auf **-durre** — wie **produrre** ‚produzieren', **tradurre** ‚übersetzen', **ridurre** ‚reduzieren' — lassen sich problemlos konjugieren, wenn man den Indikativ Präsens der 1. Person Singular kennt. **Produrre** wird zu **produco**, und die anderen Endungen folgen der zweiten Konjugation.

- Genauso folgen auch Verben wie **trarre** ‚ziehen, zeichnen' einem bestimmten Muster, das sich auf andere Verben, die sich von **trarre** ableiten, übertragen lässt. Den Stamm erhält man durch Abtrennung von **-rre**. Die Endungen sind die gleichen wie für regelmäßige Verben der zweiten Konjugation. Die 1. Person Singular und die 3. Person Plural schieben **-gg-** zwischen Stamm und Endung: **traggo**, **traggono**.

(ii) *Konjunktiv Präsens [➤16]*

Regelmäßige Verben bilden den Konjunktiv Präsens durch Anhängen der folgenden Endungen an den Infinitivstamm:

parl(are)	**-i**	**-i**	**-i**	**-iamo**	**-iate**	**-ino**
vend(ere)	**-a**	**-a**	**-a**	**-iamo**	**-iate**	**-ano**
dorm(ire)	**-a**	**-a**	**-a**	**-iamo**	**-iate**	**-ano**

Verben des Typs **capire** haben die gleichen Endungen wie **dormire**, und sie werden wie der Indikativ Präsens gebildet.

Wie Sie sehen, sind die Singularendungen gleich, **-i** in der 1. Konjugation und **-a** in der 2. und 3. Konjugation. Die Endungen der 1. und 2. Person Plural sind in allen drei Konjugationen identisch. Die 3. Person Plural behält den charakteristischen Vokal der Singularformen bei.

⚠ Da die ersten drei Personen des Konjunktivs Präsens identisch sind, verwendet man oft die Personalpronomen — **io, tu** usw. — um Verwechslungen zu vermeiden.

Die Regeln in 18c(i) oben gelten für folgende Verben:

- Verben, deren Stamm auf **-c** oder **-g** endet
- Verben auf **-iare** mit unbetontem **i**
- Verben auf **-iare,** bei denen das **i** betont wird
- Verben auf **-durre**
- Verben, die sich von **trarre** ableiten

(iii) *Futur I [➤14a]*

Den Futurstamm regelmäßiger Verben erhält man durch Abtrennen des abschließenden **-e** der Infinitivendung. Der charakteristische Vokal der ersten Konjugation **-a-** wird zu **-e-**. Daraus ergibt sich für den Stamm:

parler- **vender-** **dormir-**

Die Futurendungen sind bei regelmäßigen und unregelmäßigen Verben gleich.

Beachten Sie den **accento grave** bei der 1. und 3. Person Singular, der anzeigt, dass die Endung betont ist.

-ò	**-ai**	**-à**	**-emo**	**-ete**	**-anno**

Beachten Sie bitte auch die Veränderungen, die sich bei den folgenden Verbgruppen ergeben:

(A) Verben auf **-care** und **-gare** haben der Aussprache wegen ein **h** nach dem **c** oder **g** in allen Futurformen:

cercare ‚suchen' → **cerc*h*erò**, **cerc*h*erai** usw.
pagare ‚bezahlen' → **pag*h*erò**, **pag*h*erai** usw.

(B) Bei Verben auf **-ciare**, **-giare** und **-sciare** entfällt das **i** in allen Futurformen:

cominciare ‚anfangen' → **comincerò**, **comincerai** usw.
viaggiare ‚reisen' → **viaggerò**, **viaggerai** usw.
lasciare ‚verlassen, lassen' → **lascerò**, **lascerai** usw.

(C) Einige Verben und mit ihnen gebildete zusammengesetzte Verben [➤18e] haben einen verkürzten Stamm, d.h. sie verlieren den charakteristischen Vokal der Infinitivendung.

andare	**andrò**	gehen
avere	**avrò**	haben
cadere	**cadrò**	fallen
dovere	**dovrò**	müssen
potere	**potrò**	können
sapere	**saprò**	wissen
vedere	**vedrò**	sehen
vivere	**vivrò**	leben

(D) Einige Verben und die mit ihnen gebildeten zusammengesetzten Verben verdoppeln das **-r** des Stamms:

bere	**berrò**	trinken
parere	**parrò**	scheinen
rimanere	**rimarrò**	bleiben
tenere	**terrò**	halten, behalten
valere	**varrò**	wert sein
venire	**verrò**	kommen
volere	**vorrò**	wollen

(E) Einige zweisilbige Verben auf **-are** behalten den Vokal der Infinitivendung bei:

dare	**darò**	geben
fare	**farò**	machen, tun
stare	**starò**	sein, bleiben

(iv) *Konditional I[➤14d]*

Der Stamm des Konditional I wird genau wie der des Futur I [➤ 18c(iii)] gebildet. Die Endungen des Konditional I sind:

-ei	**-esti**	**-ebbe**	**-emmo**	**-este**	**-ebbero**

Anm. Änderungen am Futurstamm, die in 18c(iii) oben erwähnt werden, gelten auch für das Konditional.

Verwechseln Sie nicht die Endung der 1. Person Plural Futur **-emo** mit der des Konditional **-emmo.**

(v) *Indikativ Imperfekt [➤13b]*

Den Stamm erhält man durch Abtrennen der Infinitivendung. Die Endungen des Indikativ Imperfekt lauten:

Verben, die auf **-are** enden

-avo	**-avi**	**-ava**	**-avamo**	**-avate**	**-avano**

Verben, die auf **-ere** enden

-evo	**-evi**	**-eva**	**-evamo**	**-evate**	**-evano**

Verben, die auf **-ire** enden

-ivo	**-ivi**	**-iva**	**-ivamo**	**-ivate**	**-ivano**

Die 1. Person Singular der Beispielverben heißt also: **parlavo**, **vendevo**, **dormivo**.

Essere ist das einzige Verb, dessen Formen in diesem Tempus völlig unregelmäßig sind:

ero	**eri**	**era**	**eravamo**	**eravate**	**erano**

Beachten Sie auch die folgenden Formen:

bere	**bevevo**	trinken
dire	**dicevo**	sagen, erzählen
fare	**facevo**	machen, tun

Verben, die auf **-durre** enden:

produrre	**producevo**	produzieren
tradurre	**traducevo**	übersetzen

Verben, die auf **-arre** enden:

attrarre	**attraevo**	anziehen
distrarre	**distraevo**	ablenken

(vi) *Passato Remoto [➤13c]*

Den Stamm erhalten Sie durch Abtrennen der Infinitivendung. Die Endungen des Passato Remoto:

Verben, die auf **-are** enden

-ai	**-asti**	**-ò**	**-ammo**	**-aste**	**-arono**

Verben, die auf **-ere** enden

-ei	**-esti**	**-é**	**-emmo**	**-este**	**-erono**
(-etti)		**(-ette)**			**(-ettero)**

Verben, die auf **-ire** enden

-ii	**-isti**	**-ì**	**-immo**	**-iste**	**-irono**

Anm. • Verben auf **-ere** haben eine Alternativform für die 1. und 3. Person Singular und die 3. Person Plural. Die Formen sind austauschbar.

Als Faustregel gilt: Verben, deren Stamm auf **t** endet — z.B. **battere** (**batt-**) ‚schlagen' — haben keine Alternativform.

• Mit Ausnahme der 3. Person Singular von Verben auf **-are**, die mit **-o** statt mit **-a** enden, unterscheiden sich die Endungen des Passato Remoto nur durch den Infinitivvokal.

• Die Endungen der 3. Person Singular sind betont und haben einen Akzent: **-ò, -é, -ì.**

• Es gibt eine beträchtliche Anzahl unregelmäßiger Verben, die allerdings alle einem Muster folgen, zum Beispiel:

accendere ‚einschalten', ‚anmachen'

accesi	**accendesti**	**accese**
accendemmo	**accendeste**	**accesero**

Die 1. und 3. Person Singular und die 3. Person Plural sind unregelmäßig. Wenn Sie die 1. Person kennen, können Sie die anderen beiden bilden, indem Sie **-i** mit **-e** bzw.**-ero** ersetzen. Die 2. Person Singular und die 1. und 2. Person Plural werden vom Stamm des Verbs gebildet. Diese Regel lässt sich auf fast alle unregelmäßigen Verben übertragen. Häufig vorkommende unregelmäßige Verben, die nicht diesem Muster folgen, finden Sie in den Verbtabellen [➤19g, 19h].

Anders als bei den regelmäßigen Konjugationen ist bei unregelmäßigen Verben die Endung der 3. Person Singular nicht betont.

(vii) *Konjunktiv Imperfekt [➤16]*

Den Stamm erhalten Sie durch Weglassen der Infinitivendung. Die Endungen des Konjunktivs Imperfekt unterscheiden sich nur dadurch voneinander, dass jede Konjugation ihren Infinitivvokal beibehält. Die Endungen heißen:

Verben, die auf **-are** enden

-assi	**-assi**	**-asse**	**-assimo**	**-aste**	**-assero**

Verben, die auf **-ere** enden

-essi	**-essi**	**-esse**	**-essimo**	**-este**	**-essero**

Verben, die auf **-ire** enden

-issi	**-issi**	**-isse**	**-issimo**	**-iste**	**-issero**

Beachten Sie die folgenden Verben. Bei einigen ändert sich der Stamm, andere haben Endungen der **-ere**-Konjugation, wo man Formen von Verben auf **-are** erwarten würde.

bere	**bevessi**	trinken
dare	**dessi**	geben
dire	**dicessi**	sagen, erzählen
fare	**facessi**	machen, tun
stare	**stessi**	sein, bleiben

Beachten Sie auch die Verben auf **-durre** und **-arre**:

produrre	**producessi**	produzieren
trarre	**traessi**	entnehmen, ziehen

(viii) *Bildung zusammengesetzter Zeitformen*

Die folgenden zusammengesetzten Zeitformen werden mit den Hilfsverben **avere** ‚haben' oder **essere** ‚sein' + Partizip Perfekt [➤10f(i)] gebildet:

Indikativ
- Perfekt [➤13a]
- Plusquamperfekt [➤13d]
- Trapassato Remoto[➤13e]
- Futur II [➤14b]
- Konditional II [➤14e]

Konjunktiv
- Perfekt und Plusquamperfekt [➤16]

[Mehr dazu, welche Verben mit **avere** und welche mit **essere** konjugiert werden ➤11c(i) – 11c(ii).]

18d *Bildung der nicht zeitgebundenen Formen*

Bildung des Imperativs [➤15b]
Bildung des Gerundiums [➤10d(i)]

Partizip Perfekt [➤10f(i)]

Das Partizip Perfekt bildet man, indem man die Infinitivendung durch **-ato** (Verben auf **-are**), **-uto** (Verben auf **-ere**) oder **-ito** (Verben auf **-ire**) ersetzt.

parlato	venduto	dormito

⚠ *Zahlreiche* Perfektpartizipien sind unregelmäßig. Im Folgenden eine Liste der häufigsten:

assistere	**assistito**	teilnehmen, anwesend sein
chiudere	**chiuso**	schließen
correggere	**corretto**	korrigieren
discutere	**discusso**	diskutieren
distruggere	**distrutto**	zerstören
dividere	**diviso**	teilen
muovere	**mosso**	bewegen
offrire	**offerto**	anbieten
prendere	**preso**	nehmen
ridere	**riso**	lachen
risolvere	**risolto**	lösen
rispondere	**risposto**	antworten
scendere	**sceso**	hinuntergehen, aussteigen
sciogliere	**sciolto**	auflösen
spendere	**speso**	ausgeben
succedere	**successo**	geschehen
tradurre	**tradotto**	übersetzen
uccidere	**ucciso**	töten

[Weitere unregelmäßige Perfektpartizipien ➤19h.]

Zusammengesetzte Verben, die von den oben genannten Verben abgeleitet sind, bilden das Partizip Perfekt genauso.

18e Zusammengesetzte Verben

*(i) Präfixe: **s-, ri-, mal-***

Wo immer das sinnvoll ist, kann vor jedes Grundverb ein Präfix (Vorsilbe) gesetzt werden.

s- bringt oft die gegenteilige Bedeutung zum Ausdruck:

coprire	bedecken	**scoprire**	ab- / entdecken
gelare	frieren	**sgelare**	tauen

ri- weist häufig auf Wiederholung hin:

cominciare	anfangen	**ricominciare**	wieder anfangen
fare	tun	**rifare**	wieder tun
leggere	lesen	**rileggere**	wieder lesen

mal- bedeutet so viel wie *schlecht* oder *böse.*

intendere	verstehen	**malintendere**	missverstehen
trattare	behandeln	**maltrattare**	misshandeln

(ii) -porre, -tenere, -venire

Von diesen drei Grundverben lassen sich zahlreiche Verben ableiten.
Vom Grundverb **porre** ‚stellen' werden unter anderem die folgenden zusammengesetzten Verben abgeleitet:

comporre	komponieren	**posporre**	verschieben
decomporre	zersetzen	**presupporre**	voraussetzen
disporre	disponieren	**proporre**	vorschlagen
imporre	auferlegen	**supporre**	annehmen
opporre	entgegenstellen		

Tenere ‚halten' bildet zusammengesetzte Verben, die im Deutschen oft mit ‚-halten' wiedergegeben werden:

contenere	enthalten	**ritenere**	behalten
detenere	festhalten	**sostenere**	unterhalten
mantenere	erhalten	**trattenere**	zurückhalten, aufhalten, festhalten

Von **venire** ‚kommen' lassen sich einige Verben ableiten:

avvenire	passieren	**sopravvenire**	ankommen, passieren (plötzlich)
convenire	zustimmen		
divenire	werden		
intervenire	eingreifen	**svenire**	ohnmächtig werden
provenire	herkommen, stammen		

(iii) -durre

Manchmal existiert das Grundverb nicht für sich. Beispielsweise gibt es **durre** nicht als alleinstehendes Verb, aber es gibt eine Reihe von Verben, die auf **-durre** enden.

condurre	dirigieren, führen	**produrre**	produzieren
dedurre	folgern, schließen	**ridurre**	reduzieren
indurre	veranlassen, einziehen	**riprodurre**	reproduzieren
introdurre	einführen, einfügen	**sedurre**	verführen

19 Verbtabellen

19a Regelmäßige Verben

Im Italienischen gibt es drei regelmäßige Konjugationen oder Verbgruppen. Ihr Infinitiv endet auf **-are**, **-ere** bzw. **-ire**. Aus jeder Gruppe haben wir je ein Beispielverb gewählt:

parlare	sprechen
vendere	verkaufen
dormire	schlafen

Falls nichts anderes angeführt ist, ist der Stamm, an den die Endungen angehängt werden, der Teil des Verbs, der nach Abtrennen der Infinitivendung **-are**, **-ere** oder **-ire** übrig bleibt.

19b Konjugation regelmäßiger Verben auf -are

Präsens	***Perfekt***
parlo	ho parlato
parli	hai parlato
parla	ha parlato
parliamo	abbiamo parlato
parlate	avete parlato
parlano	hanno parlato

Imperfekt	***Plusquamperfekt***
parlavo	avevo parlato
parlavi	avevi parlato
parlava	aveva parlato
parlavamo	avevamo parlato
parlavate	avevate parlato
parlavano	avevano parlato

Futur I	***Futur II***
parlerò	avrò parlato
parlerai	avrai parlato
parlerà	avrà parlato
parleremo	avremo parlato
parlerete	avrete parlato
parleranno	avranno parlato

Konditional I	*Konditional II*
parlerei	avrei parlato
parleresti	avresti parlato
parlerebbe	avrebbe parlato
parleremmo	avremmo parlato
parlereste	avreste parlato
parlerebbero	avrebbero parlato

Passato Remoto	*Trapassato Remoto*
parlai	ebbi parlato
parlasti	avesti parlato
parlò	ebbe parlato
parlammo	avemmo parlato
parlaste	aveste parlato
parlarono	ebbero parlato

Konjunktiv Präsens	*Konjunktiv Perfekt*
parli	abbia parlato
parli	abbia parlato
parli	abbia parlato
parliamo	abbiamo parlato
parliate	abbiate parlato
parlino	abbiano parlato

Konjunktiv Imperfekt	*Konjunktiv Plusquamperfekt*
parlassi	avessi parlato
parlassi	avessi parlato
parlasse	avesse parlato
parlassimo	avessimo parlato
parlaste	aveste parlato
parlassero	avessero parlato

Imperativ

—
parla
parli
parliamo
parlate
parlino

Partizip Präsens	*Partizip Perfekt*
parlante	parlato

Gerundium Präsens	*Gerundium Perfekt*
parlando	avendo parlato

19c *Auf* -are *endende Verben mit geringen Änderungen*

(i) *Verben mit den Infinitivendungen* ***-care*** *und* ***-gare***

Folgt auf das **c** oder **g** des Stamms von Verben dieser Gruppe **i** oder **e**, wird der Aussprache wegen ein **h** eingefügt. Zu dieser Gruppe gehören **cercare** ‚suchen' und **pagare** ‚bezahlen'.

Präsens
cerco
cerc**h**i
cerca
cerc**h**iamo
cercate
cercano

Futur I
cerc**h**erò usw.

Konditional I
cerc**h**erei usw.

Das **h** wird im Futur und Konditional durchgängig beibehalten.

Konjunktiv Präsens
cerc**h**i
cerc**h**i
cerc**h**i
cerc**h**iamo
cerc**h**iate
cerc**h**ino

Imperativ
—
cerca
cerc**h**i
cerc**h**iamo
cercate
cerc**h**ino

Pagare und andere Verben, die auf **-gare** enden, folgen *genau* dem Muster von **cercare**.

(ii) *Verben mit der Infinitivendung* ***-iare***

Verben auf **-iare**, bei denen das **i** nicht betont ist, z.B. **studiare** ‚studieren', haben in den folgenden Formen nur ein **-i**, statt des Doppel-**i,** das man vielleicht erwarten würde.

studi (2. Person Singular, Präsens)
studi, **studi**, **studi** (1. bis 3. Person Singular, Präsens Konjunktiv)
studi (3. Person Singular, Imperativ)

Verben auf **-iare**, bei denen das **i** betont wird, z.B. **sciare** ‚Ski laufen', haben Doppel-**i** in den genannten Formen, d.h. ***scii***.

(iii) *Verben auf* ***-ciare, -giare*** *und* ***-sciare***

In diese Gruppe gehören z.B. **cominciare** ‚anfangen', **viaggiare** ‚reisen' und **lasciare** ‚lassen'.
Diese Verben haben ebenfalls nur ein **i** in allen in 19c(ii) genannten Formen. Bei diesen Verben fällt das **i** des Stamms jedoch im Futur I und im Konditional I weg.

Futur I
comincerò, comincerai usw.
viaggerò, viaggerai usw.
lascerò, lascerai usw.

Konditional I
comincerei, cominceresti usw.
viaggerei, viaggeresti usw.
lascerei, lasceresti usw.

19d Konjugation regelmäßiger Verben auf -ere

Präsens	***Perfekt***
vendo	ho venduto
vendi	hai venduto
vende	ha venduto
vendiamo	abbiamo venduto
vendete	avete venduto
vendono	hanno venduto

Imperfekt	***Plusquamperfekt***
vendevo	avevo venduto
vendevi	avevi venduto
vendeva	aveva venduto
vendevamo	avevamo venduto
vendevate	avevate venduto
vendevano	avevano venduto

Futur I	Futur II
venderò	avrò venduto
venderai	avrai venduto
venderà	avrà venduto
venderemo	avremo venduto
venderete	avrete venduto
venderanno	avranno venduto

Konditional I	Konditional II
venderei	avrei venduto
venderesti	avresti venduto
venderebbe	avrebbe venduto
venderemmo	avremmo venduto
vendereste	avreste venduto
venderebbero	avrebbero venduto

Passato Remoto	Trapassato Remoto
vendei (vendetti)	ebbi venduto
vendesti	avesti venduto
vendé (vendette)	ebbe venduto
vendemmo	avemmo venduto
vendeste	aveste venduto
venderono (vendettero)	ebbero venduto

Konjunktiv Präsens	Konjunktiv Perfekt
venda	abbia venduto
venda	abbia venduto
venda	abbia venduto
vendiamo	abbiamo venduto
vendiate	abbiate venduto
vendano	abbiano venduto

Konjunktiv Imperfekt	Konjunktiv Plusquamperfekt
vendessi	avessi venduto
vendessi	avessi venduto
vendesse	avesse venduto
vendessimo	avessimo venduto
vendeste	aveste venduto
vendessero	avessero venduto

Imperativ

—
vendi
venda
vendiamo
vendete
vendano

Partizip Präsens
vendente

Partizip Perfekt
venduto

Gerundium Präsens
vendendo

Gerundium Perfekt
avendo venduto

19e Konjugation regelmäßiger Verben auf -ire

Präsens
dormo
dormi
dorme
dormiamo
dormite
dormono

Perfekt
ho dormito
hai dormito
ha dormito
abbiamo dormito
avete dormito
hanno dormito

Imperfekt
dormivo
dormivi
dormiva
dormivamo
dormivate
dormivano

Plusquamperfekt
avevo dormito
avevi dormito
aveva dormito
avevamo dormito
avevate dormito
avevano dormito

Futur I
dormirò
dormirai
dormirà
dormiremo
dormirete
dormiranno

Futur II
avrò dormito
avrai dormito
avrà dormito
avremo dormito
avrete dormito
avranno dormito

Konditional I
dormirei
dormiresti
dormirebbe
dormiremmo
dormireste
dormirebbero

Konditional II
avrei dormito
avresti dormito
avrebbe dormito
avremmo dormito
avreste dormito
avrebbero dormito

Passato Remoto
dormii
dormisti
dormì
dormimmo
dormiste
dormirono

Trapassato Remoto
ebbi dormito
avesti dormito
ebbe dormito
avemmo dormito
aveste dormito
ebbero dormito

Konjunktiv Präsens
dorma
dorma
dorma
dormiamo
dormiate
dormano

Konjunktiv Perfekt
abbia dormito
abbia dormito
abbia dormito
abbiamo dormito
abbiate dormito
abbiano dormito

Konjunktiv Imperfekt
dormissi
dormissi
dormisse
dormissimo
dormiste
dormissero

Konjunktiv Plusquamperfekt
avessi dormito
avessi dormito
avesse dormito
avessimo dormito
aveste dormito
avessero dormito

Imperativ
—
dormi
dorma
dormiamo
dormite
dormano

Partizip Präsens
dormiente (dormente)

Partizip Perfekt
dormito

Gerundium Präsens
dormendo

Gerundium Perfekt
avendo dormito

19f *Verben, die* -isc- *zwischen Stamm und Endung einschieben*

Eine beträchtliche Anzahl von Verben der dritten Konjugation — also Verben auf **-ire** — schieben **-isc-** zwischen Stamm und Endung, und zwar im Indikativ Präsens, Konjunktiv Präsens und im Imperativ. Die unregelmäßigen Formen werden anhand des Beispiels **capire** ‚verstehen' vollständig aufgeführt. Die anderen Formen werden hier nicht angegeben, da sie wie in 19e gebildet werden.

Präsens	*Konjunktiv Präsens*	*Imperativ*
cap**isc**o	cap**isc**a	—
cap**isc**i	cap**isc**a	cap**isc**i
cap**isc**e	cap**isc**a	cap**isc**a
capiamo	capiamo	capiamo
capite	capiate	capite
cap**isc**ono	cap**isc**ano	cap**isc**ano

- andere Verben dieses Typs sind:

abolire	abschaffen
agire	handeln, wirken
approfondire	vertiefen, genau untersuchen
arricchire	bereichern
arrossire	erröten
chiarire	klären
colorire	färben
colpire	schlagen
condire	würzen
contribuire	beitragen
costruire	bauen
custodire	bewachen, pflegen
definire	definieren
demolire	abreißen
digerire	verdauen
diminuire	verringern
distribuire	verteilen
esaurire	erschöpfen, verbrauchen
esibire	ausstellen
esordire	beginnen, debütieren
fallire	bankrott gehen
favorire	ermutigen, vorziehen
ferire	verletzen
finire	beenden
fiorire	blühen, florieren

garantire	bürgen, garantieren, haften
gradire	gern annehmen, mögen
guaire	jammern, jaulen
guarire	heilen, kurieren, genesen
impadronirsi	ergreifen
impallidire	erblassen
impazzire	verrückt werden
impedire	verhindern, stören
infastidire	verärgern, belästigen
ingerire	einnehmen, zu sich nehmen
inserire	einführen
istituire	gründen
istruire	unterrichten, instruieren
marcire	verfaulen
munire	ausrüsten
obbedire (ubbidire)	gehorchen
patire	leiden, erdulden
preferire	vorziehen
proibire	verbieten, untersagen
pulire	säubern, putzen
punire	bestrafen
rapire	rauben, kidnappen
reagire	reagieren
restituire	zurückgeben
riunire	zusammensetzen, versammeln
sbalordire	erstaunen
seppellire	begraben
smarrire	verlieren, verlegen
smentire	dementieren, widerlegen
sostituire	ersetzen
sparire	verschwinden
spedire	schicken
stabilire	einrichten, festsetzen
starnutire	niesen
stupire	erstaunen
suggerire	empfehlen, einflüstern
svanire	verschwinden
tradire	betrügen
trasferire	übertragen, versetzen
trasgredire	übertreten, verletzen, zuwiderhandeln
unire	vereinigen, zusammenbringen
usufruire	benutzen, genießen

Anm. Einige Verben auf **-ire** können **-isc-** einschieben, brauchen es aber nicht unbedingt. Die häufigsten sind:

applaudire	applaudieren
assorbire	absorbieren
inghiottire	schlucken
mentire	lügen
nutrire	ernähren
tossire	husten

Scomparire ‚verschwinden' sowie **comparire** und **apparire** ‚erscheinen' können auch wie **capire** konjugiert werden. Die häufiger verwendeten Formen finden Sie allerdings unter den unregelmäßigen Verben [➤19h].

19g Die unregelmäßigen Verben avere *und* essere

(i) ***avere*** *‚haben'*

Präsens	***Perfekt***
ho	ho avuto
hai	hai avuto
ha	ha avuto
abbiamo	abbiamo avuto
avete	avete avuto
hanno	hanno avuto
Imperfekt	***Plusquamperfekt***
avevo	avevo avuto
avevi	avevi avuto
aveva	aveva avuto
avevamo	avevamo avuto
avevate	avevate avuto
avevano	avevano avuto
Futur I	***Futur II***
avrò	avrò avuto
avrai	avrai avuto
avrà	avrà avuto
avremo	avremo avuto
avrete	avrete avuto
avranno	avranno avuto

Konditional I
avrei
avresti
avrebbe
avremmo
avreste
avrebbero

Konditional II
avrei avuto
avresti avuto
avrebbe avuto
avremmo avuto
avreste avuto
avrebbero avuto

Passato Remoto
ebbi
avesti
ebbe
avemmo
aveste
ebbero

Trapassato Remoto
ebbi avuto
avesti avuto
ebbe avuto
avemmo avuto
aveste avuto
ebbero avuto

Konjunktiv Präsens
abbia
abbia
abbia
abbiamo
abbiate
abbiano

Konjunktiv Perfekt
abbia avuto
abbia avuto
abbia avuto
abbiamo avuto
abbiate avuto
abbiano avuto

Konjunktiv Imperfekt
avessi
avessi
avesse
avessimo
aveste
avessero

Konjunktiv Plusquamperfekt
avessi avuto
avessi avuto
avesse avuto
avessimo avuto
aveste avuto
avessero avuto

Imperativ
—
abbi
abbia
abbiamo
abbiate
abbiano

Partizip Präsens
avente

Partizip Perfekt
avuto

Gerundium Präsens
avendo

Gerundium Perfekt
avendo avuto

(ii) **essere** ,sein'

Präsens
sono
sei
è
siamo
siete
sono

Perfekt
sono stato / a
sei stato / a
è stato / a
siamo stati / e
siete stati / e
sono stati / e

Imperfekt
ero
eri
era
eravamo
eravate
erano

Plusquamperfekt
ero stato / a
eri stato / a
era stato / a
eravamo stati / e
eravate stati / e
erano stati / e

Futur I
sarò
sarai
sarà
saremo
sarete
saranno

Futur II
sarò stato / a
sarai stato / a
sarà stato / a
saremo stati / e
sarete stati / e
saranno stati / e

Konditional I
sarei
saresti
sarebbe
saremmo
sareste
sarebbero

Konditional II
sarei stato / a
saresti stato / a
sarebbe stato / a
saremmo stati / e
sareste stati / e
sarebbero stati / e

Passato Remoto
fui
fosti
fu
fummo
foste
furono

Trapassato Remoto
fui stato / a
fosti stato / a
fu stato / a
fummo stati / e
foste stati / e
furono stati / e

Konjunktiv Präsens
sia
sia
sia
siamo
siate
siano

Konjunktiv Perfekt
sia stato / a
sia stato / a
sia stato / a
siamo stati / e
siate stati / e
siano stati / e

Konjunktiv Imperfekt
fossi
fossi
fosse
fossimo
foste
fossero

Konjunktiv Plusquamperfekt
fossi stato / a
fossi stato / a
fosse stato / a
fossimo stati / e
foste stati / e
fossero stati / e

Imperativ
—
sii
sia
siamo
siate
siano

Partizip Präsens
essente

Partizip Perfekt
stato / a / i / e

Gerundium Präsens
essendo

Gerundium Perfekt
essendo stato / a / i / e

19h Andere unregelmäßige Verben

Nachstehend finden Sie die häufigsten unregelmäßigen Verben im Italienischen. Nur die unregelmäßig gebildeten Zeitformen werden aufgeführt. Im Futur I und Konditional I tauchen Unregelmäßigkeiten nur im Stamm auf, die Endungen sind ausnahmslos regelmäßig. Unregelmäßigkeiten im Futur I gelten daher auch für das Konditional I und werden nicht gesondert aufgeführt. Die Bildung des Imperativs und häufig verwendeter unregelmäßiger Formen schlagen Sie bitte in ➤15b nach.

accendere *einschalten, anstellen, anzünden*

Passato Remoto
accesi, accendesti, accese, accendemmo, accendeste, accesero

Partizip Perfekt
acceso

sowie alle Verben, die auf **-endere** enden wie:

apprendere	lernen	**rendere**	zurückgeben
comprendere	verstehen	**scendere**	hinuntergehen
difendere	verteidigen	**sorprendere**	überraschen
intendere	beabsichtigen	**sospendere**	aussetzen
offendere	beleidigen	**spendere**	ausgeben

accorgersi *bemerken, realisieren, bewusst werden*

Passato Remoto
mi accorsi, ti accorgesti, si accorse, ci accorgemmo, vi accorgeste, si accorsero

Partizip Perfekt
accorto

ebenso

porgere	reichen, geben	**sporgersi**	hinauslehnen

andare *gehen*

Indikativ Präsens
vado, vai, va, andiamo, andate, vanno

Konjunktiv Präsens
vada, vada, vada, andiamo, andiate, vadano

Futur I
andrò

apparire *erscheinen*

Indikativ Präsens
appaio, appari, appare, appariamo, apparite, appaiono

Konjunktiv Präsens
appaia, appaia, appaia, appariamo, appariate, appaiano

Passato Remoto
apparvi, apparisti, apparve, apparimmo, appariste, apparirono

Partizip Perfekt
apparso

ebenso

comparire	erscheinen	**scomparire**	verschwinden

---

aprire *öffnen*

Partizip Perfekt
aperto

ebenso

coprire	bedecken	**scoprire**	entdecken
offrire	anbieten	**soffrire**	leiden

---

assumere *anstellen, annehmen*

Passato Remoto
assunsi, assumesti, assunse, assumemmo, assumeste, assunsero

Partizip Perfekt
assunto

ebenso
riassumere wieder einstellen, wieder einnehmen, zusammenfassen

---

bere *trinken*

Indikativ Präsens
bevo, bevi, beve, beviamo, bevete, bevono

Konjunktiv Präsens
beva, beva, beva, beviamo, beviate, bevano

Futur I
berrò

Passato Remoto
bevvi, bevesti, bevve, bevemmo, beveste, bevvero

Indikativ Imperfekt
bevevo

Konjunktiv Imperfekt
bevessi

Partizip Präsens
bevente

Partizip Perfekt
bevuto

Gerundium
bevendo

cadere *fallen*

Futur I
cadrò

Passato Remoto
caddi, cadesti, cadde, cademmo, cadeste, caddero

ebenso
accadere geschehen, passieren

chiedere *fragen*

Passato Remoto
chiesi, chiedesti, chiese, chiedemmo, chiedeste, chiesero

Partizip Perfekt
chiesto

ebenso
richiedere beantragen, fordern, verlangen

cogliere *pflücken, sammeln*

Indikativ Präsens
colgo, cogli, coglie, cogliamo, cogliete, colgono

Konjunktiv Präsens
colga, colga, colga, cogliamo, cogliate, colgano

Passato Remoto
colsi, cogliesti, colse, cogliemmo, coglieste, colsero

Partizip Perfekt
colto

ebenso
accogliere empfangen, aufnehmen
raccogliere pflücken, sammeln
sciogliere auflösen
togliere entfernen

condurre *fahren, führen, dirigieren*

Indikativ Präsens
conduco, conduci, conduce, conduciamo, conducete, conducono

Konjunktiv Präsens
conduca, conduca, conduca, conduciamo, conduciate, conducano

Indikativ Imperfekt
conducevo

Konjunktiv Imperfekt
conducessi

Passato Remoto
condussi, conducesti, condusse, conducemmo, conduceste, condussero

Partizip Präsens
conducente

Partizip Perfekt
condotto

Gerundium
conducendo

sowie alle Verben, die auf **-durre** enden

---

conoscere *wissen, kennenlernen*

Passato Remoto
conobbi, conoscesti, conobbe, conoscemmo, conosceste, conobbero

Partizip Perfekt
conosciuto

ebenso
riconoscere erkennen

---

correre *laufen*

Passato Remoto
corsi, corresti, corse, corremmo, correste, corsero

Partizip Perfekt
corso

sowie alle davon abgeleiteten Verben wie

accorrere	laufen, eilen	**soccorrere**	helfen
percorrere	durchlaufen	**trascorrere**	verbringen
ricorrere	zugreifen		

---

dare *geben*

Indikativ Präsens
do, dai, dà, diamo, date, danno

Konjunktiv Präsens
dia, dia, dia, diamo, diate, diano

Futur I
darò

Passato Remoto
diedi, desti, diede, demmo, deste, diedero

Konjunktiv Imperfekt
dessi, dessi, desse, dessimo, deste, dessero

---

decidere *entscheiden*

Passato Remoto
decisi, decidesti, decise, decidemmo, decideste, decisero

Partizip Perfekt
deciso

ebenso

dividere	teilen	**sorridere**	lächeln
ridere	lachen	**uccidere**	töten

---

dire *sagen, erzählen*

Indikativ Präsens
dico, dici, dice, diciamo, dite, dicono

Konjunktiv Präsens
dica, dica, dica, diciamo, diciate, dicano

Indikativ Imperfekt
dicevo

Konjunktiv Imperfekt
dicessi

Passato Remoto
dissi, dicesti, disse, dicemmo, diceste, dissero

Partizip Präsens
dicente

Partizip Perfekt
detto

Gerundium
dicendo

ebenso

contraddire	widersprechen	**disdire**	absagen

dovere *müssen, schulden*

Indikativ Präsens
devo (debbo), devi, deve, dobbiamo, dovete, devono (debbono)

Konjunktiv Präsens
debba (deva), debba (deva), debba (deva), dobbiamo, dobbiate, debbano (devano)

Futur I
dovrò

fare *machen, tun*

Indikativ Präsens
faccio, fai, fa, facciamo, fate, fanno

Konjunktiv Präsens
faccia, faccia, faccia, facciamo, facciate, facciano

Futur I
farò

Indikativ Imperfekt
facevo

Konjunktiv Imperfekt
facessi

Passato Remoto
feci, facesti, fece, facemmo, faceste, fecero

Partizip Präsens
facente

Partizip Perfekt
fatto

Gerundium
facendo

ebenso
soddisfare befriedigen

giungere *ankommen, erreichen*

Passato Remoto
giunsi, giungesti, giunse, giungemmo, giungeste, giunsero

Partizip Perfekt
giunto

ebenso

aggiungere	hinzufügen	**raggiungere**	erreichen

---

leggere *lesen*

Passato Remoto
lessi, leggesti, lesse, leggemmo, leggeste, lessero

Partizip Perfekt
letto

ebenso
proteggere schützen

---

mettere *legen, stellen*

Passato Remoto
misi, mettesti, mise, mettemmo, metteste, misero

Partizip Perfekt
messo

sowie alle davon abgeleiteten Verben wie z. B.

ammettere	zugeben	**promettere**	versprechen
commettere	begehen	**smettere**	aufhören
permettere	erlauben, gestatten		

---

morire *sterben*

Indikativ Präsens
muoio, muori, muore, moriamo, morite, muoiono

Konjunktiv Präsens
muoia, muoia, muoia, moriamo, moriate, muoiano

Futur I
morirò (morrò)

Partizip Präsens
morente

Partizip Perfekt
morto

Gerundium
morendo

nascere *geboren werden*

Passato Remoto
nacqui, nascesti, nacque, nascemmo, nasceste, nacquero

Partizip Perfekt
nato

nascondere *verstecken*

Passato Remoto
nascosi, nascondesti, nascose, nascondemmo, nascondeste, nascosero

Partizip Perfekt
nascosto

ebenso
rispondere antworten

parere *scheinen*

Indikativ Präsens
paio, pari, pare, paiamo, parete, paiono

Konjunktiv Präsens
paia, paia, paia, paiamo, paiate, paiano

Futur I
parrò

Passato Remoto
parvi, paresti, parve, paremmo, pareste, parvero

Partizip Präsens
parvente

Partizip Perfekt
parso

Gerundium
parendo

perdere *verlieren*

Passato Remoto
persi, perdesti, perse, perdemmo, perdeste, persero

Partizip Perfekt
perso (perduto)

persuadere *überreden*

Passato Remoto
persuasi, persuadesti, persuase, persuademmo, persuadeste, persuasero

Partizip Perfekt
persuaso

ebenso

evadere	entkommen	**invadere**	einfallen, überfallen

piacere *gefallen*

Indikativ Präsens
piaccio, piaci, piace, piacciamo, piacete, piacciono

Konjunktiv Präsens
piaccia, piaccia, piaccia, piacciamo, piacciate, piacciano

Passato Remoto
piacqui, piacesti, piacque, piacemmo, piaceste, piacquero

Partizip Perfekt
piaciuto

ebenso

dispiacere	Leid tun	**tacere**	schweigen
giacere	liegen		

piangere *weinen*

Passato Remoto
piansi, piangesti, pianse, piangemmo, piangeste, piansero

Partizip Perfekt
pianto

ebenso
rimpiangere bedauern

porre *legen, stellen*

Indikativ Präsens
pongo, poni, pone, poniamo, ponete, pongono

Konjunktiv Präsens
ponga, ponga, ponga, poniamo, poniate, pongano

Futur I
porrò

Indikativ Imperfekt
ponevo

Konjunktiv Imperfekt
ponessi

Passato Remoto
posi, ponesti, pose, ponemmo, poneste, posero

Partizip Präsens
ponente

Partizip Perfekt
posto

Gerundium
ponendo

ebenso alle mit **porre** zusammengesetzten Verben [➤18e(ii)]

---

potere *können, dürfen*

Indikativ Präsens
posso, puoi, può, possiamo, potete, possono

Konjunktiv Präsens
possa, possa, possa, possiamo, possiate, possano

Futur I
potrò

---

rimanere *bleiben*

Indikativ Präsens
rimango, rimani, rimane, rimaniamo, rimanete, rimangono

Konjunktiv Präsens
rimanga, rimanga, rimanga, rimaniamo, rimaniate, rimangano

Futur I
rimarrò

Passato Remoto
rimasi, rimanesti, rimase, rimanemmo, rimaneste, rimasero

Partizip Perfekt
rimasto

rompere *brechen*

Passato Remoto
ruppi, rompesti, ruppe, rompemmo, rompeste, ruppero

Partizip Perfekt
rotto

salire *hinaufgehen, an Bord gehen, einsteigen*

Indikativ Präsens
salgo, sali, sale, saliamo, salite, salgono

Konjunktiv Präsens
salga, salga, salga, saliamo, saliate, salgano

sapere *können, wissen*

Indikativ Präsens
so, sai, sa, sappiamo, sapete, sanno

Konjunktiv Präsens
sappia, sappia, sappia, sappiamo, sappiate, sappiano

Futur I
saprò

Passato Remoto
seppi, sapesti, seppe, sapemmo, sapeste, seppero

Partizip Präsens
sapiente

scegliere *wählen*

Indikativ Präsens
scelgo, scegli, sceglie, scegliamo, scegliete, scelgono

Konjunktiv Präsens
scelga, scelga, scelga, scegliamo, scegliate, scelgano

Passato Remoto
scelsi, scegliesti, scelse, scegliemmo, sceglieste, scelsero

Partizip Perfekt
scelto

scrivere *schreiben*

Passato Remoto
scrissi, scrivesti, scrisse, scrivemmo, scriveste, scrissero

Partizip Perfekt
scritto

ebenso

descrivere	beschreiben	**iscrivere**	anmelden
friggere	braten	**sconfiggere**	besiegen

scuotere *schütteln*

Passato Remoto
scossi, scuotesti, scosse, scuotemmo, scuoteste, scossero

Partizip Perfekt
scosso

ebenso

commuovere	bewegen (Gefühl)		
muovere	bewegen	**promuovere**	befördern

sedere *sitzen*

Indikativ Präsens
siedo, siedi, siede, sediamo, sedete, siedono

Konjunktiv Präsens
sieda, sieda, sieda, sediamo, sediate, siedano

ebenso

possedere	besitzen

spingere *schieben, drücken*

Passato Remoto
spinsi, spingesti, spinse, spingemmo, spingeste, spinsero

Partizip Perfekt
spinto

ebenso

dipingere	malen	**fingere**	vorgeben
distinguere	unterscheiden	**tingere**	färben

stare *sein, bleiben*

Indikativ Präsens
sto, stai, sta, stiamo, state, stanno

Konjunktiv Präsens
stia, stia, stia, stiamo, stiate, stiano

Futur I
starò

Passato Remoto
stetti, stesti, stette, stemmo, steste, stettero

Konjunktiv Imperfekt
stessi, stessi, stesse, stessimo, steste, stessero

---

stringere *ergreifen, festhalten*

Passato Remoto
strinsi, stringesti, strinse, stringemmo, stringeste, strinsero

Partizip Perfekt
stretto

ebenso
costringere zwingen

---

tenere *halten*

Indikativ Präsens
tengo, tieni, tiene, teniamo, tenete, tengono

Konjunktiv Präsens
tenga, tenga, tenga, teniamo, teniate, tengano

Futur I
terrò

Passato Remoto
tenni, tenesti, tenne, tenemmo, teneste, tennero

sowie alle mit **tenere** zusammengesetzten Verben [➤18e(ii)]

trarre *entnehmen, ziehen*

Indikativ Präsens
traggo, trai, trae, traiamo, traete, traggono

Konjunktiv Präsens
tragga, tragga, tragga, traiamo, traiate, traggano

Indikativ Imperfekt
traevo

Konjunktiv Imperfekt
traessi

Passato Remoto
trassi, traesti, trasse, traemmo, traeste, trassero

Partizip Präsens
traente

Partizip Perfekt
tratto

Gerundium
traendo

sowie alle mit **trarre** zusammengesetzten Verben

---

uscire *ausgehen, hinausgehen*

Indikativ Präsens
esco, esci, esce, usciamo, uscite, escono

Konjunktiv Präsens
esca, esca, esca, usciamo, usciate, escano

ebenso
riuscire schaffen, gelingen

---

valere *wert sein*

Indikativ Präsens
valgo, vali, vale, valiamo, valete, valgono

Konjunktiv Präsens
valga, valga, valga, valiamo, valiate, valgano

Futur I
varrò

Passato Remoto
valsi, valesti, valse, valemmo, valeste, valsero

Partizip Perfekt
valso

ebenso
prevalere überwiegen, überlegen sein

---

vedere *sehen*

Futur I
vedrò

Passato Remoto
vidi, vedesti, vide, vedemmo, vedeste, videro

Partizip Perfekt
visto

ebenso
prevedere voraussehen

---

venire *kommen*

Indikativ Präsens
vengo, vieni, viene, veniamo, venite, vengono

Konjunktiv Präsens
venga, venga, venga, veniamo, veniate, vengano

Futur I
verrò

Passato Remoto
venni, venisti, venne, venimmo, veniste, vennero

Partizip Perfekt
venuto

ebenso
avvenire geschehen, passieren
pervenire erreichen, ankommen
svenire ohnmächtig werden

vincere *gewinnen*

Passato Remoto
vinsi, vincesti, vinse, vincemmo, vinceste, vinsero

Partizip Perfekt
vinto

ebenso
convincere überzeugen

vivere *leben*

Futur I
vivrò

Passato Remoto
vissi, vivesti, visse, vivemmo, viveste, vissero

Partizip Perfekt
vissuto

ebenso
sopravvivere überleben, überdauern

volere *wollen, wünschen*

Indikativ Präsens
voglio, vuoi, vuole, vogliamo, volete, vogliono

Konjunktiv Präsens
voglia, voglia, voglia, vogliamo, vogliate, vogliano

Futur I
vorrò

Passato Remoto
volli, volesti, volle, volemmo, voleste, vollero

D

MENSCHEN, DINGE, VORSTELLUNGEN: SUBSTANTIVE UND WENDUNGEN

20 Die Dinge beim Namen nennen: Substantive

20a *Wozu dient ein Substantiv?*

Substantive antworten auf die Frage **Chi è?** ‚Wer ist das?' und **Cos' è?** ‚Was ist das?'. Sie sind die Namen, mit denen wir alles um uns herum und in unseren Gedanken bezeichnen: Menschen, Tiere, Dinge, Ereignisse, Vorstellungen.

Oggi è il mio *compleanno*. Per festeggiarlo vado al *ristorante* italiano con i miei *genitori* e alcuni miei *amici*.	Heute ist mein *Geburtstag*. Um ihn zu feiern, gehe ich mit meinen *Eltern* und einigen meiner *Freunde* in ein italienisches *Restaurant*.

20b *Genauere Beschreibung: Substantiv und Ergänzung*

Oft werden Substantive um andere Wörter oder Sätze erweitert. Diese Zusätze haben wir nach den folgenden Sparten gegliedert:

- Pronomen und Artikel [➤21]
- Adjektive [➤22]
- Relativsätze [➤5b, 23m]
- Präpositionale Ergänzungen [➤25b(i) – 25b(ii)]

Um Wiederholungen zu vermeiden, werden Substantive oft durch Pronomen ersetzt [➤23].

20c *Eigennamen, Gattungsbegriffe, Sammelbegriffe*

(i) *Eigennamen*

Ein Eigenname ist der Name eines bestimmten Menschen, Tieres oder Ortes. Zum Beispiel:

Michelangelo	**il Monte Bianco**
Federico Fellini	**il Chianti**
il Papa	**il Portogallo**
il Colosseo	**la Toscana**
gli Appennini	**il Giro d'Italia**

(ii) *Gattungsbegriffe*

Ein Gattungsbegriff bezeichnet ein Mitglied einer Gruppe oder Art wie zum Beispiel:

un fiore	eine Blume	**una sedia**	ein Stuhl
un fiume	ein Fluss	**un uomo**	ein Mann
una mosca	eine Fliege		

(iii) *Sammelbegriffe*

Substantive, die Gruppen von Individuen bezeichnen (Menschen oder Tiere), nennt man Sammelbegriffe.

il bestiame	Vieh	**la gente**	Leute
la clientela	Kundschaft	**la polizia**	Polizei
la famiglia	Familie	**il pubblico**	Öffentlichkeit
la folla	Menge	**lo stormo**	Schwarm, Herde

⚠ Diese Substantive haben Pluralbedeutung, stehen jedoch grammatisch im Singular.

C'*era* troppa gente alla festa.	Es *waren* zu viele Leute bei der Party.

(iv) *Groß- und Kleinschreibung*

Im Gegensatz zum Deutschen werden im Italienischen nur reine Eigennamen großgeschrieben.

Anm. Dabei sollte man nicht außer Acht lassen, dass manche Namen stets reine Eigennamen sind, wie z.B. **Roma, Maria, Fiat,** andere dagegen auch als Gattungsbegriffe verwendet werden, wie am folgenden Beispiel zu erkennen ist:

Quel *palazzo* è molto bello.	Dieses *Gebäude* ist sehr schön.

aber

Quello è *il Palazzo* Pitti.	Das ist *der Palazzo* Pitti.

20d Das Geschlecht der Substantive im Italienischen

Das Geschlecht oder *Genus* (‚Art‘, ‚Gattung‘) italienischer Substantive ist entweder Maskulinum oder Femininum. Die italienische Sprache kennt kein Neutrum, sämtliche Substantive sind also entweder männlich oder weiblich. Das Geschlecht eines Substantivs lässt sich oft von seiner Bedeutung oder aufgrund seiner Endung ableiten. Wegen der vielen Ausnahmen ist es jedoch empfehlenswert, ein Substantiv zusammen mit dem bestimmten Artikel [➤21c] — zu lernen, zum Beispiel **il libro** ‚Buch‘, **la rivista** ‚Zeitschrift‘, und nicht nur **libro**, **rivista** usw. In den folgenden Beispielen geben wir für die meisten Substantive den bestimmten Artikel an. In manchen Fällen ist es sinnvoller, das Substantiv mit dem unbestimmten Artikel [➤21e] zu lernen.

20e Geschlecht von Substantiven anhand der Bedeutung

(A) Bei Bezeichnungen für Menschen und Haustiere sowie bei einigen anderen geschlechtsspezifischen Substantiven sind Männer oder männliche Tiere natürlich maskulin, Frauen und weibliche Tiere feminin:

Maskulinum	
l'uomo	Mann
il marito	Ehemann
il ragazzo	Junge
il nonno	Großvater
il fratello	Bruder
il gatto	Kater
il cane	Hund (Rüde)
l'orso	Bär
Femininum	
la donna	Frau
la moglie	Ehefrau
la ragazza	Mädchen
la nonna	Großmutter
la sorella	Schwester
la gatta	Katze
la cagna	Hündin

Es gibt genau wie im Deutschen auch im Italienischen Substantive, deren Geschlecht nicht das des so bezeichneten Menschen oder Tieres reflektiert:

la guida	Führer, Reiseleiter	**la persona**	Person
il topo	Maus	**la vittima**	Opfer

Unabhängig vom weiblichen oder männlichen Artikel kann jedes dieser Substantive ein männliches oder ein weibliches Wesen bezeichnen.

(B) Die Bezeichnungen für Bäume sind meist maskulin:

l'abete	Tanne	**il pino**	Pinie
il frassino	Esche	**il pioppo**	Pappel
il larice	Lerche	**il salice**	Weide

Es gibt jedoch auch viele, die feminin sind wie:

la betulla	Birke	**la palma**	Palme
la magnolia	Magnolie	**la quercia**	Eiche

(C) Viele Obstbäume sind maskulin und die Früchte feminin:

il ciliegio	Kirschbaum	**la ciliegia**	Kirsche
il melo	Apfelbaum	**la mela**	Apfel
il pero	Birnbaum	**la pera**	Birne
il pesco	Pfirsichbaum	**la pesca**	Pfirsich

Zu den Ausnahmen von dieser Regel gehören:

il fico	Feigenbaum / Feige
il lampone	Himbeerstrauch / Himbeere
il limone	Zitronenbaum / Zitrone
il pompelmo	Pampelmusenbaum / Pampelmuse

Exotische Früchte sind meist maskulin:

l'ananas	Ananas	**il mango**	Mango
il kiwi	Kiwi		

(D) Namen von Städten, Regionen, Inseln, Ländern und Kontinenten sind meist feminin:

l'Africa	Afrika	**la Norvegia**	Norwegen
l'America	Amerika	**(la) Roma**	Rom
la Calabria	Kalabrien	**la Sardegna**	Sardinien
l'Europa	Europa	**la Sicilia**	Sizilien
la Lombardia	Lombardei	**la Spagna**	Spanien

Anm. Städtenamen werden normalerweise nicht mit bestimmtem Artikel verwendet [➤21c(viii)D].

Die folgenden italienischen Regionen sind Ausnahmen von dieser Regel:

l'Abruzzo (gli Abruzzi)
il Friuli
il Lazio
il Molise
il Piemonte
il Trentino-Alto Adige
il Veneto

Beachten Sie auch, dass folgende Länder maskulin sind:

il Belgio	Belgien	**l'Egitto**	Ägypten
il Brasile	Brasilien	**il Messico**	Mexiko
il Canada	Kanada	**il Portogallo**	Portugal
il Giappone	Japan	**gli Stati Uniti**	USA

(E) Bezeichnungen für Flüsse, Seen, Meere, Ozeane und Gebirge sind meist maskulin:

il Po	Po
il Tevere	Tiber
il (lago di) Garda	Gardasee
il Mediterraneo	Mittelmeer
l'Atlantico	Atlantik
il Monte Bianco	Montblanc
gli Appennini	Apennin

einige Ausnahmen:

le Alpi	Alpen	**la Loira**	Loire
le Dolomiti	Dolomiten	**la Senna**	Seine

(F) Sprachen sind immer maskulin:

l'inglese	Englisch
il portoghese	Portugiesisch
il tedesco	Deutsch

(G) Wochentage und Monate [➤30a, 30b] sind maskulin mit Ausnahme von **domenica** ‚Sonntag'.

(H) Bezeichnungen für Metalle und chemische Elemente sind meist maskulin:

l'alluminio	Aluminium	**l'ossigeno**	Sauerstoff
l'argento	Silber	**il piombo**	Blei
il bronzo	Bronze	**il rame**	Kupfer
il mercurio	Quecksilber	**lo zinco**	Zink
l'oro	Gold		

(I) Die Bezeichnungen für die Himmelsrichtungen sind maskulin:

il nord (il settentrione)	Norden
il sud (il meridione / il mezzogiorno)	Süden
l'est (l'oriente / il levante)	Osten
l'ovest (l'occidente / il ponente)	Westen

Zusammensetzungen sind ebenfalls maskulin, zum Beispiel **il nordovest** ‚der Nordwesten', **il sudest** ‚der Südosten'.

Beachten Sie bitte auch, dass geographische Bezeichnungen großgeschrieben werden können, **il Mezzogiorno** ‚der Süden (Italiens)', **il Medio Oriente** ‚der Nahe / Mittlere Osten'.

(J) Studien- und Wissenschaftsgebiete sowie Künste sind meist feminin:

l'architettura	Architektur	**la grammatica**	Grammatik
la filosofia	Philosophie	**la matematica**	Mathematik
la fisica	Physik	**la pittura**	Malerei
la geografia	Geographie	**la storia**	Geschichte

(K) Gewichte, Maße und Brüche sind meist maskulin:

un etto	100 Gramm	**un chilo**	ein Kilo
un metro	ein Meter	**un quarto**	ein Viertel
un litro	ein Liter	**un quinto**	ein Fünftel

(L) In den alltäglichen Sprachgebrauch übergegangene Fremdwörter sind meist maskulin, insbesondere diejenigen, die mit einem Konsonanten enden:

il bar	Bar
il jazz	Jazz
lo sport	Sport
il tram	Tram
il walkman®	Walkman®

(M) Zahlreiche abstrakte Begriffe sind feminin:

l'allegria	Heiterkeit	**la miseria**	Armut
la bellezza	Schönheit	**la pace**	Frieden
la delusione	Enttäuschung	**la tristezza**	Traurigkeit
la giustizia	Gerechtigkeit	**la vergogna**	Scham
l'intelligenza	Intelligenz		

Allerdings gibt es in dieser Kategorie eine Anzahl von Begriffen, die maskulin sind:

l'amore	Liebe	**il diritto**	Gesetz, Recht
il buon umore	gute Laune	**il disaccordo**	Uneinigkeit
il coraggio	Mut	**il dolore**	Schmerz

20f Geschlecht von Substantiven anhand der Endung

(i) -o, -a: *maskulin, feminin*

Sicher ist Ihnen bei vielen der obigen Beispiele aufgefallen, dass Substantive mit der Endung **-o** maskulin und diejenigen mit der Endung **-a** feminin sind. Bei den meisten italienischen Substantiven auf **-o** oder **-a** ist dies tatsächlich der Fall.

il lago	See	**la cartolina**	Postkarte
il negozio	Geschäft	**la finestra**	Fenster

Einige Substantive haben unterschiedliche Bedeutungen, je nachdem ob sie mit **-o** oder mit **-a** enden.

il pero	Birnbaum
la pera	Birne [➤20e(i)C]
il porto	Hafen
la porta	Tür
il tappo	Stöpsel, Verschluss
la tappa	Halt, Etappe

(ii) Ausnahmen

(A) Substantive, die auf **-o** enden, aber feminin sind:

l'auto	Auto	**la moto**	Motorrad
la foto	Foto	**la radio**	Radio
la mano	Hand		

Vier der genannten Begriffe sind verkürzte Formen weiblicher Substantive: **l'automobile**, **la fotografia**, **la moto-cicletta** und **la radiotrasmettitrice**.

(B) Substantive, die auf **-a** enden, aber maskulin sind. Zu dieser Gruppe gehören viele mit der Endung **-ma**. (Oft sind sie griechischen Ursprungs.)

il clima	Klima	**il dramma**	Drama
il diagramma	Diagramm	**il fantasma**	Gespenst

il panorama	Panorama	**il sistema**	System
il problema	Problem	**il telegramma**	Telegramm
il programma	Programm	**il tema**	Thema
lo schema	Schema	**il teorema**	Theorem

(C) Einige Substantive, die auf **-a**, **-ista** und **-cida** enden, können maskulin und feminin sein:

l'atleta (m. und f.)	Athlet / Athletin	**il / la collega**	Kollege / -in
il / la dentista	Zahnarzt / -ärztin	**lo / la specialista**	Spezialist / -in
il / la tennista	Tennisspieler / -in	**il / la turista**	Tourist / -in
l'omicida (m. und f.)	Mörder / -in	**il / la suicida**	Selbstmörder /-in

(iii) Die Endung **-e**

Substantive, die auf **-e** enden, sind maskulin oder feminin:

la fine	Ende	**la salute**	Gesundheit
il mestiere	Beruf	**il sole**	Sonne
il pettine	Kamm	**la voce**	Stimme

(iv) Andere Endungen

Einige andere Endungen deuten ebenfalls auf das Geschlecht hin.

(A) Femininum

- Die meisten Substantive, die auf **-ione**, **-udine**, **-ite**, **-igine**, und **-ice** (häufig für weibliche Berufsbezeichnungen) enden:

la decisione	Entscheidung	**la lezione**	Schulstunde
la nazione	Nation	**la televisione**	Fernsehen
l'abitudine	Gewohnheit	**la solitudine**	Einsamkeit
l'appendicite	Appendizitis	**la meningite**	Meningitis
la tonsillite	Mandelentzündung	**l'origine**	Herkunft
l'attrice	Schauspielerin	**la pittrice**	Malerin

- Substantive, die auf **-tà** oder **-tù** enden:

la bontà	Güte	**la città**	Stadt
la felicità	Glück	**l'università**	Universität
la volontà	Willen	**la gioventù**	Jugend
la virtù	Tugend		

- Die meisten Substantive, die auf **-i** enden:

l'analisi	Analyse	**la diagnosi**	Diagnose
la crisi	Krise	**l'enfasi**	Betonung
la sintesi	Synthese	**la tesi**	These

il brindisi ‚Toast' (Trinkspruch), ein häufig verwendeter Begriff, ist allerdings maskulin.

- Substantive, die auf **-ie** enden:

la serie	Serie
la specie	Art, Gattung
la superficie	Oberfläche

(B) Maskulinum

- Substantive, die auf **-ore** enden:

il colore	Farbe	**l'odore**	Geruch
il fattore	Faktor	**il settore**	Sektor
il fiore	Blume	**il valore**	Wert
il motore	Motor		

- Die meisten Substantive auf **-ame**, **-ale**, **-ile** und **-ere:**

il catrame	Teer	**il bestiame**	Vieh
il rame	Kupfer	**il rottame**	Altmetall
il canale	Kanal	**il giornale**	Zeitung
lo schienale	Lehne	**il temporale**	Sturm
il tribunale	Gericht	**il barile**	Fass
il canile	Hundehütte	**il fienile**	Heuhaufen
il benessere	Wohlstand	**il carcere**	Gefängnis
il malessere	Unwohlsein	**il potere**	Macht

⚠ Im Plural wechselt **il carcere** ‚Gefängnis' das Geschlecht und wird feminin: ***le* carceri**.

20g Bildung weiblicher Substantive

In 20e(i) und 20f(ii)C haben Sie bereits gesehen, wie man die weibliche Form einiger männlicher Substantive bildet. In manchen Fällen bleibt das Substantiv unverändert, und der Artikel gibt über das Geschlecht Auskunft:

il/la nipote	Neffe, Nichte Enkel / -in
il/la tennista	Tennisspieler / -in

In manchen Fällen erhält man die weibliche Form, indem man **-o** in **-a** verwandelt:

il ragazzo	Junge
la ragazza	Mädchen
il figlio	Sohn
la figlia	Tochter

In anderen Fällen wählt man ein ganz anderes Wort:

l'uomo	Mann
la donna	Frau
il marito	Ehemann
la moglie	Ehefrau

Weitere Richtlinien

- Viele männliche Substantive, die auf **-e** enden, haben eine weibliche Form mit der Endung **-a**:

il cameriere	Kellner
la cameriera	Kellnerin
l'infermiere	Krankenpfleger
l'infermiera	Krankenschwester
il padrone	Besitzer, Chef
la padrona	Besitzerin, Chefin
il parrucchiere	Friseur
la parrucchiera	Friseurin

- Einige männliche Substantive, die auf **-o**, **-a** oder **-e** enden, haben eine weibliche Form mit der Endung **-essa**:

l'avvocato	Anwalt
l'avvocatessa	Anwältin
il dottore	Arzt
la dottoressa	Ärztin
il duca	Herzog
la duchessa	Herzogin
il poeta	Dichter
la poetessa	Dichterin
il conte	Graf
la contessa	Gräfin
il professore	Lehrer, Professor
la professoressa	Lehrerin, Professorin

- Eine gewisse Anzahl männlicher Substantive, die meist Berufe bezeichnen und auf **-tore** enden, haben eine weibliche Form mit der Endung **-trice**:

l'attore	Schauspieler	**l'attrice**	Schauspielerin
il conoscitore	Kenner	**la conoscitrice**	Kennerin
il redattore	Redakteur	**la redattrice**	Redakteurin
lo scrittore	Schriftsteller	**la scrittrice**	Schriftstellerin
lo scultore	Bildhauer	**la scultrice**	Bildhauerin

il vincitore	Gewinner	**la vincitrice**	Gewinnerin

Wenn es keine weibliche Entsprechung gibt, wird entweder das männliche Substantiv für beide Geschlechter benutzt oder die Unterscheidung durch den Zusatz **una donna** vor dem männlichen Substantiv gemacht — z.B. **una donna poliziotto** ‚eine Polizistin', **una donna controllore** ‚eine Schaffnerin'.

Ähnliches gilt für Tierbezeichnungen, die unveränderlich sind:

il pavone	Pfau	**la giraffa**	Giraffe

Ein weiblicher Pfau heißt **il pavone femmina** oder **la femmina del pavone**.
Eine männliche Giraffe heißt **la giraffa maschio** oder **il maschio della giraffa**.

- Einige männliche Substantive haben unregelmäßig gebildete weibliche Formen.

l'eroe	Held	**l'eroina**	Heldin
il gallo	Hahn	**la gallina**	Henne
il re	König	**la regina**	Königin

20h Eins oder mehrere? Plural der Substantive

(i) Die Pluralendungen **-i**, **-e**

Für die Pluralbildung gelten folgende Regeln:

- Männliche Substantive auf **-o** oder **-a** haben im Plural **-i**:

il ragazz*o*	**i ragazz*i***	Junge(n)
il problem*a*	**i problem*i***	Problem(e)

- Weibliche Substantive auf **-a** haben im Plural **-e**:

la finestr*a*	**le finestr*e***	Fenster

- Männliche und weibliche Substantive mit der Endung **-e** bilden die Pluralform mit **-i**:

il costum*e*	**i costum*i***	Gewohnheit(en)
la luc*e*	**le luc*i***	Licht(er)

(ii) Ausnahmen

- Eine kleine Anzahl weiblicher Substantive mit der Endung **-o** sind im Plural unveränderlich:

la moto	**le moto**	Motorrad / -räder
la radio	**le radio**	Radio(s)

[Mehr dazu ➤20h(iv).]

Ein häufig verwendetes weibliches Substantiv auf **-o** bildet die Pluralform mit **-i**:

la mano	**le mani**	Hand / Hände

- Die Endung **-a** der folgenden weiblichen Substantive wird im Plural zu **-i**:

l'ala	**le ali**	Flügel
l'arma	**le armi**	Waffe(n)

- Einige männliche Substantive mit der Endung **-o** im Singular bilden den Plural mit **-a**. Die folgenden Substantive werden im Plural feminin (Ausnahme die Adjektive **mille / mila**)

un centinaio	circa hundert	**delle centinaia**	Hunderte
mille	(ein)tausend	**mila**	...tausend
un migliaio	circa tausend	**delle migliaia**	Tausende
il miglio	Meile	**le miglia**	Meilen
il paio	Paar	**le paia**	Paare
l'uovo	Ei	**le uova**	Eier

- Einige männliche Substantive bilden den Plural gemäß den Regeln unter 20h(i), weisen jedoch eine Stammänderung auf:

il bue	**i buoi**	Ochse(n)
il dio	**gli dei**	Gott / Götter
l'uomo	**gli uomini**	Mann / Männer

(iii) *Andere Pluralformen*

- Substantive mit der Singularendung **-ca** und **-ga** bilden die Pluralformen **-che** und **-ghe** für weibliche Substantive und **-chi** und **-ghi** für männliche. Dadurch bleibt die Aussprache der Konsonanten **c** und **g** im Plural gleich.

l'amica	**le amiche**	Freund(e)
la collega	**le colleghe**	Kollegin(nen)
il monarca	**i monarchi**	Monarch(en)
il collega	**i colleghi**	Kollege(n)

aber

il belga	**i belgi**	Belgier

- Substantive mit der Endung **-cia** und **-gia** behalten im Plural das **i** bei, wenn dieses betont ist, sonst entfällt es:

la bugia	**le bugie**	Lüge(n) (betontes **i**)
la faccia	**le facce**	Gesicht(er) (unbetontes **i**)
la farmacia	**le farmacie**	Apotheke(n) (betontes **i**)
la spiaggia	**le spiagge**	Strand / Strände (unbetontes **i**)

Das unbetonte **i** wird bisweilen im Plural beibehalten, um Verwechslungen zwischen Wörtern, die sonst gleich geschrieben würden, zu vermeiden:

la camicia	**le camic*i*e**	Hemd(en)

(um Verwechslung mit **il camice** ‚Chorhemd' zu vermeiden)

l'audacia	**le audac*i*e**	Wagemut / kühne Taten

(um Verwechslung mit dem Adjektiv **audace** ‚kühn' zu vermeiden)

Normalerweise wird das **i** beibehlten, wenn vor **-cia** oder **-gia** ein Vokal steht, wie bei **la valigia / le valigie** ‚Koffer', und es entfällt, wenn vor der Endung ein Konsonant steht, wie bei **la goccia / le gocce** ‚Tropfen'.

- Substantive mit der Endung **-io** haben Doppel-**i** im Plural, wenn das **i** von **-io** betont ist, und ein **i**, wenn es unbetont ist:

lo zio	**gli zii**	Onkel
il negozio	**i negozi**	Geschäft(e)

Bisweilen sind die Pluralformen von Substantiven mit der Singularendung **-io** mit denen anderer Substantive oder Adjektive identisch. In der geschriebenen Form dienen ein Akzent oder Doppel-**i** dazu, Verwechslungen zu vermeiden:

il conservatorio	**i conservat*ò*ri**	Konservatorium
conservatore	**conservat*ó*ri**	konservativ
il principe	**i pr*ì*ncipi**	Prinz
il principio	**i princ*ì*pi**	Prinzip

In der gesprochenen Sprache unterscheiden sich die Begriffe in der Aussprache — das offene **o** von **conservatorio** und das geschlossene **o** von **conservatore**, die Betonung auf dem ersten **i** von **principe** und auf dem zweiten **i** von **principio**.

il tempio	**i tempii** (häufiger **i templi**)	Tempel

Doppel-**i** im Plural, um Verwechslung mit folgender Form zu vermeiden:

il tempo	**i tempi**	Zeit
l'omicidio	**gli omicidii**	Mord

Doppel-**i** im Plural um Verwechslung mit Adjektiv / Substantiv zu vermeiden:

omicida	**omicidi**	mörderisch, Mörder

Ohne Doppel-**i** wäre die Schreibweise der Pluralformen identisch.

- Substantive mit den Endungen **-co** und **-go** haben die Pluralendungen **-chi** oder **-ci** bzw. **-ghi** oder **-gi**. Da es eine gewisse Anzahl von Ausnahmen gibt, ist es nicht einfach, eindeutige Regeln zu formulieren. Wenn Sie einem Ihnen unbekannten Wort mit einer dieser Endungen begegnen, sollten Sie vielleicht im Wörterbuch nachschlagen. Folgende allgemeine Regeln dürften dennoch nützlich sein:

(A) Viele Substantive, die auf der vorletzten Silbe betont werden, haben die Pluralendung **-chi** oder **-ghi,** und die Aussprache von **c / g** bleibt im Plural gleich.

il fuoco	**i fuochi**	Feuer
il parco	**i parchi**	Park(s)
l'albergo	**gli alberghi**	Hotel(s)
il lago	**i laghi**	See(n)
il luogo	**i luoghi**	Platz / Plätze

aber

l'amico	**gli amici**	Freund(e)
il greco	**i greci**	Grieche(n)
il nemico	**i nemici**	Feind(e)
il porco	**i porci**	Schwein(e)

Bei diesen Substantiven ändert sich im Plural der Wortklang. Das **c** wird anders ausgesprochen, wenn ihm ein **i** folgt. Das Gleiche trifft zu, wenn **i** auf **g** folgt wie in den Beispielen unten. **C** und **G** werden in **-ci** und **-gi** wie im italienischen Alphabet [➤2a(i)] ausgesprochen.

(B) Wenn die Betonung vor der vorletzten Silbe liegt, bilden die Substantive meist die Pluralendung **-ci** oder **-gi**:

il medico	**i medici**	Arzt /Ärzte
il portico	**i portici**	Veranda / Veranden
l'asparago	**gli asparagi**	Spargel
il teologo	**i teologi**	Theologe(n)

aber

l'obbligo	**gli obblighi**	Verpflichtung(en)
il profugo	**i profughi**	Flüchtling(e)

Beachten Sie bitte, dass manche Substantive zwei verschiedene Pluralformen besitzen:

il chirurgo	**i chirurgi / chirurghi**	Chirurg(en)

il farmaco	**i farmaci / i farmachi**	Medikament(e)
lo stomaco	**gli stomaci / stomachi**	Magen / Mägen

- Substantive mit der Endung **-logo** bilden meist die Pluralform **-logi,** wenn sie Menschen bezeichnen, und **-loghi,** wenn sie Dinge bezeichnen.

l'archeologo	**gli archeologi**	Archäologe(n)
il catalogo	**i cataloghi**	Katalog(e)
il dialogo	**i dialoghi**	Dialog(e)
lo psicologo	**gli psicologi**	Psychologe(n)

(iv) *Substantive, deren Plural mit dem Singular identisch ist*

- Verkürzte Substantive:

l'auto	**le auto**	Auto(s)
la bici	**le bici**	Fahrrad / Fahrräder
il cinema	**i cinema**	Kino(s)
la foto	**le foto**	Foto(s)

[Siehe auch ➤20h(ii).]

Die nicht verkürzten Formen dieser Substantive haben regelmäßige Pluralformen [➤20h(i)].

l'automobile	**le automobili**
la fotografia	**le fotgrafie**

- Substantive, die auf einen Konsonanten enden:

l'autobus	**gli autobus**	Bus(se)
il bar	**i bar**	Kaffeebar(s)
lo sport	**gli sport**	Sport / Sportarten

- Einsilbige Substantive:

la gru	**le gru**	Kran / Kräne
il re	**i re**	König(e)
lo sci	**gli sci**	Ski(er)

- Substantive, die auf einen Vokal mit Akzent enden:

la città	**le città**	Stadt / Städte
il falò	**i falò**	Freudenfeuer
il lunedì	**i lunedì**	Montag(e)
il tè	**i tè**	Tee / Teesorten
la virtù	**le virtù**	Tugend(en)

⚠ Wochentage werden im Singular normalerweise ohne Artikel gebraucht. **Lunedì** ohne Artikel heißt sowohl ‚Montag' als auch ‚am Montag'. **Il lunedì** bedeutet ‚montags' [➤30a].

- Substantive mit der Endung **-i:**

l'analisi	**le analisi**	Analyse(n)
la crisi	**le crisi**	Krise(n)
l'ipotesi	**le ipotesi**	Hypothese(n)

- Substantive mit der Endung **-ie:**

la serie	**le serie**	Serie(n)

aber

la moglie	**le mogli**	Ehefrau(en)
la superficie	**le superfici**	Oberfläche(n)

- weitere Substantive:

il paria	**i paria**	Ausgestoßene(r)
il sosia	**i sosia**	Doppelgänger
il vaglia	**i vaglia**	Postanweisung(en)

(v) Substantive, die nur im Plural vorkommen

Einige Substantive werden im Allgemeinen nur im Plural verwendet. Dazu gehören:

- Substantive, die ein Paar bezeichnen:

le forbici	Schere
le manette	Handschellen
gli occhiali	Brille
i pantaloni / i calzoni	Hose

- Substantive, die sich auf Dinge oder Ereignisse beziehen, die von der Bedeutung her Pluralcharakter haben:

i dintorni	Umgebung
le ferie	Ferien, Feiertage
le macerie	Trümmer
le posate	Besteck
le stoviglie	Geschirr
i viveri	Verpflegung

Beachten Sie bitte auch:

le nozze	Hochzeit

(vi) Substantive, die nur im Singular verwendet werden

Einige Substantive werden im Allgemeinen nur im Singular verwendet. Dazu gehören:

- viele Substantive, die Nahrungsmittel bezeichnen:

l'aceto	Essig	**il pane**	Brot
il sale	Salz	**lo zucchero**	Zucker

- Monatsnamen:

gennaio	Januar	**febbraio**	Februar

- Metalle und chemische Elemente:

l'oro	Gold	**l'ossigeno**	Sauerstoff

- abstrakte Begriffe:

il coraggio	Mut	**l'orgoglio**	Stolz

(vii) *Substantive mit zwei Pluralformen*

- Eine kleine Anzahl von Substantiven hat zwei Pluralformen, die eine maskulin, die andere feminin. Die beiden Formen haben jeweils unterschiedliche Bedeutung.

il braccio	**i bracci**	Balken (Kreuz usw.), Flügel (Gebäude)
	le braccia	Arme (Körper)
il ciglio	**i cigli**	Rand (Graben, Straße)
	le ciglia	Wimpern
il corno	**i corni**	Hörner (Instrumente)
	le corna	Hörner (Tier)
il dito	**i diti**	Finger (einzeln betrachtet)
	le dita	Finger (alle zehn Finger)
il filo	**i fili**	Fäden, Drähte
	le fila	Fäden (Handlung)
il fondamento	**i fondamenti**	Grundprinzipien
	le fondamenta	Fundamente (Gebäude)
il frutto	**i frutti**	Früchte (verschiedene einzelne oder Früchte der Arbeit)
	le frutta (la frutta)	Obst (Sammelbegriff)
il grido	**i gridi**	Schreie (Tier)
	le grida	Schreie (Mensch)
il labbro	**i labbri**	Ränder (einer Wunde)
	le labbra	Lippen
il lenzuolo	**i lenzuoli**	Betttücher (zwei oder mehrere, einzeln betrachtet)
	le lenzuola	Bettwäsche (für ein Bett)

il membro	**i membri**	Mitglieder (einer Gruppe usw.)
	le membra	Glieder (eines Körpers)
il muro	**i muri**	Mauern (eines Hauses)
	le mura	Mauern (einer Stadt)
l'osso	**gli ossi**	Knochen (einzeln betrachtet oder Tierknochen usw.)
	le ossa	Knochen (des menschl. Skeletts)

Die weiblichen Pluralformen (**le ciglia**, **le dita**, **le lenzuola**) dienen als Überbegriffe, und die männlichen Plurlformen (**uno dei cigli**, **uno dei diti**, **uno dei lenzuoli**) werden als Teilbegriffe verwendet (also im Sinne von ‚eine der Wimpern', ‚einer der Finger', ‚eines der Bettücher').

- Die folgenden Substantive haben zwei Singular- und zwei Pluralformen, ohne dass sich daraus eine Bedeutungsänderung ergibt.

l'arancio	**l'arancia**	Orange
gli aranci	**le arance**	Orangen
l'orecchio	**l'orecchia**	Ohr
gli orecchi	**le orecchie**	Ohren

(viii) Plural zusammengesetzter Substantive [➤3a(i)]

Zusammengesetzte Substantive werden durch Verknüpfung zweier Wörter gebildet. Wie der Plural gebildet wird, hängt jeweils davon ab, was für Wörter miteinander verknüpft werden. Bei der Pluralbildung ergeben sich einige Unregelmäßigkeiten, darum können wir nur die allgemeinen Grundregeln geben.

- Wenn das zusammengesetzte Substantiv die Form Adjektiv + Substantiv oder Adjektiv + Adjektiv hat, wird nur der zweite Teil in den Plural gesetzt

l'altoparlante	**gli altoparlant*i***	Lautsprecher
il francobollo	**i francoboll*i***	Briefmarke(n)
il pianoforte	**i pianofort*i***	Klavier(e)
il sordomuto	**i sordomut*i***	Taubstumme(r)

- Wenn das zusammengesetzte Substantiv aus Substantiv + Adjektiv besteht, werden beide Teile in den Plural gesetzt:

il caposaldo	**i cap*i*sald*i***	Bastion(en)
la cassaforte	**le cass*e*fort*i***	Safe(s)

- Zusammensetzungen aus Substantiven gleichen Geschlechts setzen normalerweise das zweite in den Plural:

l'arcobaleno	**gli arcobalen*i***	Regenbogen / bögen (beide Substantive sind maskulin)
la madreperla	**le madreperl*e***	Perlmutt (beide Substantive sind feminin)

Wenn jedoch das zusammengesetzte Substantiv aus zwei Substantiven verschiedenen Geschlechts besteht, setzt man normalerweise das erste Substantiv in den Plural:

il capostazione	**i capistazione**	Stationsvorsteher
il pescespada	**i pescispada**	Schwertfisch(e)

aber

la banconota	**le banconote**	Banknote(n)
la ferrovia	**le ferrovie**	Eisenbahn(en)

Bei diesen Beispielen wird das zweite Substantiv in den Plural gesetzt und nicht das erste, da **banco** und **ferro** wie Adjektive gebraucht werden. Daher liegt die Kombination Adjektiv + Substantiv vor, deren Regeln bereits oben erklärt wurden.

- Zusammengesetzte Substantive aus Verb + Substantiv im Plural sind im Plural unveränderlich:

il cavatappi	**i cavatappi**	Korkenzieher
la lavastoviglie	**le lavastoviglie**	Geschirrspüler

- Zusammengesetzte Substantive aus Verb + weiblichem Substantiv im Singular sind unveränderlich:

il cacciavite	**i cacciavite**	Schraubenzieher
il salvagente	**i salvagente**	Rettungsring

aber

l'asciugamano	**gli asciugamani**	Handtuch / Handtücher

- Zusammengesetzte Substantive aus Verb + männlichem Substantiv im Singular setzen das Substantiv in den Plural:

il passaporto	**i passaporti**	Pass / Pässe
il portafoglio	**i portafogli**	Portemonnaie(s)

- Zusammengesetzte Substantive, die aus zwei Verben bestehen, sind unveränderlich:

l'andirivieni	**gli andirivieni**	Kommen und Gehen
il fuggifuggi	**i fuggifuggi**	wilde Flucht

- Zusammensetzungen aus Präposition + Substantiv oder Adverb + Substantiv haben ganz uneinheitliche Pluralformen.

il dopopranzo	**i dopopranzi**	Nachmittag(e)
il senzatetto	**i senzatetto**	Obdachlose(r)
il soprannome	**i soprannomi**	Spitzname(n)
il sottopassaggio	**i sottopassaggi**	Unterführung(en)

20i Substantivierte Adjektive

Adjektive werden häufig als Substantive verwendet.

(i) Impliziertes Substantiv

Manchmal hat das Adjektiv substantivischen Charakter:

Molti *giovani* hanno lasciato il paese in cerca di lavoro. Per loro, l'*importante* è di guadagnarsi la vita. Adesso la maggior parte degli abitanti del paese è composta da *anziani*.	Viele *junge Leute* haben das Dorf auf der Suche nach Arbeit verlassen. Für sie ist das *Wichtige,* sich den Lebensunterhalt zu verdienen. Die Mehrheit der Dorfbewohner sind jetzt *ältere Leute*.

(ii) Abstrakte Substantive

Adjektive können allein die Stelle von abstrakten Substantiven einnehmen. In diesem Fall sind sie maskulin:

A dire *il vero,* i giovani hanno perfettamente ragione di andare altrove in cerca di lavoro.	Um *die Wahrheit* zu sagen, haben die jungen Leute Recht, wenn sie auf Arbeitssuche anderswohin gehen.

(iii) Farben

Wird eine Farbe substantiviert, ist sie maskulin.

***Il rosso* e *il verde* sono i miei colori preferiti.**	*Rot* und *Grün* sind meine Lieblingsfarben.

Anm. Ein Adjektiv kann mit seiner Endung an ein Substantiv angeglichen werden, das nur implizit vorhanden ist.

Quale camicia ti piace? — *La bianca.*	Welches Hemd gefällt dir? — *Das weiße.*

20j *Aus anderen Wortarten gebildete Substantive*

Ab und zu verwendet man Präpositionen wie Substantive:

Bisogna considerare *il pro* e *il contro.*	Wir müssen *das Für* und *Wider* (der Streitfrage) erwägen.

[Substantivierte Infinitive ➤10a(iii).]

20k *Suffixe und Präfixe*

(i) *Suffixe*

Im Italienischen gibt es eine Reihe von Suffixen. Suffixe (Nachsilben) dienen dazu, die Bedeutung von Substantiven zu verändern. Dies ist nicht bei allen Substantiven möglich und es ist ratsam, nur solche Formen zu verwenden, die man bereits gehört oder gesehen hat.

Einige Suffixe:

-ino / -ina, **-etto / -etta**, **-ello / -ella** werden im Allgemeinen zur *Verkleinerung* gebraucht:

mio fratello	mein Bruder
il mio fratell*ino*	mein Brüder*chen*
un libro	ein Buch
un libr*etto*	ein Büch*lein*
una casa	ein Haus
una cas*etta*	ein Häus*chen*
un paese	ein Dorf
un paes*ello*	ein Dörf*chen*, ein Weiler

Das Suffix hat meist das Geschlecht des ursprünglichen Substantivs.

- **-one / -ona** dient zur *Steigerung* der Größe:

una barca	ein kleines Boot	**un barc*one***	ein *großes* Boot
una donna	eine Frau	**un donn*one***	eine *riesige* Frau

Vorsicht, mit dem Suffix **-one** werden manchmal sogar weibliche Substantive maskulin.

- **-astro / -astra**, **-accio / -accia** verleihen dem Substantiv einen eher negativen Klang.

un poeta	ein Dichter	**un poet*astro***	ein *wertloser* Dichter
una sorella	eine Schwester	**una sorell*astra***	*Halb/Stief*schwester
una parola	ein Wort	**una parol*accia***	ein *Schimpf*wort

- **-ista** wird häufig für Berufsbezeichnungen und verschiedene Sportler verwendet.

il bar	Bar	**il bar*ista***	Bar*mann*
il tennis	Tennis	**il tenn*ista***	Tennis*spieler*

Einige Wörter bekommen mit einem der oben stehenden Suffixe eine ganz neue Bedeutung.

la carta	Papier	**il cartone**	Pappe
il cavallo	Pferd	**il cavalletto**	Staffelei, Sägebock
il padre	Vater	**il padrino**	Pate

(ii) *Präfixe*

Im Italienischen werden auch zahlreiche Präfixe (Vorsilben) verwendet. Sie stehen vor dem Substantiv, und wie Suffixe dienen sie dazu, die Bedeutung des Wortes zu verändern.

- **s-**, **in-** und **dis-** dienen oft dazu, das Gegenteil der ursprünglichen Bedeutung zum Ausdruck zu bringen:

la fortuna	Glück	**la *s*fortuna**	*Un*glück
il vantaggio	Vorteil	**lo *s*vantaggio**	*Nach*teil
la disciplina	Disziplin	**l'*in*disciplina**	Disziplin*losigkeit*
la felicità	Glück	**l'*in*felicità**	*Un*glück
l'ubbidienza	Gehorsam	**la *dis*ubbidienza**	*Un*gehorsam
il piacere	Gefallen	**il *dis*piacere**	*Miss*fallen

- **sovra-**, **sopra-** drücken ein Zuviel aus:

l'affollamento	Fülle
il *sovra*ffollamento	*Über*füllung
la popolazione	Bevölkerung
la *sovra*ppopolazione	*Über*völkerung
il nome	Name
il *sopra*nnome	*Spitz*name
il peso	Gewicht
il *sopra*ppeso	*Über*gewicht

Wenn das Wort nach **sovra-** oder **sopra-** mit einem Konsonanten beginnt, wird dieser verdoppelt.

- **sotto-** vermittelt den Gedanken ‚unter':

lo sviluppo	Entwicklung
il *sottos*viluppo	*Unter*entwicklung
la valutazione	Einschätzung
la *sotto*valutazione	*Unter*schätzung

[Suffixe und Präfixe mit Adjektiven ➤22g; Suffixe mit Adverbien ➤26c.]

21 Substantive näher bestimmen: Pronomen und Artikel

21a *Was sind Pronomen und Artikel?*

Pronomen und Artikel gehören zu den am häufigsten gebrauchten Wörtern einer Sprache. Sie begleiten das Substantiv und stellen es in einen Zusammenhang. Sie geben an, ob die genannten Personen und Dinge bekannt sind oder nicht, (zu) wem sie gehören, wie viele es davon gibt usw. So kann ein Substantiv wie **casa** ‚Haus' je nach Zusammenhang von verschiedenen Pronomen und Artikeln näher bestimmt werden:

***La* casa è troppo piccola.**	*Das* Haus ist zu klein. (nicht irgendeines, sondern ein bestimmtes)
Cerchiamo *una* casa più grande.	Wir suchen *ein* größeres Haus. (nicht bestimmt — irgendein größeres Haus)
***Questa* casa ha una vista sul mare.**	*Dieses* Haus hat einen Blick auf das Meer. (Bezug auf ein bestimmtes Haus)
***La nostra* casa si trova in periferia.**	*Unser* Haus ist am Stadtrand. (es gehört uns)
I miei amici hanno *due* case.	Meine Freunde haben *zwei* Häuser. (Bestimmung der Anzahl)
***Quali* amici?**	*Welche* Freunde? (Frage nach näherer Bestimmung)

Wie man sieht, werden die Artikel und Pronomen im Italienischen dem Substantiv, das sie begleiten, mit der Endung angeglichen, d.h. sie werden dem Geschlecht des Substantivs (maskulin oder feminin) bzw. der Anzahl (Singular oder Plural) entsprechend verändert.

21b *Die Fragepronomen ‚Welch ...?' ‚Was für ein ...?'*

- *Singular* (maskulin und feminin) **quale?**
- *Plural* (maskulin und feminin) **quali?**

***Quale* film vuoi vedere?**	*Welchen* Film willst du sehen?
***Quali* film ti piacciono?**	*Was für Filme* gefallen dir?

Quale kann durch eine Form des Verbs **essere** von seinem Substantiv getrennt werden:

***Qual* è l'ultimo film che hai visto?**	*Welches* ist der letzte Film, den du gesehen hast?

Beachten Sie, dass normalerweise das **-e** des Singulars **quale** vor dem Verb **essere** entfällt. Die Auslassung wird nicht durch Apostroph gekennzeichnet.

• **Che** ‚Welch...?' ist ein häufig verwendetes Fragepronomen (Interrogativpronomen), und in den meisten Fällen erfüllt es die gleiche Funktion wie **quale**. Es ist unveränderlich.

***Che* film vuoi vedere?**	*Welchen* Film willst du sehen?

Anm. **Quale? / Quali?** implizieren eine Wahl (welche(n)Film(e) — von denen, die gerade laufen — würdest du gern sehen?). Bei **Che?** ist das nicht der Fall.

21c Bereits bekannt: der bestimmte Artikel ‚der / die/ das'

Im Allgemeinen wird im Italienischen der bestimmte Artikel vor Substantiven genau wie im Deutschen gebraucht, manchmal begegnet einem jedoch ein bestimmter Artikel in Konstruktionen, in denen er im Deutschen nicht erforderlich ist. Beispiele dafür finden Sie weiter unten in diesem Abschnitt [➤21c(viii)].

(i) Formen

Singular	***Plural***
Maskulinum	
il	**i**
lo, l'	**gli**
Femininum	
la, l'	**le**

(ii) *il/i*

Il und **i** werden vor männlichen Substantiven, die mit einem Konsonanten beginnen, benutzt:

il giardino	**i giardini**	Garten / Gärten

Diese Artikel werden auch vor Fremdwörtern, die mit **j-** oder **w-** beginnen, verwendet, zum Besipiel **il jazz**, **il judo**, **il walkman®**, **il windsurf**.

(iii) *lo/gli*

Lo und **gli** stehen vor männlichen Substantiven, die mit **s-** gefolgt von einem anderen Konsonanten oder mit **z-** beginnen:

lo studente	**gli studenti**	Student(en), Schüler
lo sbaglio	**gli sbagli**	Fehler
lo spazio	**gli spazi**	Raum / Räume
lo zio	**gli zii**	Onkel
lo zaino	**gli zaini**	Rucksack / Rucksäcke

Diese Artikel stehen auch vor den wenigen Substantiven, die mit **gn-**, **ps-**, **pn-**, **x-** oder mit **y-/i-** + Vokal beginnen:

lo gnocco	**gli gnocchi**	Knödel
lo psicologo	**gli psicologi**	Psychologe(n)
lo pneumatico	**gli pneumatici**	Reifen
lo xenofobo	**gli xenofobi**	Ausländerfeind(e)
lo yacht	**gli yacht**	Yacht(en)
lo Ionio	(kein Plural)	Ionisches Meer

(iv) *l', gli*

L' und **gli** werden vor männlichen Substantiven verwendet, die mit einem Vokal beginnen:

l'adulto	**gli adulti**	Erwachsene(r)
l'indirizzo	**gli indirizzi**	Adresse(n)

⚠ Das unbetonte **-i** von **gli** wird heute fast nie mehr ausgelassen (**gl'**), und es ist besser, die vollständige Form beizubehalten.

***gli* italiani**	Italiener

(v) *la, le*

La und **le** werden vor weiblichen Substantiven verwendet, die mit einem Konsonanten beginnen:

la ragazza	**le ragazze**	Mädchen

(vi) *l', le*

L' und **le** werden vor weiblichen Substantiven verwendet, die mit einem Vokal beginnen:

l'amica	**le amiche**	Freundin(nen)
l'uscita	**le uscite**	Ausgang / Ausgänge

⚠ Wenn der bestimmte Artikel vom Substantiv getrennt wird, zum Beispiel durch ein Adjektiv, richtet sich die Wahl des Artikels nach dem Adjektiv gemäß den Regeln unter 21c(i) bis 21c(vi):

***il* giorno**	Tag
aber	
***l'*altro giorno**	der andere Tag /vor ein paar Tagen
***lo* spettacolo**	Vorstellung
aber	
***il* primo spettacolo**	die erste Vorstellung
***l'*amica**	Freundin
aber	
***la* mia amica**	meine Freundin

(vii) ***a, da, di, in, su*** *+ bestimmter Artikel*

Wenn die Präpositionen **a**, **da**, **di**, **in** und **su** [➤25c(i) – 25c(vi)] mit dem bestimmten Artikel [➤21c] verwendet werden, entstehen die folgenden zusammengesetzten Formen.

	il	*lo*	*la*	*l'*	*i*	*gli*	*le*
a	al	allo	alla	all'	ai	agli	alle
da	dal	dallo	dalla	dall'	dai	dagli	dalle
di	del	dello	della	dell'	dei	degli	delle
in	nel	nello	nella	nell'	nei	negli	nelle
su	sul	sullo	sulla	sull'	sui	sugli	sulle

Stamattina, per andare in città, sono uscita di casa *alle* nove. Sono salita *sull'* autobus *alla* fermata di fronte a casa mia.	Heute Morgen bin ich *um* neun Uhr von zu Hause in die Stadt aufgebrochen. *An der* Haltestelle gegenüber von meinem Haus bin ich *in den* Bus eingestiegen.

Arrivata in città, sono andata subito *dal* fioraio perché volevo comprare *dei* fiori per la Festa *della* Mamma. Poi sono andata *al* supermercato accanto per comprare *del* pane e *dello* zucchero. Dopo, sono corsa *all'*agenzia di viaggi per chiedere informazioni *sui* voli charter per Palermo.	In der Stadt angekommen, bin ich direkt *in den* Blumenladen gegangen. Ich wollte ein *paar* Blumen zum Muttertag kaufen. Dann bin ich *in den* Supermarkt nebenan gegangen, um *etwas* Brot und *etwas* Zucker zu kaufen. Danach bin ich *ins* Reisebüro geeilt, um mich *über* Charterflüge nach Palermo zu informieren.

(viii) Gebrauch des bestimmten Artikels

Der bestimmte Artikel wird gebraucht:

(A) Wie im Deutschen, um auszudrücken, dass man sich auf eine bestimmte Sache oder eine bestimmte Person bezieht:

Questo non è *il* libro che ti ho prestato.	Dies ist nicht *das* Buch, das ich dir geliehen habe.
Hai imbucato *le* lettere?	Hast du *die* Briefe abgeschickt?

(B) Zur Verallgemeinerung oder für abstakte Begriffe:

***Lo sport* non mi piace per niente.**	*Sport* mag ich überhaupt nicht.
Non mangiamo mai *la carne*.	Wir essen nie *Fleisch*.
***La disoccupazione* è un grosso problema.**	*Arbeitslosigkeit* ist ein großes Problem.
***Il denaro* è la fonte di tutti i mali.**	*Geld* ist die Wurzel allen Übels.

⚠ Wie Sie den vorangehenden Beispielen entnehmen können, entfällt der bestimmte Artikel im Deutschen bei Verallgemeinerungen oder abstrakten Begriffen häufig. Im Italienischen ist er unabdingbar.

(C) Mit Titeln, bei Bezugnahme auf eine Person, nicht aber wenn man diese direkt anspricht:

—Mi dispiace, ma *il dottor* Zambetti sta arrivando.	—Es tut mir Leid, aber *Doktor* Zambetti kommt gerade erst.
—Buon giorno, dottor Zambetti.	—Guten Morgen, Doktor Zambetti.

Bei Titeln wie **dottore** ‚Doktor', **professore** ‚Lehrer', **signore** ‚Herr', **ingegnere** ‚Ingenieur' und **ragioniere** ‚Buchhalter' entfällt das letzte **-e** vor dem Namen einer Person.

(D) Bei Bezugnahme auf Kontinente, Länder und andere geographischen Bezeichnungen wie Regionen, Seen, große Inseln, Flüsse, Gebirgszüge:

L'Italia **è un bellissimo paese.**	*Italien* ist ein wunderschönes Land.
La Toscana **è la regione che conosco meglio.**	*Die Toskana* ist die Region, die ich am besten kenne.

Städte- und Ortsnamen werden normalerweise nur dann vom bestimmten Artikel begleitet, wenn dieser zum Namen gehört wie bei **L'Aquila**, **La Spezia** und einigen anderen.

Wird der Städe- oder Ortsname allerdings näher bestimmt oder besonders betont, dann steht der bestimmte Artikel:

La Roma **della mia gioventù.**	*Das Rom* meiner Jungend.

⚠ Bei **andare in** ‚fahren nach' + Land entfällt der Artikel, wenn das Land im Singular steht und nicht durch ein Adjektiv näher bestimmt wird.

Quest'anno vogliamo andare *in Danimarca.*	Dieses Jahr wollen wir *nach Dänemark* fahren.
aber	
L'anno scorso siamo andati *negli Stati Uniti*.	Letztes Jahr sind wir *in den Vereinigten Staaten* gewesen.
L'Emilia Romagna si trova *nell'Italia centrale*.	Die Emilia Romagna liegt *in Mittelitalien.* (mit Adjektiv)

Beachten Sie auch:

nell'**Africa del Nord**	*in* Nordafrika

(E) Mit Possessivpronomen:

Io pago *il mio* caffè, e tu paghi *il tuo*.	Ich bezahle *meinen* Kaffee und du bezahlst *deinen.*

[Verwendung des Artikels mit Possessivpronomen bei den Mitgliedern einer Familie ➤21h(v).]

(F) Zum Ausdruck von Zeit und Alter:

È *l'una.*	Es ist *ein Uhr.*
Sono *le undici*.	Es ist *elf Uhr.*

aber

È mezzogiorno.	Es ist Mittag.
È mezzanotte.	Es ist Mitternacht.

Per me, *il 1995* è stato un anno significativo.	Für mich war *1995* ein wichtiges Jahr.
***La settimana scorsa* ho visto il mio ex professore di matematica.**	*Letzte Woche* habe ich meinen ehemaligen Mathelehrer gesehen.
Questo ristorante è sempre chiuso *la domenica.*	Dieses Restaurant ist *sonntags* immer geschlossen.
aber	
Sono partiti *venerdì.*	Sie sind *Freitag* abgereist. (Artikel entfällt: ein *bestimmter* Tag)
Quella signora dimostra tra *i cinquanta* e *i sessant'anni.*	Diese Dame sieht aus wie zwischen *fünfzig* und *sechzig.*
aber	
Mia sorella ha *trent'anni.*	Meine Schwester ist *dreißig.* (Nach **avere** entfällt der Artikel beim *Alter)*

(G) Bei den Bezeichnungen für Sprachen:

Quale lingua preferisci, *il francese* o *l'italiano*?	Welche Sprache magst du lieber, *Französisch* oder *Italienisch*?

Nach **parlare** ‚sprechen' steht nur dann ein Artikel, wenn zwischen Verb und Sprache eine nähere Bestimmung steht:

Parli *tedesco*?	Sprichst du *Deutsch?*
aber	
Parli molto bene *l'inglese.*	Du sprichst sehr gut *Englisch.*

(H) Bei der Bezugnahme auf Körperteile, besonders wenn sie das Objekt eines Verbs sind oder die betroffene Person das indirekte Objekt eines reflexiven Verbs ist [➤8e(iv), 21h(vi)]:

Metti giù *i piedi!*	Nimm *die Füße* runter!
Dammi *la mano.*	Gib mir *die Hand.*
Gli fa male *la schiena.*	Ihm tut *der Rücken* weh.
Mi* sono lavato *i capelli.	Ich habe *mir die Haare* gewaschen.
Mi* sono rotto *il braccio.	Ich habe *mir den Arm* gebrochen.

(I) Zum Ausdruck von Geschwindigkeiten, Preisen pro Mengeneinheit (im Deutschen verwendet man stattdessen meist ‚pro', z.B. pro Kilo) und von Prozentzahlen:

La sua auto fa 180 (centottanta) chilometri *all'ora/l'ora*.	Sein / Ihr Auto fährt 180 *Stunden*kilometer.
Quanto vengono *al chilo*?	Was kosten sie *pro Kilo*?
***L'ottanta percento* degli studenti nella mia classe d'italiano sono ragazze.**	*Achtzig Prozent* der Teilnehmer in meinem Italienischkurs sind Mädchen.

(J) Vor Substantiven, denen Ausdrücke wie **entrambi/tutti e due** ‚beide' vorangehen:

Abbiamo già visto *tutti e due i film.*	Wir haben bereits *beide Filme* gesehen.

(ix) Auslassung des bestimmten Artikels

Im vorangehenden Abschnitt [➤21c(viii)] sind Ihnen bereits einige Konstruktionen begegnet, in denen im Italienischen kein bestimmter Artikel steht. Der Artikel entfällt ebenso:

(A) Bei einer gewissen Zahl von adverbialen Bestimmungen:

L'ho guardato *per curiosità*.	Ich habe ihn *aus Neugier* angesehen.
Ha salito le scale *di corsa*.	Sie ist die Treppe hinaufgelaufen. (Sie stieg ... *laufend* hinauf.)
Hanno reagito *con calma*.	Sie haben *besonnen* reagiert.

Der Artikel entfällt auch in Konstruktionen wie *Verb + adverbiale Bestimmung des Ortes*, und zwar besonders dann, wenn die adverbiale Bestimmung mit **in** eingeleitet wird:

Vado *in banca.*	Ich gehe *zur Bank.*

Andiamo *in chiesa.*	Wir gehen *in die Kirche.*
Abitano *in campagna.*	Sie leben *auf dem Land.*
Si trovano *in cucina.*	Sie sind *in der Küche.*
Domani mattina non vado *a scuola*, rimango *a casa.*	Morgen früh gehe ich nicht *zur Schule,* ich bleibe *zu Hause.*

(B) In einer Reihe von verbalen Konstruktionen wie:

avere caldo	heiß sein (jmd.)	**avere freddo**	kalt sein (jmd.)
avere fame	Hunger haben	**avere sete**	Durst haben
avere ragione	Recht haben	**avere torto**	Unrecht haben
avere voglia (di)	wollen, Lust haben	**perdere tempo**	Zeit vergeuden

(C) In Aufzählungen:

Devi comprare *latte, pane, burro, zucchero...*	Du musst *Milch, Brot, Butter, Zucker* ... kaufen.

(D) Vor einem Substantiv in Apposition [➤3e]:

***Roma, capitale* d'Italia, è ricca di storia.**	*Rom, die Hauptstadt* Italiens, hat eine vielfältige Geschichte.

21d Die Demonstrativpronomen ‚dies' und ‚das'

Demonstrativpronomen sind quasi eine Verstärkung des bestimmten Artikels. Sie beziehen sich auf etwas Spezifisches und weisen darauf hin, wie weit etwas (zeitlich oder räumlich) entfernt ist. Die italienischen Demonstrativpronomen:

questo	*dieser* (in zeitlicher oder räumlicher Nähe)
quello	*jener / der* (von Sprecher und möglicherweise angesprochener Person entfernt)

(i) Questo

Maskulinum

questo ragazzo	dieser Junge
questi ragazzi	diese Jungen

Femininum

questa ragazza	dieses Mädchen
queste ragazze	diese Mädchen

(ii) Quello

An den Beispielen wird deutlich, dass man die Formen von **quello** wie beim bestimmten Artikel [➤21c(i) – (vi)] bildet, und wie bei diesem hängt die Endung von dem Wort ab, das folgt:

Maskulinum	
***quel* ragazzo**	*jener* Junge
***quei* ragazzi**	*jene* Jungen
***quello* studente**	*jener* Student
***quel* bello studente**	*jener* gutaussehende Student
***quegli* studenti**	*jene* Studenten
***quei* bei studenti**	*jene* gutaussehenden Studenten
Femininum	
***quella* ragazza**	*jenes* Mädchen
***quelle* ragazze**	*jene* Mädchen
***quell'*isola**	*jene* Insel
***quelle* isole**	*jene* Inseln

Le piace *questa* camicetta? — Sì, ma prima vorrei provare *quella* camicetta rossa che ho visto in vetrina.	Gefällt Ihnen *diese* Bluse? — Ja, aber zuerst möchte ich *die* rote Bluse, die ich im Fenster gesehen habe, anprobieren.

(iii) Stesso / a / i / e ‚gleiche', ‚selbe'

È la *stessa* camicetta che pensavo di comprare.	Das ist die *gleiche* Bluse, die ich vielleicht kaufen wollte.

Medesimo / a / i / e erfüllt die gleiche Funktion wie **stesso**, wird allerdings seltener verwendet, besonders umgangssprachlich.

[Mehr zu **questo** und **quello** ➤23j(i).]

21e Unbekanntes: der unbestimmte Artikel ‚ein' (un, uno, una, un')

(i) Un, uno

Un und **uno** sind die zwei männlichen Formen des unbestimmten Artikels. **Un** steht vor Wörtern, die mit Konsonant oder Vokal beginnen. **Uno** steht vor Wörtern, die mit **s-** + *weiterem Konsonanten* oder mit **gn-**, **pn-**, **ps-**, **x-**, **z**, **y- / i-** + *Vokal* beginnen. Es gelten die gleichen Regeln wie bei **lo** [➤21c(iii)].

un amico	ein Freund
un regalo	ein Geschenk
uno studente	ein Student
uno zio	ein Onkel

(ii) *Una, un'*

Una und **un'** sind die weiblichen Formen des unbestimmten Artikels. **Un'** wird anstelle von **una** vor Wörtern, die mit einem Vokal beginnen, verwendet:

una stanza	ein Zimmer	**un'amica**	eine Freundin

Wenn zwischen unbestimmtem Artikel und Substantiv ein Wort steht, z.B. ein Adjektiv, dann hängt die Wahl des unbestimmten Artikels von diesem ab, gemäß den Regeln unter 21e(i – ii):

***uno* zio** — ein Onkel

aber

***un* caro zio** — ein lieber Onkel

***un'*amica** — eine Freundin

aber

***una* buon'amica** — eine gute Freundin

(iii) *Gebrauch*

Wenn der unbestimmte Artikel verwendet wird, wissen wir, um was für eine Art von Person oder Sache es sich handelt, jedoch nicht genau, um wen oder was.

Per il mio compleanno, i miei genitori mi hanno regalato *un* orologio e *una* bicicletta.	Zu meinem Geburtstag haben mir meine Eltern *eine* Uhr und *ein* Fahrrad geschenkt.

(iv) *Weitere Verwendungsmöglichkeiten*

Der unbestimmte Artikel wird darüber hinaus gebraucht:

(A) Zur Betonung:

Ho *una sete*!	Habe ich *einen Durst!*

(B) Für ungefähre Angaben:

Quant'è di qui all'autostrada?	Wie weit ist es von hier bis zur Autobahn?
— *Un dieci* chilometri.	— *Ungefähr zehn* Kilometer.

(v) *Auslassung des unbestimmten Artikels*

Der unbestimmte Artikel wird im Italienischen im Allgemeinen so wie im Deutschen verwendet. Doch es gibt eine Reihe von Situationen, in denen überhaupt kein Artikel steht.

(A) Nach **essere** ‚sein' und **diventare** ‚werden' mit Berufsbezeichnungen, Nationalität oder Religion, außer wenn das Substantiv durch ein Adjektiv oder ein anderes Wort näher bestimmt wird.

Mio fratello, Gino, *è professore.* Tutti dicono che *è un professore eccezionale.* Quando era più giovane, voleva *diventare dentista. È* ancora *scapolo,* ma credo che la sua libertà stia per finire. Si è innamorato di una ragazza che ha conosciuto al mare durante le vacanze estive. Si chiama Barbara, ed *è americana.* Lei è *una bravissima giornalista.*	Mein Bruder Gino *ist Lehrer.* Alle sagen, dass *er ein außergewöhnlich guter Lehrer* ist. Als er noch jünger war, wollte er *Zahnarzt werden. Er ist* noch *Junggeselle,* aber ich glaube, dass seine Freiheit bald zu Ende ist. Er hat sich in eine Frau verliebt, die er in den Sommerferien am Meer kennengelernt hat. Sie heißt Barbara und *ist Amerikanerin.* Sie ist *eine hervorragende Journalistin.*

(B) Im folgenden Konstruktionstyp bestehend aus *Verb +* ***da*** *+ Substantiv* zum Ausdruck von ‚in der Art von', ‚als'

Ho fatto da interprete.	Ich *habe als Dolmetscher fungiert.*
***Agisce da persona* onesta.**	Er *handelt wie* ein *ehrlicher Mensch.*
Ti *sei comportato da vigliacco.*	Du *hast wie* ein *Feigling gehandelt.*

(C) Nach bestimmten Zeitausdrücken mit **da**:

***Da giovane*, ero un appassionato del calcio.**	*Als junger Mann* war ich Fußballfan.
L'ho conosciuta *da studentessa.*	Ich kannte sie *als Studentin.*

(D) Nach **Che...!** ‚Was für ein / Wie ...!' in Ausrufen:

Che bella giornata!	*Was für ein schöner Tag!*
Che peccato!	*Wie schade!*

(E) Vor **mezzo / a:**

un'ora e *mezzo/a*	andert*halb* Stunden
tre chili e *mezzo*	drei*einhalb* Kilo

21f Unbekannte Menge: der Teilungsartikel

Un, uno, una, un' haben keine Pluralformen. Um ‚einige', ‚etwas' auszudrücken, verwendet man den Teilungsartikel (***di*** *+ bestimmter Artikel* [➤21c(vii)]). Im Deutschen wird er nur gelegentlich ausgedrückt, meist entfällt er:

Quando fai la spesa non dimenticare di comprare *del prosciutto* e *della frutta*.	Wenn du einkaufen gehst, vergiss nicht *Schinken* und *Obst* zu kaufen.
Abbiamo *dello zucchero?*	Haben wir *Zucker*?
Penso di sì. Comprami anche *delle cartoline e dei francobolli.*	Ich glaube ja. Kauf mir auch *ein paar Postkarten* und *Briefmarken*.
Mi puoi dare *dei soldi* perché non ne ho abbastanza?	Kannst du mir *etwas Geld* geben? Ich habe nicht genug.

(i) *Auslassung des Teilungsartikels*

(A) Der Teilungsartikel entfällt immer:

- In verneinten Sätzen vor Substantiven im Plural:

Non* ho *soldi.	Ich habe *kein Geld.*
Non* hanno *figli.	Sie haben *keine Kinder.*

- Nach der Präposition **di**:

Ha bisogno *di riposo*.	Er braucht *Ruhe.*

Se perdo l'ultima corriera, posso sempre stare a casa *di amici*.	Wenn ich den letzten Bus verpasse, kann ich bei *Freunden* bleiben.

(B) Der Teilungsartikel kann weggelassen werden, wenn ‚einige' oder ‚etwas' nicht besoders betont wird und nur allgemein eine unbestimmte Menge ausgedrückt werden soll:

Non ti preoccupare, abbiamo *tempo*.	Mach dir keine Sorgen, wir haben *Zeit*.
Per pranzo abbiamo mangiato *spaghetti*.	Zum Mittag haben wir *Spaghetti* gegessen.
Hai *spiccioli?*	Hast du (*etwas*) *Kleingeld*?

(ii) *Andere Möglichkeiten ‚einige' und ‚etwas' auszudrücken*

(A) Die Pluralformen **alcuni** (maskulin) und **alcune** (feminin):

Ho comprato *alcuni* libri e *alcune* riviste.	Ich habe *einige* Bücher und *ein paar* Zeitschriften gekauft.

(B) Qualche:

Hai *qualche* rivista americana?	Hast du *einige* amerikanische Zeitschriften?

⚠ **Qualche** hat zwar Pluralbedeutung, kann aber nur mit zählbaren Substantiven im Singular verwendet werden.

(C) Un po' di:

Metti *un po' di* zucchero sulle fragole.	Streu *ein bisschen* Zucker auf die Erdbeeren.
Per chi vuole, c'è ancora *un po' di* caffè.	Wer noch möchte, es ist noch *ein bisschen* Kaffee da. (Umgangsspr.)
Ho già risparmiato *un po' di* soldi per le vacanze di Pasqua.	Ich habe schon *ein wenig* Geld für den Osterurlaub gespart.
Abbi *un po' di* pazienza.	Hab *ein wenig* Geduld.

Anm. **Un po' di** wird mit nicht zählbaren Substantiven wie Nahrungsmitteln und abstrakten Begriffen verwendet.

(D) ‚irgendein', ‚irgendetwas' ist **qualsiasi** oder **qualunque**:

I miei amici farebbero *qualsiasi* *(qualunque)* cosa per aiutarmi.	Meine Freunde würden *alles* tun, um mir zu helfen.

21g *Indefinitpronomen als Begleiter von Substantiven*

Neben unbestimmten und Teilungsartikeln [➤21e, 21f] sollte man auch die folgenden Formen beachten:

(i) *Alcuno, nessuno*

‚Kein', ‚gar kein' wird mit **alcuno** oder **nessuno** wiedergegeben. Diese Pronomen passen ihre Endung nach denselben Regeln wie **un**, **uno**, **una**, **un'** [➤21e(i) – 21e(ii)] an das Wort an, das sie begleiten. Sie können nur mit zählbaren Substantiven im Singular verwendet werden. Wenn sie dem Verb folgen, steht wie bei allen Verneinungen vor dem Verb **non**.

Non ho *nessuna / alcuna* difficoltà a capire il tuo italiano.	Ich habe *gar keine* Schwierigkeiten dein Italienisch zu verstehen.
Quando parli non fai nessun / alcun errore di grammatica.	Wenn du sprichst, machst du *überhaupt keine* Grammatikfehler.

- Wie man an den Beispielen oben sieht, dienen **alcuno** und **nessuno** zur Betonung. Wenn die Verneinung nicht besonders betont ist, entfällt das Pronomen.

Non ho difficoltà a capire il tuo italiano.	Ich habe *keine* Schwierigkeiten dein Italienisch zu verstehen.
Quando parli non fai errori di grammatica.	Wenn du sprichst, machst du *keine* Grammatikfehler.

(ii) *Altro / a / i / e*

Zum Ausdruck von ‚ein anderer', ‚noch ein' werden die Formen von **altro** verwendet.

Se vuoi *altre* idee, devi comprarti un *altro* libro.	Wenn du *andere* Ideen willst, musst du dir ein *anderes* Buch kaufen.

(iii) Ogni

Ogni ‚jeder', ‚alle' ist unveränderlich.

Vorrei andare in Italia *ogni* anno. L'anno scorso il nostro professore ha organizzato uno scambio e *ogni* membro della classe ci ha partecipato.	Ich würde gern *jedes Jahr* nach Italien fahren. Letztes Jahr hat unser Lehrer einen Austausch organisiert, und *jeder* Kursteilnehmer hat teilgenommen.

- Vor Zahlen heißt **ogni** ‚alle':

Il nostro professore va in Italia *ogni sei* mesi.	Unser Lehrer fährt *alle sechs* Monate nach Italien.

(iv) Tutto / a / i / e

‚Alle', ‚ganz' wird durch die entsprechende Form von **tutto** ausgedrückt.

***Tutti* i suoi parenti abitano nel sud d'Italia, e gli piace trascorrere *tutta* l'estate con loro.**	*Alle* seine Verwandten leben in Süditalien, und er verbringt gern den *ganzen* Sommer mit ihnen.

Anm. ‚Jeder / -e / -es' kann auf zwei Arten ausgedrückt werden:

ogni anno	jedes Jahr	**tutti gli anni**	jedes Jahr

‚Jeder / -e / -es' und ‚ganz' sind leicht zu verwechseln.

Il mio professore va in Italia *tutti* gli anni. Una volta ci è rimasto *tutto* l'anno.	Mein Lehrer fährt *jedes* Jahr nach Italien. Einmal ist er ein *ganzes* Jahr dort geblieben.

(v) Ciascuno

‚Jeder' kann mit **ciascuno** ausgedrückt werden. Die Formen werden wie bei **un**, **uno**, **una**, **un** gebildet. [21e(i) – 21e(ii)].

***Ciascun* membro della classe ha deciso di partecipare allo scambio.**	*Jeder* Kursteilnehmer hat entschieden, am Austausch teilzunehmen.

(vi) ‚Beide'

Zum Ausdruck von ‚beide' gebraucht man **entrambi / e, tutti e due / tutte e due** oder **ambedue**.

***Tutti e due* gli scambi ai quali ho partecipato finora sono stati stupendi.** ***Entrambe / ambedue* le visite sono state utili da diversi punti di vista.**	*Beide* Austauschprogramme, an denen ich bisher teilgenommen habe, waren wunderbar. *Beide* Besuche waren in vielerlei Hinsicht nützlich.

(vii) Molto / a / i / e

Die passende Form von **molto** verwendet man zum Ausdruck von ‚viel / -e'.

Durante il nostro soggiorno in Italia non avremo *molto* tempo libero. Siccome ci fermiamo per solo una settimana, il professore preferisce organizzare *molte* gite.	Während unseres Italienaufenthalts werden wir nicht *viel* freie Zeit haben. Da wir nur eine Woche dort sind, zieht unser Lehrer es vor, *viele* Ausflüge zu organisieren.

(viii) Troppo / a / i / e

Troppo bedeutet ‚zu sehr', ‚zu viel'.

Ci sono *troppe* cose da fare.	Es gibt *zu viel* zu tun.

(ix) Tanto / a / i / e

Tanto bedeutet ‚so viel', ‚so viele'.

Ci sono *tanti* posti da vedere.	Es gibt *so viele* sehenswerte Orte.

(x) *Parecchi / parecchie, vari / varie, diversi / e*

Zum Ausdruck von ‚mehrere' verwendet man **parecchi / parecchie, vari / varie** oder **diversi / e,** die natürlich immer im Plural stehen.

Ho già letto *parecchi/vari/diversi* libri sulla regione che visiteremo.	Ich habe schon *mehrere* Bücher über die Region, die wir besuchen werden, gelesen.

Anm. **Molto** ‚sehr', **troppo** ‚zu sehr, zu viel', **tanto** ‚so sehr' und **parecchio** ‚ziemlich (viel)' sind *unveränderliche* Adverbien [➤26b(ii)].

I libri che ho letto sono *molto* interessanti.	Die Bücher, die ich gelesen habe, sind *sehr* interessant.

(xi) *Poco / poca / pochi / poche*

Zum Ausdruck von ‚nicht sehr', ‚wenige', ‚ein wenig' verwendet man die entsprechende Form von **poco**. Es ist das Gegenteil von **molto.**

Il professore è stato malato e perciò gli rimane *poco* tempo per organizzare tutto.	Der Lehrer war krank, daher bleibt ihm *wenig* Zeit, um alles zu organisieren.
Purtroppo, *pochi* colleghi sono in grado di aiutarlo.	Leider sind nur *wenige* Kollegen in der Lage ihm zu helfen.

⚠ Achten Sie auf den Unterschied zwischen **poco**, das eine negative Bedeutung hat (‚nicht viel'), und **un poco di** [➤23l(i)] mit der positiveren Bedeutung ‚ein bisschen, ein wenig'.

C'è *poco* tempo prima della nostra partenza.	Es bleibt *nur wenig* Zeit bis zu unserer Abreise.
Ho ancora *un po' di* tempo per ripassare quello che abbiamo fatto in classe.	Ich habe noch *ein wenig* Zeit, das was wir im Unterricht gemacht haben, zu wiederholen.

(xii) Certo / a / i / e

Certo bedeutet ‚bestimmter / -e/ -es'

Prima che partiamo farò uno sforzo per imparare *certi verbi* e *certe* espressioni.	Bevor wir abreisen, will ich mich bemühen, *bestimmte* Verben und (*bestimmte*) Ausdrücke zu lernen.

(xiii) Tale / i

Tale bedeutet ‚solcher / -e / -es'

Per me, sarà la prima volta che avrò partecipato a un *tale* scambio.	Für mich ist es das erste Mal, dass ich an einem *solchen* Austausch teilnehme.

(xiv) Quanto / a / i / e

Quanto bedeutet ‚wie viel', ‚wie viele'.

Mi sono già dimenticato. Per *quanto* tempo restate in Italia?	Ich habe es schon vergessen. *Wie lange* (*wie viel* Zeit) bleibt ihr in Italien?

(xv) Altrettanto / a / i / e

Altrettanto bedeutet ‚ebenso viel / -e'

Durante il nostro soggiorno, visiteremo molte chiese e *altrettanti* musei.	Während unseres Aufenthalts werden wir viele Kirchen und *ebenso viele* Museen besuchen.

(xvi) Più und *meno*

Più heißt ‚mehr' und **meno** bedeutet ‚weniger'. Beide sind unveränderlich (das heißt, es brauchen keine Endungen angepasst zu werden) und ihr Gebrauch verursacht kaum Probleme. ‚Immer mehr' und ‚immer weniger' werden mit **sempre più / sempre meno** ausgedrückt.

Ogni anno ci sono *più* studenti che si interessano allo scambio con l'Italia.	Jedes Jahr gibt es *mehr* Studenten, die an dem Austausch mit Italien interessiert sind.

Il nostro professore organizza scambi con altri paesi, ma c'è *meno* interesse. È un peccato perché ci sono *sempre più* studenti dagli altri paesi che vogliono venire da noi.	Unser Lehrer organisiert Austauschprogramme mit anderen Ländern, aber es besteht *weniger* Interesse. Das ist schade, weil *immer mehr* Studenten aus anderen Ländern zu uns kommen wollen.

[Mehr zum Gebrauch von **più / meno** mit Komparativen ➤22f(i), 22f(iii).]

[Weitere Indefinitpronomen ➤23k(i).]

21h Besitzstand: Possessivpronomen

Possessivpronomen zeigen an, dass ein Substantiv (zu) jemandem oder etwas gehört. Ihre Form richtet sich nach dem Besitzer, und Geschlecht und Numerus (Singular / Plural) richten sich nach der Sache, die besessen wird. Dabei verstehen sich die Wörter ‚gehören' und ‚Besitzer' im weitesten Sinne, denn Possessivpronomen beschreiben eine Vielzahl von Beziehungen zwischen Menschen und Dingen.

(i) Die Possessivpronomen

Singular		***Plural***		
maskulin	*feminin*	*maskulin*	*feminin*	
il mio	**la mia**	**i miei**	**le mie**	mein
il tuo	**la tua**	**i tuoi**	**le tue**	dein
il suo	**la sua**	**i suoi**	**le sue**	sein, ihr
il Suo	**la Sua**	**i Suoi**	**le Sue**	Ihr (Singular)
il nostro	**la nostra**	**i nostri**	**le nostre**	unser
il vostro	**la vostra**	**i vostri**	**le vostre**	euer
il loro	**la loro**	**i loro**	**le loro**	ihr (Plural)
il Loro	**la Loro**	**i Loro**	**le Loro**	Ihr (Plural)

[Mehr zum Gebrauch der Possessivpronomen ➤23l.]

***Il mio* desiderio è di parlare perfettamente l'italiano.**	*Mein* Wunsch ist es, perfekt Italienisch zu sprechen.

Frequento un corso serale da quasi un anno. *La nostra* professoressa è bravissima, e *le sue* lezioni sono sempre interessanti. Purtroppo, non tutti gli studenti hanno il tempo per fare *i loro* compiti.	Ich besuche seit fast einem Jahr einen Abendkurs. *Unsere* Lehrerin ist sehr gut, und *ihre* Stunden sind immer interessant. Leider haben nicht alle Schüler die Zeit, *ihre* Hausaufgaben zu machen.

(ii) *‚Ihr'*

Bei der höflichen Anrede gibt es im Italienischen verschiedene Formen, je nachdem ob man sich an eine oder mehrere Personen wendet. Und das Gleiche gilt natürlich für die Possessivpronomen. [Mehr dazu bei den Personalpronomen ➤23b.]

Dove siete (sono) andati con *i Vostri (Loro)* amici?	Wohin sind Sie (**Loro**) mit *Ihren* Freunden gefahren?
Questa è *la Sua* macchina, signora?	Ist das *Ihr* (**Lei**) Wagen, meine Dame?

- Die Singularformen **il Suo**, **la Sua** werden verwendet, wenn man mit einer Person spricht und **il Loro**, **la Loro** wird gebraucht, wenn man mit mehr als einer Person spricht.

***La Loro* camera è al quinto piano.**	*Ihr* Zimmer ist in der fünften Etage.

- **Suo** und **Loro**, die Possessivpronomen für die Anredeformen, sind in der Liste der Possessivpronomen großgeschrieben, doch sie werden immer häufiger auch kleingeschrieben.

- Die einzige unveränderliche Form ist **loro**. Geschlecht und Numerus von ‚Gegenstand' oder ‚Person' werden durch den begleitenden Artikel angezeigt.

(iii) *Vermeidung von Unklarheiten*

Da **il suo** ‚sein', ‚ihr' (3. Person Singular), und ‚Ihr' (Singular Anrede) heißen kann und **il loro** ‚ihr' (3. Person Plural) und ‚Ihr' (Plural Anrede), kann man sich vorstellen, dass es besonders in der Schriftsprache zu Unklarheiten kommen könnte.

Maria legge *il suo* giornale.

Dieser Satz könnte *vier* verschiedene Bedeutungen haben:

—Maria liest *ihre* Zeitung. (die einer anderen Frau)
—Maria liest *seine* Zeitung.
—Maria liest *Ihre* Zeitung.
—Maria liest *ihre* (eigene) Zeitung.

Glücklicherweise haben wir selten mit isolierten Sätzen zu tun, normalerweise sollte aus dem Zusammenhang ohne weiteres klar werden, wer der Besitzer der Zeitung ist. Um Missverständnisse zu vermeiden, kann man folgende Ausdrücke verwenden:

- **di** + betontes Pronomen [➤23h]:

Maria legge il giornale *di lui.*	Maria liest *seine* Zeitung.
Maria legge il giornale *di lei.*	Maria liest *ihre* Zeitung.
Maria legge il giornale *di Lei.*	Maria liest *Ihre* Zeitung (höfliche Anrede mit großem **L**)

- das Adjektiv **proprio** ‚eigen':

Maria legge il *proprio* giornale.	Maria liest *ihre (eigene)* Zeitung.

- Großbuchstabe **S,** wenn **suo** ‚Ihr' bedeutet:

Maria legge *il Suo* giornale.	Maria liest *Ihre* Zeitung.

Wie gesagt stimmen die Possessivpronomen in Geschlecht und Numerus mit dem *Gegenstand oder der Person, die besessen wird,* überein und nicht mit dem *Besitzer.* Im vorangehenden Beispiel muss also die Form **il suo** (maskulin Singular) mit der Endung an das männliche Substantiv **il giornale** angepasst werden. Unter Umständen könnte man in Versuchung geraten, **la sua** zu verwenden, weil man sich davon beeinflussen lässt, dass die Besitzerin weiblich ist.

(iv) *Possessivpronomen und bestimmter Artikel*

An den Beispielen haben Sie bereits gesehen, dass die Possessivpronomen in der Regel vom bestimmten Artikel **il, la, i, le** begleitet werden. Der bestimmte Artikel kann jedoch auch durch andere Pronomen und Artikel ersetzt werden.

***un* mio parente**	*ein* Verwandter von mir
***questa* mia amica**	*diese* Freundin von mir
***quel* nostro zio**	*jener* Onkel von uns

***alcuni* miei amici**	*einige* Freunde (von mir)
***tre* tuoi conoscenti**	*drei* deiner Bekannten
***dei* loro colleghi**	*einige* von ihren Kollegen

(v) *Auslassung des bestimmten Artikels*

In bestimmten Fällen entfällt der bestimmte Artikel vor dem Possessivpronomen, oder die Verwendung ist freigestellt:

(A) Der bestimmte Artikel entfällt bei Bezeichnungen für Familienmitglieder und Verwandschaftsgrade im Singular.

nostra zia	unsere Tante
tuo fratello	dein Bruder

Der Artikel muss dagegen stehen:

- Mit den Pluralformen der oben erwähnten Begriffe:

***le* nostre zie**	unser*e* Tante*n*
***i* tuoi fratelli**	dein*e* Brüder

- Mit dem Possessivpronomen **loro**

***mio* fratello**	*mein* Bruder

aber

***il loro* fratello**	*ihr* Bruder

- Wenn das Substantiv zusätzlich zum Possessivpronomen durch ein Adjektiv näher bestimmt wird.

***mio* nipote**	*mein* Neffe

aber

***il* mio *caro* nipote**	*mein lieber* Neffe

- Wenn das Substantiv ein Suffix hat [➤20k]

***nostra* sorella**	*unsere* Schwester

aber

la* nostra sorell*ina	*unser* Schwester*chen*

(B) Bei Kosenamen wie **babbo, papà** ‚Papi', **mamma** ‚Mami', **nonno** ‚Opa' und **nonna** ‚Oma' ist der Gebrauch des bestimmten Artikels freigestellt.

mio babbo oder **il mio babbo**	mein Papi

(C) Der bestimmte Artikel entfällt auch:

- Bei bestimmten stehenden Wendungen

Vado a casa loro.	Ich gehe zu ihnen nach Hause.
Non è colpa mia.	Es ist nicht meine Schuld.
Non sono affari tuoi.	Es geht dich nichts an.
Lasciamolo fare a modo suo.	Lassen wir ihn tun, was er will.

- In Ausrufen

Mamma mia!	Meine Güte!
Amici miei!	Meine Freunde!
Dio mio!	Mein Gott!

Wie Sie sehen, steht in beiden Gruppen das Possessivpronomen nach dem Substantiv.

- Bei bestimmten Ausdrücken

a mio avviso / parere	meiner Meinung nach
a tua disposizione	zu deiner Verfügung

[Zur Auslassung des bestimmten Artikels siehe auch ➤23b(iii).]

(vi) *Auslassung des Possessivpronomens*

Bei der Bezugnahme auf Körperteile oder Kleidung wird im Italienischen wie im Deutschen normalerweise kein Possessivpronomen gebraucht, wenn das indirekte Objektpronomen [➤8e(iv), 23l(i)] den Eigentümer identifiziert.

Mi* sono lavato *la faccia.	Ich habe *mir das Gesicht* gewaschen.
Il signore *si* è tolto *il cappello.*	Der Mann setzte *den Hut* ab.

Das Possessivpronomen entfällt auch, wenn die Identität des Besitzers klar aus dem Kontext hervorgeht.

La ragazza ha chiuso *gli occhi.*	Das Mädchen hat *die Augen* geschlossen.
Hai fatto *i compiti*?	Hast du *deine Hausaufgaben* gemacht?

22 Substantive beschreiben: Adjektive

22a *Was tun Adjektive?*

Adjektive dienen zur Beschreibung von Substantiven. Sie können entweder als Teil eines Ausdrucks, der ein Substantiv [➤22b] enthält, d.h. attributiv, oder als Teil des Prädikats [➤22c], d.h. prädikativ, gebraucht werden.

(i) *Angleichung der Adjektive*

Adjektive stimmen in Geschlecht und Numerus mit dem Substantiv bzw. den Substantiven, die sie beschreiben, überein.

(A) Die vielen Adjektive mit der Endung **-o** haben vier Formen: maskulin Singular und Plural, feminin Singular und Plural.

il ragazzo italian*o*	der italienisch*e* Junge
i ragazzi italian*i*	die italienisch*en* Jungen
la ragazza italian*a*	das italienisch*e* Mädchen
le ragazze italian*e*	die italienisch*en* Mädchen

(B) Adjektive mit der Endung **-e** haben die gleiche Singularendung für Maskulinum und Femininum. Im Plural haben beide ebenfalls die gleiche Endung: **-i**.

il libro interessant*e*	das interessant*e* Buch
i libri interessant*i*	die interessant*en* Bücher
la rivista interessant*e*	die interessant*e* Zeitschrift
le riviste interessant*i*	die interessant*en* Zeitschriften

(C) Adjektive mit der Endung **-a** haben die gleiche Singularendung für Maskulinum und Femininum. Im Plural endet die männliche Form auf **-i** und die weibliche auf **-e.**

il professore belg*a*	der belgisch*e* Lehrer
i professori belg*i*	die belgisch*en* Lehrer
la professoressa belg*a*	die belgisch*e* Lehrerin
le professoresse belgh*e*	die belgisch*en* Lehrerinnen

(D) Adjektive mit der Endung **-one** bilden die weibliche Form **-ona.** Die Pluralendung ist **-oni** bzw. **-one.**

lo studente chiacchier*one*	der gesprächig*e* Student

gli studenti chiacchier*oni*	die gesprächig*en* Studenten
la studentessa chiacchier*ona*	die gesprächig*e* Studentin
le studentesse chiacchier*one*	die gesprächig*en* Studentinnen

(ii) *Zusammengesetzte Adjektive*

Werden zwei Adjektive zu einer Einheit zusammengefügt, bleibt das erste unverändert und das zweite wird angeglichen.

il programma socioeconomic*o*	das sozialwirtschaftlich*e* Programm
i programmi socioeconomic*i*	die sozialwirtschaftlich*en* Programme

⚠ Bei der Verwendung dieser Adjektive muss man etwas aufpassen, da die Schreibweise des ersten Adjektivs oft verändert wird, z. B. das ‚Italienisch-französische Abkommen' **l'accordo italo-francese.**

[Substantivierte Adjektive ➤20i.]

(iii) *Angleichung: Ausnahmen*

Einige wenige Adjektive sind unveränderlich, d.h. sie haben immer die gleiche Form unabhängig von Geschlecht oder Numerus des Substantivs, das sie begleiten. Dazu gehören:

(A) Einige Farben — die Adjektive werden entweder von Fremdwörtern abgeleitet oder sind selbst Substantive.

il fiore *rosa*	die *rosa* Blume
i fiori *rosa*	die *rosa* Blumen
la giacca *blu*	die *blaue* Jacke
le giacche *blu*	die *blauen* Jacken
la maglia *viola*	der *violette* Pullover
le maglie *viola*	die *violetten* Pullover
la scarpa *marrone*	der *braune* Schuh
le scarpe *marrone*	die *braunen* Schuhe

(B) Adjektive mit der Endung **-i**

un numero par*i*	eine gerad*e* Zahl
i numeri dispar*i*	die ungerad*en* Zahlen
la lotta impar*i*	der ungleich*e* Kampf

22b ***Begleiter des Substantivs: atributive Adjektive***

Attributive Adjektive bilden zusammen mit einem Substantiv einen Ausdruck. Wenn offensichtlich ist, auf was man sich bezieht, kann das Substantiv eventuell wegfallen [➤22b(vi)].

(i) *Normale Adjektivstellung*

Adjektive werden normalerweise dem Substantiv nachgestellt.

Un tè *freddo* per me e un bicchiere di vino *bianco* per Marco.	Einen *Eis*tee für mich und ein Glas *Weiß*wein für Marco.

- Dies gilt insbesondere für Adjektive, die Nationalität, Religion, Form und Farbe angeben sowie für Perfektpartizipien, die als Adjektive verwendet werden.

un amico *francese*	ein *französischer* Freund
un prete *cattolico*	ein *katholischer* Priester
una stanza *rettangolare*	ein *rechteckiges* Zimmer
una camicia *bianca*	ein *weißes* Hemd
una casa *demolita*	ein *abgerissenes* Haus

Einige häufig verwendete Adjektive stehen normalerweise vor dem Substantiv. Die mit Sternchen markierten Adjektive unten haben dann eine unregelmäßige Form [➤22d(i) – 22d(iii)].

bello*	**una bella giornata**	ein schöner Tag
buono*	**un buon riposo**	eine gute Erholung
breve	**una breve pausa**	eine kurze Pause
brutto	**una brutta notizia**	eine schlechte Nachricht
cattivo	**un cattivo gusto**	ein schlechter Geschmack
giovane	**un giovane autista**	ein junger Fahrer
grande*	**una grande casa**	ein großes Haus
grosso	**un grosso problema**	ein großes Problem
largo	**un largo viale**	eine breite Allee
lungo	**una lunga passeggiata**	ein langer Spaziergang
piccolo	**un piccolo giardino**	ein kleiner Garten
vecchio	**una vecchia casa**	ein altes Haus

(ii) Adjektive, die normalerweise vor dem Substantiv stehen, können unter bestimmten Bedingungen nachgestellt werden. Das führt zu einer veränderten Schattierung der Bedeutung.

È un *piccolo* appartamento. **È un appartamento *piccolo.***	Es ist eine *kleine* Wohnung.

Die Stellung des Adjektivs hinter dem Substantiv betont die *Größe.* Ähnlich können Adjektive, die eigentlich dem Substantiv nachgestellt werden, zur Betonung davor gesetzt werden.

Dobbiamo prendere una decisione *difficile*.	Wir müssen eine *schwierige* Entscheidung treffen.
La *difficile* decisione che abbiamo preso è stata giustificata.	Die *schwierige* Entscheidung, die wir getroffen haben, war berechtigt. *(stärker betont)*

(iii) Adjektive, die normalerweise vor dem Substantiv stehen, *müssen* nachgestellt werden, wenn sie durch ein Adverb näher bestimmt werden.

una *bella* ragazza	ein *schönes* Mädchen
aber	
una ragazza *molto bella*	ein sehr *schönes* Mädchen
una *lunga* storia	eine *lange* Geschichte
aber	
una storia *abbastanza lunga*	eine *ziemlich lange* Geschichte

Anm. Wenn zwei oder mehr Adjektive das gleiche Substantiv näher bestimmen, stehen alle in normaler Stellung, und wenn zwei Adjektive nebeneinander stehen werden sie mit **e** ‚und' verbunden.

una bella ragazza simpatica	ein nettes, schönes Mädchen
aber	
una ragazza simpatica *e* intelligente	ein nettes, intelligentes Mädchen
una grande *e* bella casa	ein schönes, großes Haus

(iv) Viele Adjektive verändern ihre Bedeutung, je nachdem, ob sie dem Substantiv vorausgehen oder folgen:

alto	**l'alta marea**	Flut
	un uomo alto	ein großer Mann (groß gewachsen)
basso	**la bassa marea**	Ebbe
	un numero basso	eine kleine / unbedeutende Zahl
buono	**un buon attore**	ein guter / fähiger Schauspieler
	un vino buono	ein guter Wein
caro	**un caro amico**	ein lieber Freund
	un libro caro	ein teures Buch
cattivo	**un cattivo odore**	ein schlechter / übler Geruch
	una ragazza cattiva	ein schlechtes / böses Mädchen

certo	**una certa somiglianza**	eine gewisse Ähnlichkeit
	una notizia certa	eine sichere Nachricht
diverso / vario	**diverse / varie volte**	verschiedene / einige Male
	riviste diverse / varie	verschiedene Zeitschriften
dolce	**la dolce vita**	das gute / süße Leben
	l'acqua dolce	Süßwasser
grande	**un grand'uomo**	ein großartiger Mann
	un uomo grande	ein großer Mann (groß gewachsen)
grosso	**un grosso errore**	ein schwerer Fehler
	un signore grosso	ein stattlicher / beleibter Herr
numeroso	**numerose famiglie**	zahlreiche Familien
	famiglie numerose	große Familien
nuovo	**una nuova maglia**	ein weiterer Pullover
	una maglia nuova	ein neuer Pullover
povero	**una povera famiglia**	eine arme/ bedauernswerte Familie
	una famiglia povera	eine arme (mittellose) Familie
santo	**tutta la santa settimana**	die ganze verflixte Woche
	la Settimana Santa	die Karwoche
semplice	**una semplice idea**	nur einfach eine Idee
	un'idea semplice	eine einfache / unkomplizierte Idee
unico	**l'unica occasione**	die einzige Gelegenheit
	un attore unico	ein einzigartiger Schauspieler
vero	**un vero disastro**	eine echte Katastrophe
	una storia vera	eine wahre Geschichte

Adjektive sind meist wörtlich zu verstehen, wenn sie dem Substantiv nachgestellt sind und eher bildlich, wenn sie vorangehen. Viele dieser Adjektive haben je nach Kontext eine unterschiedliche Bedeutung, wie Sie bei einem Blick ins Wörterbuch feststellen werden.

(v) ***Qualcosa, niente*** + ***di*** + *Adjektiv*

Qualcosa ‚etwas' und **niente** ‚nichts' werden mit einem Adjektiv (immer maskulin Singular) mit **di** verbunden.

Hai fatto *qualcosa di bello* ieri sera?	Hast du gestern Abend *etwas Schönes* unternommen?
Non ho *niente di nuovo* da dirti.	Ich habe dir *nichts Neues* zu sagen.

(vi) *Impliziertes Substantiv*

Auch wenn das Substantiv nur impliziert ist, stimmt das Adjektiv mit ihm überein, ganz so als würde es im Satz stehen.

Vuole provare queste scarpe marrone o *quelle nere*?	Möchten Sie diese braunen Schuhe anprobieren oder *die schwarzen*?

22c *Prädikative Adjektive*

(i) *Was ist ein prädikatives Adjektiv?*

Prädikativ bedeutet *zum Prädikat gehörig* [➤4c]. Diese Adjektive ergänzen Verben wie **essere** ‚sein', **diventare** ‚werden', **sembrare** ‚scheinen'. Auch wenn diese Adjektive nicht direkt bei dem Substantiv stehen, auf das sie sich beziehen, werden sie ihm in Geschlecht und Numerus wie ein attributiv gebrauchtes Adjektiv angepasst [➤22b].

Sono venuto a vivere in questa zona sei mesi fa. I dintorni sono veramente *belli*, il clima è *mite* e la gente è *simpatica*. Ora tutto è *tranquillo*, le strade sono *deserte*. Ma fra poco arriva l'estate e ho sentito dire che la zona diventa *affollata* di turisti. Forse non mi sembrerà più così *idillico*.	Ich bin vor sechs Monaten in diese Gegend gezogen. Die Umgebung ist wirklich *schön*, das Klima ist *mild*, und die Leute sind *nett*. Jetzt ist alles *ruhig*. Die Straßen sind *verlassen*. Aber bald ist Sommer, und ich habe gehört, dass sich die Gegend mit Touristen *füllt*. Vielleicht wird es mir dann nicht mehr ganz so *idyllisch* vorkommen.

(ii) *Angleichung an mehr als ein Substantiv*

Bezieht sich ein Adjektiv auf mehr als ein Substantiv, steht es im Plural und passt sich dem Geschlecht der Substantive an:

Oggi il teatro e il cinema sono *chiusi*.	Heute sind das Theater und das Kino *geschlossen*.
La panetteria e la macelleria sono *aperte*.	Die Bäckerei und die Fleischerei sind *geöffnet*.

Sind die Substantive verschiedenen Geschlechts, ist das Adjektiv maskulin Plural:

La farmacia e il fioraio sono *aperti*.	Die Apotheke und der Blumenladen sind *geöffnet*.

Wenn sich ein vorangestelltes Adjektiv auf zwei Substantive verschiedenen Geschlechts bezieht, kann es wiederholt und an das jeweilige Substantiv angeglichen werden:

Ho visitato *molti* musei e *molte* chiese.	Ich habe *viele* Museen und (*viele*) Kirchen besucht.

oder das Adjektiv wird dem ersten Substantiv vorangestellt und an dieses angeglichen:

Ho visitato *molti* musei e chiese.	Ich habe *viele* Museen und Kirchen besucht.

Ein Adjektiv, das sich auf verschiedenene Substantive bezieht, braucht nicht wiederholt zu werden, doch erscheint die Wiederholung sinnvoll und sprachlich korrekter, wenn sich die Substantive in Geschlecht oder Numerus unterscheiden.

***Mio* fratello e *mia* sorella non vengono con noi.**	*Mein* Bruder und *meine* Schwester kommen nicht mit uns.
Andiamo a trovare *mio* zio e *i miei* nonni.	Wir gehen *meinen* Onkel und *meine* Großeltern besuchen.

(iii) *Angleichung an **si***

Wenn dem unpersönlichen Pronomen **si** ‚man' [➤23d] Verb + Adjektiv folgen, ist das Adjektiv immer maskulin Plural.

Dopo una giornata di lavoro *si torna* a casa *stanchi*. Quando *si è giovani* non è un problema ma quando *si è vecchi* ...	Am Ende eines Arbeitstages *kehrt man müde* nach Hause *zurück*. Wenn *man jung ist*, ist das kein Problem, aber wenn *man alt ist* ...

(iv) ***Avere fame*** *usw.*

Eine Reihe von alltäglichen Wendungen, die im Deutschen mit *‚sein' + Adjektiv* oder *‚haben' + Substantiv* gebildet werden, drückt man im Italienischen immer mit ***avere*** (*nicht **essere***) + *Substantiv* aus. Dazu gehören:

avere caldo	heiß sein (z.B. mir ist heiß)
avere fame	Hunger haben
avere freddo	kalt sein (z.B. ihr ist kalt)
avere paura	Angst haben
avere ragione	Recht haben
avere sete	Durst haben
avere sonno	müde sein
avere torto	Unrecht haben
avere vergogna	sich schämen

In diesen Wendungen sind **caldo**, **fame**, **freddo** usw. Substantive und daher unveränderlich. Sie brauchen nicht angeglichen zu werden. Begleitende Adjektive wie **molto** werden wie sonst auch angeglichen.

Se hai *freddo* Daniela, mettiti la giacca.	Wenn dir *kalt* ist, Daniela, zieh dir eine Jacke an.
Mamma, abbiamo molta *sete*.	Mami, wir haben *großen Durst*.

[**Avere** zum Ausdruck von Alter ➤30e.]

(v) *Wetter*

Das Gleiche gilt für Ausdrücke, die mit **fa**, **c'è** usw. eingeleitet werden und sich auf das Wetter beziehen:

fa caldo	es ist heiß
fa freddo	es ist kalt
c'è la nebbia	es ist neblig
c'è il sole	es ist sonnig
tira vento	es ist windig

Non vado al mare a quest'ora perché *fa* troppo *caldo*.	Ich fahre um diese Zeit nicht ans Meer, weil *es* zu *heiß ist*.

Anm. **Caldo** und **freddo** kann man als Substantiv und Adjektiv verwenden.

22d Unregelmäßige Adjektive

Bestimmte Adjektive sind unregelmäßig, wenn sie dem Substantiv vorangestellt werden. Wenn sie dem Substantiv folgen, sind sie dagegen regelmäßig [➤22a(i)].

(i) Bello, quello

Bello ‚schön' und das Demonstrativpronomen **quello** ‚jener' haben Formen wie der bestimmte Artikel [➤21c(i) – 21c(vi)].

Maskulinum Singular	*Maskulinum Plural*
bello	**begli**
bell'	**begli**
bel	**bei**

Femininum Singular	*Femininum Plural*
bella	**belle**
bell'	

un *bel* sorriso	ein *nettes* Lächeln
dei *bei* bambini	einige *nette* Kinder
un *bell'*uomo	ein *gutaussehender* Mann
un *bello* specchio	ein *schöner* Spiegel
Che *begli* occhi!	Was für *schöne* Augen!
una *bella* ragazza	ein *schönes* Mädchen
delle *belle* ragazze	einige *schöne* Mädchen
una *bell'*arancia	eine *schöne* Orange

[Demonstrativpronomen **quello** ➤21d(ii).]

(ii) *Buono*

Buono ‚gut' ist im Singular unregelmäßig und bildet die gleichen Formen wie der unbestimmte Artikel [➤21e(i – ii)].

un *buon* amico	ein *guter* Freund
***Buon* divertimento!**	Unterhalte dich *gut*!
un *buono* studente	ein *guter* Schüler
***buona* fortuna**	*viel* Glück
una *buon'*attrice	eine *gute* Schauspielerin

[Die gleiche Regel gilt für **alcuno** und **nessuno** im Singular ➤21g(i).]

(iii) *Grande*

Grande ‚großartig', ‚groß' kann vor Substantiven, die mit einem Vokal beginnen, zu **grand'** verkürzt werden und zu **gran** vor Substantiven, die mit einem Konsonanten beginnen. Davon ausgenommen sind Substantive, die mit **s-** + einem anderen Konsonanten oder mit **z-**, **gn-**, **ps-** und **x-** beginnen. Häufiger benutzt man heute jedoch die Form **grande**.

una *grand'/grande* opportunità	eine *großartige* Gelegenheit
un *gran/grande* signore	ein *großartiger* Mann

Anm. Die verkürzte Form ist *stark* gefühlsbetont und wird in Wendungen wie der folgenden verwendet:

Abbiamo un *gran* desiderio di tornare in Italia.	Wir haben *großes* Verlangen nach Italien zurückzukehren.

(iv) Santo

Santo ‚Sankt', ‚heilig' hat die folgenden verkürzten Formen, wenn es einem Substantiv vorangestellt wird:

- **sant'** vor männlichen und weiblichen Substantiven, die mit einem Vokal beginnen:

***sant'*Antonio**	*Sankt* Anton
***sant'*Anna**	*Sankt* Anna

- **san** vor männlichen Substantiven, die mit einem anderen Konsonanten als **s-** + Vokal beginnen:

***san* Paolo**	*Sankt* Paul
***san* Giuseppe**	*Sankt* Joseph

Die vollständige Form wird jedoch verwendet:

- vor männl. Substantiven, die mit **s-** + Konsonant beginnen:

***santo* Stefano**	*Sankt* Stephan

- vor weiblichen Substantiven, die mit Konsonant beginnen:

***santa* Chiara**	*Sankt* Klara

22e Pluralbildung anderer Adjektive

Eine beträchtliche Anzahl von Adjektiven bildet Pluralformen wie die Substantive [➤20h(iii)].

(i) -io

Adjektive mit der Endung **-io** haben die männliche Pluralendung **-ii,** wenn das **i** von **-io** betont ist, sonst haben sie ein **-i**.

stantio	**stant*ii***	schal, abgestanden

aber

ampio	**amp*i***	breit

(ii) -co, -go

Männliche Adjektive mit den Endungen **-co** und **-go** haben die Pluralendungen **-chi** und **-ghi**, wenn die Betonung auf der vorletzten Silbe liegt.

bianco	**bian*chi***	weiß
largo	**lar*ghi***	breit

Eine Ausnahme:

greco	**greci**	griechisch

Adjektive, bei denen die Betonung auf eine Silbe vor der vorletzten Silbe fällt, haben im allgemeinen die Pluralendung **-ci:**

magnifico	**magnifi*ci***	ausgezeichnet, herrlich

Eine Ausnahme:

carico	**carichi**	geladen

Anm. Da eine ganze Reihe von Adjektiven mit den Endungen **-co** und **-go** unregelmäßige Pluralformen haben, ist es ratsam, die Pluralbildung in einem guten Wörterbuch nachzuschlagen.

(iii) -ca, -ga

Weibliche Adjektive mit den Endungen **-ca** und **-ga** haben die Pluralendungen **-che** und **-ghe**.

magnifica	**magnifi*che***	ausgezeichnet, herrlich
lunga	**lun*ghe***	lang

(iv) -cia, -gia

Weibliche Adjektive, die mit Konsonant + **-cia** oder **-gia** enden, haben die Pluralendungen **-ce** und **-ge**.

li*scia*	**li*sce***	glatt, eben
selva*ggia*	**selva*gge***	wild

Wenn diesen Endungen ein Vokal vorausgeht, heißen die Pluralendungen **-cie** und **-gie**.

rand*agia*	**rand*agie***	streunend

22f Komparativ und Superlativ

Die meisten (jedoch nicht alle) Adjektive können für Vergleiche benutzt werden: Dafür verwendet man eine der beiden Steigerungsformen, den Komparativ oder den Superlativ.

(i) *Komparativ*

Im Italienischen bildet man den Komparativ, indem man **più** ‚mehr' dem Adjektiv voranstellt, und wenn nötig, **che** oder **di** ‚als' nachstellt.

Ho due fratelli, Gino e Marco. Gino è *più giovane di* Marco. Gino è *più bravo* a scuola, ma solo perché è *più diligente.* A Marco piace uscire quanto possibile e, in genere, è un tipo molto *più attivo di noi.*	Ich habe zwei Brüder, Gino und Marco. Gino ist *jünger als* Marco. Gino ist *besser* in der Schule, aber nur, weil er *fleißiger* ist. Marco geht gern so viel wie möglich raus, und im Allgemeinen ist er ein *aktiverer* Typ *als wir.*

Anm. **Di** steht vor Substantiven (**di Marco**), Pronomen (**di noi**) und Zahlen:

La settimana scorsa ha speso *più di* cinquecento marchi.	Letzte Woche habe ich *mehr als* fünfhundert DM ausgegeben.

Che steht vor Adjektiven, Adverbien, Präpositionen, Partizipien und Infinitiven.

Marco è più attivo *che passivo.* Quando fa i suoi compiti, li fa sempre più velocemente *che correttamente.*	Marco ist eher aktiv *als passiv.* Seine Hausaufgaben erledigt er immer eher schnell *als korrekt.*
È un po' più diligente a scuola *che a* casa.	In der Schule ist er etwas fleißiger *als zu* Hause.
È più interessato allo svago *che motivato* dai suoi studi.	Er ist mehr an Unterhaltung interessiert *als* zum Lernen *motiviert.*
Per lui, è più importante uscire *che studiare.*	Ihm ist es wichtiger auszugehen *als zu lernen.*

Findet der Vergleich zwischen zwei Substantiven oder Pronomen statt, die Objekte des *gleichen* Verbs sind, wird ‚als' mit **che** und nicht mit **di** wiedergegeben:

Per lui, *è più importante lo svago che la scuola.*	Für ihn *ist Unterhaltung wichtiger als Schule.*
I miei genitori *aiutano più me che lui.*	Meine Eltern *helfen mir mehr als ihm.*

[Gebrauch des Konjunktivs nach dem Komparativ ➤16g.]

(ii) *Superlativ*

Der Superlativ wird mit bestimmtem Artikel + Komparativ gebildet. Er kann vor oder nach dem Substantiv stehen oder sogar ohne Substantiv gebraucht werden, wenn klar ist, um was es sich handelt. Der Artikel wird nicht wiederholt, wenn das Adjektiv dem Substantiv nachgestellt wird.

Marco è *lo* studente *più dotato*, ma Gino è *il più diligente.*	Marco ist *der begabteste Schüler*, aber Gino ist *der fleißigste.*

- Nach dem Superlativ verwenden Sie **di** für ‚in' oder ‚unter':

Marco è *il più dotato della* classe.	Marco ist *der Begabteste in* der Klasse.

- Manchmal wird die Präposition **fra** oder **tra** [➤25c(ix)] anstelle von **di** verwendet:

Marco è *il più dotato fra/tra* tutti gli studenti della sua classe.	Marco ist *der begabteste* von allen Schülern in seiner Klasse.

(iii) ***Meno*** *‚weniger', ‚am wenigsten'*

Die mit **meno** ‚weniger', ‚am wenigsten' eingeleiteten Komparativ- und Superlativformen werden genau wie die Formen mit **più** gebildet und gebraucht.

Marco è senz'altro *meno ambizioso* di Gino, infatti penso che sia *il meno ambizioso* della sua classe.	Marco ist bestimmt *weniger ehrgeizig* als Gino, in der Tat glaube ich, dass er *der am wenigsten ehrgeizige* in seiner Klasse ist.

(iv) ***Tanto … quanto/così … come***

Wenn Menschen oder Dinge in einem Vergleich einander entsprechen, verwendet man **tanto ... quanto ...** oder **così ... come ...** ‚so … wie …' oder in der Verneinung **non tanto ... quanto …** oder **non così ... come ...** ‚nicht so … wie ….'

Io sono *tanto diligente quanto* mio fratello Gino, ma *non* sono *così ambizioso come* lui.	Ich bin *so fleißig wie* mein Bruder Gino, aber ich bin *nicht so ehrgeizig wie* er.

- **Tanto** und **così** entfallen häufig:

Io sono *diligente quanto* mio fratello Gino, ma *non* sono *ambizioso come* lui.	Ich bin *so fleißig wie* mein Bruder Gino, aber ich bin *nicht so ehrgeizig wie* er.

Tanto und **quanto** sind unveränderlich, wenn man sie wie oben mit einem Adjektiv verwendet. Mit einem Substantiv gebraucht, stimmen sie in Geschlecht und Numerus mit diesem überein:

Nella mia classe ci sono *tanti ragazzi quante ragazze.*	In meiner Klasse sind *so viele Jungen wie Mädchen.*

(v) *-issimo*

Um ‚sehr', ‚überaus' + Adjektiv auszudrücken, hängt man nach Abtrennung des abschließenden Vokals die Endung **-issimo** an das Adjektiv. **-issimo** wird wie üblich dem Substantiv angeglichen. Die Form heißt absoluter Superlativ.

I miei compagni di scuola sono *simpaticissimi*, e facciamo *tantissime* cose insieme.	Meine Schulkameraden sind *extrem nett*, und wir machen *ganz viele Sachen* gemeinsam.

- Achten Sie darauf, dass sich bei manchen Adjektiven die Schreibweise ändert, wenn **-issimo** angehängt wird. Das gilt zum Beispiel für Adjektive mit den Endungen **-co** und **-go**, die die Pluralendungen **-chi** und **-ghi** haben [➤22e(ii)].

bianco	**banc*hissimo***	sehr weiß
largo	**larg*hissimo***	sehr breit

- Bei Adjektiven mit der Endung **-io** entfallen die beiden letzten Vokale, bevor **-issimo** angehängt wird.

vecchio	**vecchissimo**	sehr alt

(vi) *Alternativen zu* ***-issimo***

Adjektive kann man auch folgendermaßen stärker betonen:

- indem man ein Adverb wie **molto / assai** ‚sehr', **veramente** ‚wirklich', **incredibilmente** ‚unglaublich' vor das Adjektiv stellt:

Sei *molto* gentile.	Du bist *sehr* freundlich.
Sono *assai* motivati.	Sie sind *sehr* motiviert.
Gino è *veramente* studioso.	Gino ist *wirklich* fleißig.
Suo fratello è *incredibilmente* pigro.	Sein Bruder ist *unglaublich* faul.

- mit Hilfe eines Präfixes wie **arci-**, **stra-**, **super-**, **ultra-**:

Come studente, Gino è *arci*contento.	Als Schüler ist Gino *ausgesprochen* zufrieden.
Frequenta una scuola *ultra*moderna.	Er geht auf eine *ultra*moderne Schule.
Non è *super*intelligente, ma fa del suo meglio.	Er ist nicht *super*intelligent, aber er gibt sein Bestes.
I suoi genitori non sono *stra*ricchi, altrimenti l'avrebbero mandato a una scuola privata.	Seine Eltern sind nicht *besonders* reich, sonst hätten sie ihn auf eine Privatschule geschickt.

- indem man das Adjektiv wiederholt:

Abitiamo in una casa *piccola piccola.*	Wir wohnen in einem *ganz* kleinen Haus.

- in dem man ein zweites Adjektiv zur Verstärkung des ersten hinzufügt:

Stamattina sono arrivato a scuola bagnato *fradicio.*	Heute Morgen bin ich *klatsch*nass in der Schule angekommen.
L'autobus era pieno *zeppo.*	Der Bus war *gerappelt* voll.
Ieri sera eravamo tutti stanchi *morti.*	Gestern Abend waren wir alle *tod*müde.
Mia sorella non riesce a concentrarsi a scuola perché è innamorata *cotta.*	Meine Schwester kann sich in der Schule nicht konzentrieren, weil sie *bis über beide Ohren* verliebt ist.

- mit anderen Ausdrücken wie beispielsweise den folgenden:

Abitiamo in campagna e in pieno inverno fa un freddo *da morire.*	Wir leben auf dem Land, und mitten im Winter ist es *bitter*kalt.

Una vecchia zia abita con noi. È ancora molto vivace, ma è *sorda come una campana.*	Eine alte Tante lebt bei uns. Sie ist noch sehr lebhaft, aber sie ist *stocktaub.*

(vii) *Più ... più ...* ‚*je mehr ... desto mehr ...*‘

Damit wird die Konsequenz einer Handlung ausgedrückt.

***Più* studio, *più* imparo.**	Je mehr ich übe, desto mehr lerne ich.

Meno ... meno ... ‚je weniger ... desto weniger ...‘ wird genau gleich verwendet. Wie im folgenden Beispiel zu sehen ist, kann man diese Formen auch kombinieren:

***Più* imparo, *meno* capisco.**	*Je mehr* ich lerne, *desto weniger* verstehe ich.

[Komparativ und Superlativ von Adverbien ➤26b(iv).]

(viii) *Adjektive mit zwei verschiedenen Formen*

Eine kleine Anzahl von Adjektiven hat neben den regelmäßigen Steigerungsformen auch noch unregelmäßige Formen:

	Komparativ	*Superlativ*	*Absoluter Superlativ*
alto	**superiore**	**il superiore**	**supremo**
hoch	höher	höchste	sehr hoch
basso	**inferiore**	**l'inferiore**	**infimo**
niedrig	niedriger	niedrigste	sehr niedrig
buono	**migliore**	**il migliore**	**ottimo**
gut	besser	beste	sehr gut
cattivo	**peggiore**	**il peggiore**	**pessimo**
schlecht	schlechter	schlechteste	sehr schlecht
grande	**maggiore**	**il maggiore**	**massimo**
groß	größer	größte	sehr groß
piccolo	**minore**	**il minore**	**minimo**
klein	kleiner	kleinste	sehr klein

- In manchen Fällen kann man beide Komparativ- oder Superlativformen verwenden, ohne dass sich die Bedeutung verändert:

Questo vino è *buonissimo/ottimo.* Infatti, è *il migliore/il più buon* vino che abbia mai bevuto.	Dieser Wein ist *sehr gut.* In der Tat ist es *der beste* Wein, den ich je getrunken habe.

[Verwendung des Konjunktivs nach dem Superlativ ➤16f(iii).]

- In anderen Fällen haben die zwei verschiedenen Formen unterschiedliche Bedeutung:

Delle due case la nostra è *più grande.*	Von den zwei Häusern ist unseres *das größere.*
Il mio fratello *maggiore* si chiama Roberto.	Mein *älterer* Bruder heißt Roberto.
Il costo dei danni causati dal maltempo è stato *maggiore* di quanto pensassimo.	Die Kosten der durch das schlechte Wetter verursachten Schäden waren *größer* als wir angenommen hatten.

Anm. **Più piccolo** ‚kleiner '(Größe) und **minore** ‚jünger' (Alter) und ‚weniger' (Gewichtung) werden ähnlich wie **più grande** und **maggiore** benutzt.

Die anderen in der Tabelle aufgeführten Komparative und Superlative können je nach Zusammenhang eine andere Bedeutung annehmen. Daher ist es sinnvoll, ein gutes Wörterbuch zu Rate zu ziehen, um sich genauer zu informieren.

Anm. Adjektive lassen sich vom Partizip Präsens [➤10c(iii)] und vom Partizip Perfekt [➤10f(ii)] bestimmter Verben ableiten.

Adjektive können auch substantivisch verwendet werden [➤20i].

22g Präfixe und Suffixe

(i) Präfixe

Um das Gegenteil (meist die Negation) eines Adjektivs zum Ausdruck zu bringen, wird im Deutschen oft das Präfix (die Vorsilbe) ‚un-' verwendet, wie zum Beispiel ‚unzufrieden', ‚unglücklich'. Im Italienischen kann man zum Ausdruck des Gegenteils die Präfixe **in-**, **dis-** und **s-** verwenden:

felice	glücklich	***in*felice**	*un*glücklich
accettabile	annehmbar	***in*accettabile**	*un*annehmbar
simile	ähnlich	***dis*simile**	*un*ähnlich
occupato	beschäftigt	***dis*occupato**	*un*beschäftigt

fortunato	glücklich	***s*fortunato**	*un*glücklich
carico	geladen	***s*carico**	*un*geladen

Wie Sie an den Beispielen erkennen, kann das deutsche Präfix ‚un-' durch drei verschiedene italienische Präfixe wiedergegeben werden: **in-, dis-, s-.**

Sie sollten ein Präfix nur dann benutzen, wenn Sie sich in einem Wörterbuch über die Verwendung vergewissert haben.

Häufig lässt sich die Bedeutung eines Adjektives mithilfe von ***poco*** in ihr Gegenteil umkehren.

Lei è *poco* motivata.	Sie ist *un*motiviert. (*nicht sehr* motiviert)
Questi libri sono *poco* interessanti.	Diese Bücher sind *un*interessant.

Poco ist in diesen Konstruktionen immer unveränderlich.

(ii) *Suffixe*

Die Bedeutung mancher Adjektive kann mithilfe von Suffixen (Nachsilben) verändert werden. Dazu gehören:

- die Verkleinerungen **-ino**, **-ello**, **-etto**, **-otto**:

caro	lieb	**car*ino***	*hübsch, niedlich*
cattivo	böse	**cattiv*ello***	*ziemlich* böse
povero	arm	**pover*etto***	armes *Ding*
vecchio	alt	**vecchi*otto***	*eher* alt, ältlich

- die Steigerung **-one**:

pigro	faul	**pigr*one***	*sehr* faul

Anm. Die Steigerungsform **-one** — das Gegenteil einer Verkleinerung — verstärkt die Aussage eines Adjektivs und betont die Größe. Meist hat die Endung negative Assoziationen. Die weibliche Form ist **-ona**.

- **-accio**, das abwertende Bedeutung hat:

povero	arm	**pover*accio***	armer *Teufel*

Anm. Bevor das Suffix angehängt wird, muss der abschließende Vokal des Adjektivs abgetrennt werden.

Wie bei den Präfixen verwendet man Suffixe am besten nur dann, wenn einem der Gebrauch geläufig ist .

23 Substantive vertreten: Pronomen

23a *Wozu dienen Pronomen?*

Das Wort *Pronomen* bedeutet ‚für ein Nomen' (Substantiv). Daher nennt man Pronomen im Deutschen auch ‚Fürwörter'. Wir benutzen sie anstelle von Substantiven, um dadurch Wiederholungen zu vermeiden. [Siehe auch ➤21].

Alle Pronomen leiten:

- ihr *Geschlecht* (maskulin / feminin) und ihren *Numerus* (Singular / Plural) von dem Substantiv ab, das sie ersetzen. (Es gibt jedoch auch eine Reihe von Pronomen im ‚Neutrum'; einige davon werden in Abschnitt 23g erklärt.)
- ihre *Form* von der Funktion ab, die sie im Satz erfüllen.

23b *Personalpronomen*

Personalpronomen ersetzen Substantive, ohne weitere Informationen hinzuzufügen. Sie können die sprechende(n) Person(en) vertreten (1.Person), die angesprochene(n) Person(en) (2. Person) ersetzen oder die Person(en) oder Dinge, die besprochen werden (3. Person).

(i) *Subjektpronomen*

Singular		
1. Person	**io**	ich
2. Person	**tu**	du
	Lei	Sie (Singular)
3. Person	**lui (egli)**	er
	lei (ella)	sie
	esso	es (maskulin)
	essa	es (feminin)
Plural		
1. Person	**noi**	wir
2. Person	**voi / Voi**	ihr / Sie (Plural)
	Loro	Sie (Plural)
3. Person	**loro (essi)**	sie (maskulin)
	loro (esse)	sie (feminin)

Da das Subjekt — der Ausführende — der Handlung [➤4b] im Italienischen in der Endung des Verbs ausgedrückt wird, gebraucht man die Subjektpronomen lediglich zur Betonung, Kontrastierung oder um Unklarheiten zu vermeiden, und wenn sie allein ohne Verb stehen. **Lei / Loro / Voi** werden, um mögliche Missverständnisse zu vermeiden, häufiger gebraucht, da die Verbendungen für diese Formen die gleichen sind wie für die 3. Person. Aber **Lei / Loro / Voi** werden auch als Zeichen des Respekts für die angesprochene Person verwendet.

Cosa facciamo stasera?	Was unternehmen wir heute Abend?
— *Tu* puoi fare quello che vuoi, ma *io* preferisco stare a casa.	— *Du* kannst machen, was du willst, aber *ich* bleibe lieber zu Hause. (Kontrast zwischen *du* und *ich*)
Cosa fanno Gianni e Barbara?	Was tun Gianni und Barbara?
— *Lui* va a vedere la partita di pallacanestro, mentre *lei* va al cinema.	— *Er* geht sich das Basketballspiel ansehen, während *sie* ins Kino geht. (Kontrast zwischen *er* und *sie*)
Perché non vai alla partita *anche tu*?	Warum gehst *du* nicht *auch* zum Spiel? (Betonung)
— *Io*, ma scherzi, sai che detesto lo sport.	— *Ich*? Du machst wohl Witze, du weißt doch, dass ich Sport hasse. (Subjekt steht allein ohne Verb)

Anm. Im Beispiel **Perché non vai *anche tu*?** dient das Subjektpronomen **tu** zur Betonung. Nach Adverbien wie **anche**, **neanche** muss es allerdings immer stehen.

Non ci voglio andare *neanch'io*.	*Ich* will *auch nicht* dort hingehen.

• Wenn Subjektpronomen zur Betonung dienen, folgen sie normalerweise dem Verb:

Se non vai *tu*, vado *io*.	Wenn *du* nicht gehst, *gehe ich*.
— Chi parla?	— Wer spricht dort?
— Sono *io*, Barbara.	— *Ich* bin's, Barbara.
— Ah, sei *tu*.	— Ach, *du* bist es.

• Um Verwechslungen zu vermeiden, ist es empfehlenswert, im Konjunktiv Präsens Singular das Subjektpronomen zu verwenden, denn die Formen für die ersten drei Personen sind identisch [➤18c(ii),19].

Die Formen der höflichen Anrede **Lei** und **Loro** werden unter der 2. Person geführt, aber man darf nicht vergessen, dass sie die *Pronomen* der 3. Person Singular bzw. Plural haben[➤23b(ii), 23l, 21h(i)].

- **Egli / ella** ‚er' / ‚sie' und **esso / essa** ‚es' hört man heutzutage kaum noch. **Lui / lei** sind an ihre Stelle getreten. Ähnlich wurde die 3. Person Plural **essi / esse** ‚sie' durch **loro** ersetzt. In der Schriftsprache werden Ihnen diese Pronomen nach wie vor begegnen, besonders mit Bezug auf Gegenstände.

- Die Formen der höflichen Anrede **Lei**, **Loro**und **Voi** werden in umgangssprachlichen Texten gelegentlich mit kleinem **l** bzw. kleinem **V** geschrieben.

- **Du oder Sie?**

Die Unterscheidung zwischen der vertrauten Anrede mit **tu** und der höflichen Anrede mit **Lei** wird im Italienischen sehr genau genommen. Normalerweise kann man voraussetzen, dass Menschen, die sich mit dem Vornamen anreden, auch das **tu** benutzen. Wenn Sie andererseits jemanden mit **signore**, **signora**, **signorina**, **dottore**, **professore** ansprechen, müssen Sie auf jeden Fall **Lei** verwenden. Am sichersten ist es, **Lei** zu verwenden, bis man Sie zu etwas anderem auffordert: **Diamoci del tu.** — „Sagen wir ‚du' zueinander."

In der gesprochenen Sprache geht die Tendenz immer mehr dahin, **Loro**, die höfliche Anrede für mehrere Personen, durch **Voi / voi** ‚ihr' zu ersetzen.

Come stai, Elena? — Bene grazie, e *tu*?	Wie geht's dir, Elena? — Danke gut, und *dir*?
Come sta, signora Bianchi? — Non c'è male grazie, e *Lei*?	Wie geht es Ihnen, Frau Bianchi? — Nicht schlecht, danke, und *Ihnen*?
Elena e Marco, statemi a sentire un attimo. Dove andate (*voi*) in vacanza quest'anno?	Elena und Marco, hört mir mal einen Moment zu! Wohin fahrt *ihr* dieses Jahr in die Ferien?
A che ora partono (Loro) / partite (voi)?	Um wie viel Uhr fahren *Sie* ab / fahrt *ihr* ab?

(ii) Direkte Objektpronomen (Pronomen im Akkusativ) [➤8d]

Singular		*Plural*	
mi	mich	**ci**	uns
ti	dich	**vi**	euch
La	Sie (maskulin + feminin)	**Li / Vi**	Sie (maskulin)
		Le / Vi	Sie (feminin)
lo	ihn, es	**li**	sie (maskulin)
la	sie, es	**le**	sie (feminin)

—Perché non vai al cinema con Barbara? —Danno lo stesso film della settimana scorsa e *l'*ho già visto. A proposito, Gianni e Barbara *ci* hanno invitato a pranzo domenica. *Mi* ascolti o no? —Certo che *ti* ascolto, e mentre stai in piedi spegni la televisione. —*L'*ho spenta cinque minuti fa.	—Warum gehst du nicht mit Barbara ins Kino? —Sie zeigen den gleichen Film wie letzte Woche, und *den* habe ich schon gesehen. Apropos, Gianni und Barbara haben *uns* für Sonntag zum Mittagessen eingeladen. Hörst du *mir* zu oder nicht? —Natürlich höre ich *dir* zu. Und da du gerade stehst, schalt doch den Fernseher aus.— Ich habe *ihn* vor fünf Minuten ausgeschaltet.

Ascoltare heißt ‚zuhören' und steht mit direktem Objekt [➤8h(vii)].

• **Lo** und **la** werden vor Vokal oder **h** zu **l'**. Das ist bei **mi**, **ti**, **ci** und **vi** zwar genauso möglich, kommt aber seltener vor. Eine Ausnahme bei **ci** ist natürlich der Ausdruck **c'è** ‚es gibt'. Die Pluralformen **li** und **le** werden nie mit Apostroph verkürzt.

[Angleichung des Partizips Perfekt an direkte Objektpronomen (Akkusativpronomen) ➤11d(i).]

(iii) *Indirekte Objektpronomen (Pronomen im Dativ)[➤8e]*

Singular		*Plural*	
mi	mir	**ci**	uns
ti	dir	**vi**	euch
Le	Ihnen (Singular)	**Loro / Vi**	Ihnen
gli	ihm	**loro (gli)**	ihnen (maskulin + feminin)
le	ihr		

• Die Tendenz geht immer mehr dahin, umgangssprachlich **gli** mit der Bedeutung ‚ihnen' anstelle von **loro** zu verwenden. **Loro** wird weiterhin im gehobenen Sprachgebrauch und in der Schriftsprache verwendet.

Loro ist das einzige indirekte Objektpronomen (Dativpronomen), das immer nach dem Verb steht und nie mit einem Infinitiv, Gerundium, Imperativ oder Partizip Perfekt verbunden werden kann [➤23b(iv)].

Ho detto *loro* che veniamo. oder ***Gli* ho detto che veniamo.**	Ich habe *ihnen* gesagt, dass wir kommen.

• Die Verwendung der Objektpronomen stimmt im Italienischen und Deutschen nicht immer überein. Achten Sie darum besonders auf die richtige Verwendung der Pronomen.

Dove hai messo la lettera che *ti* ho dato stamattina?	Wo hast du den Brief hingelegt, den ich *dir* heute Morgen gegeben habe?

Bestimmte Verben verlangen ein indirektes Objektpronomen im Italienischen, aber nicht im Deutschen.

Carlo dice che questo lavoro non *gli* interessa affatto.	Carlo sagt, dass diese Arbeit *ihn* überhaupt nicht interessiert.

[Andere Verben mit indirektem Objekt [➤8e(i)].

• Gibt es sowohl ein indirektes Objektpronomen als auch ein direktes Objektpronomen, wird das indirekte dem direkten vorangestellt — mit der Ausnahme von **loro** ‚ihnen' [➤23b(v)].

Perché non *me l'*hai detto prima?	Warum hast du *es mir* nicht schon früher gesagt?

Anm. Im Deutschen kann ‚es' in bestimmten Fällen weggelassen werden. Im Italienischen wird normalerweise **lo / l'** zur Komplettierung des Verbs verwendet. [Weitere Beispiele ➤23g(i).]

(iv) *Stellung der Objektpronomen*

Mit Ausnahme von **loro** stehen sämtliche Objektpronomen unmittelbar vor dem Verb.

Ma quando *ti* dico qualcosa non *mi* ascolti mai.	Aber wenn ich *dir* etwas erzähle, hörst du *mir* nie zu.

• In zusammengesetzten Zeitformen steht das Objektpronomen vor dem Hilfsverb.

***Te l'*ho già detto due volte. —Non è vero, non *me l'*hai detto nemmeno una volta.**	Ich habe *es dir* schon zweimal gesagt. —Das stimmt nicht, du hast *es mir* überhaupt noch nicht gesagt.

In verneinten Sätzen behalten die Objektpronomen die gleiche Stellung umittelbar vor dem Verb.

• Objektpronomen werden direkt an den Infinitiv angehängt, nachdem das letzte **-e** des Infinitivs abgetrennt wurde. (Bei Verben, die sich von **tradurre** ‚übersetzen' und **porre** ‚stellen' ableiten, wird die Infinitivendung **-re** entfernt.)

Spero di veder*li* domani mattina.	Ich hoffe, dass ich *sie* morgen früh sehe.

• Bei Modalverben [➤9] + Infinitiv können die Objektpronomen entweder vor das Modalverb gesetzt oder an den Infinitiv angehängt werden.

***Gli* posso dire che hai un altro impegno.** oder **Posso dir*gli* che hai un altro impegno.**	Ich kann *ihnen* sagen, dass du etwas anderes zu tun hast.

• Bei **stare / andare** + Gerundium [➤8k(i) – 8k(ii)] stehen die Objektpronomen normalerweise vor **stare / andare**, aber es ist auch möglich, sie an die Gerundialform anzuhängen.

Cosa *mi* stavi dicendo? oder (weniger geläufig) **Cosa stavi dicendo*mi*?**	Was sagtest du *zu mir?*

Wenn das Gerundium allein steht, müssen die Objektpronomen an die jeweilige Gerundialform angehängt werden.

Accettando*lo* (i.e. l'invito), avremo modo di conoscere i loro cugini che sono appena tornati dall'Italia.	Wenn wir *sie* (d.h. die Einladung) annehmen, haben wir Gelegenheit, ihre Cousins kennenzulernen, die gerade erst aus Italien zurück sind.
Avendo*lo* accettato, non posso dire di no.	Da ich *sie* angenommen habe, kann ich nicht nein sagen.

• Objektpronomen müssen an das Partizip Perfekt angehängt werden, wenn es allein steht:

Accettato*lo*, non posso dire di no.	Nachdem ich *sie* angenommen habe, kann ich nicht nein sagen.

und auch an **ecco** ‚hier ist' / ‚hier sind', ‚da ist' / ‚da sind'.

Ecco*li*!	Da sind *sie* ja!
Ecco*mi*!	Da bin *ich*!

[Stellung der Pronomen mit dem Imperativ ➤15b(ii) – 15b(iii).]

(v) *Reihenfolge der Objektpronomen*

Treffen zwei Objektpronomen aufeinander, steht das indirekte (Dativ) vor dem direkten (Akkusativ). Die Liste unten schließt das Reflexivpronomen **si** [➤23c] ein. Wie Sie sehen, werden **mi**, **ti**, **ci**, **vi** und **si** zu **me**, **te**, **ce**, **ve** und **se,** wenn sie vor dem direkten Objektpronomen stehen. **Gli** ‚ihm', **le** ‚ihr' und **Le** ‚Ihnen' (Singular) werden zu **glie**, bevor sie mit dem direkten Objektpronomen zu einem Wort verbunden werden.

me lo	**me la**	**me li**	**me le**	**me ne**
te lo	**te la**	**te li**	**te le**	**te ne**
glielo	**gliela**	**glieli**	**gliele**	**gliene**
se lo	**se la**	**se li**	**se le**	**se ne**
ce lo	**ce la**	**ce li**	**ce le**	**ce ne**
ve lo	**ve la**	**ve li**	**ve le**	**ve ne**
se lo	**se la**	**se li**	**se le**	**se ne**

- Wenn die Pronomen **me lo** usw. vor dem Verb stehen, werden sie getrennt geschrieben, aber mit einem Infinitiv, Gerundium, Partizip Perfekt oder **ecco** [➤23b(iv) oben] werden sie zu einem Wort verbunden.

Te lo* manderò, ma non posso mandar*telo subito.	Ich werde *es dir* schicken, aber ich kann *es dir* nicht sofort schicken.

⚠ Mit einem direkten Objektpronomen in der 3. Person kombiniert, könnte **glie** ‚ihm' / ‚ihr' oder ‚Ihnen' (Singular) bedeuten. Da **gli** immer öfter vor allem in der gesprochenen Sprache anstelle von **loro** verwendet wird, könnte es auch ‚ihnen' und ‚Ihnen' (Plural) bedeuten. Es sollte jedoch aus dem Kontext klar sein, wer gemeint ist.

Hai detto a tuo fratello che è invitato a pranzo? — Sì, *gliel'*ho detto.	Hast du deinem Bruder gesagt, dass er zum Mittagessen eingeladen ist? — Ja, ich habe *es ihm* gesagt.

- Mit **ne** [➤23f(i)] kombiniert wird **gli** zu **gliene**:

***Gliene* ho parlato.**	Ich habe *mit ihm* darüber gesprochen.

(vi) *‚Redundante' Objektpronomen*

In der gesprochenen Sprache werden Objekte, direkte (Akkusativ) wie indirekte (Dativ), oft durch Hinzufügen des Objektpronomens ‚verdoppelt'. Dies geschieht häufig (aber nicht unbedingt), wenn das Objekt dem Verb vorangestellt ist.

***Questo invito*, non *lo* voglio rifiutare.**	Ich möchte *diese Einladung* nicht ablehnen.
Ma *a te*, cosa *ti* hanno detto esattamente?	Aber was haben sie *dir* genau gesagt?

23c Reflexivpronomen

(i) *Gebrauch der Reflexivpronomen*

Reflexivpronomen sind Pronomen, die sich auf das Subjekt des Satzes zurückbeziehen, wie z.B. wenn man etwas für sich selbst tut. In der 1. Person (**mi** ‚mich', ‚mir', **ci** ‚uns') und der 2. Person (**ti** ‚dich', ‚dir', **vi** ‚euch') dienen die Objektpronomen als Reflexivpronomen. Für die 3. Person Singular und Plural gibt es jedoch ein gesondertes Reflexivpronomen: **si**. Es bedeutet ‚sich (selbst)' und wird auch für **Lei** und **Loro** verwendet.

Werden die Objektpronomen der 3. Person **lo / la / li / le / gli** usw. [➤23b(ii) – 23b(iii)] verwendet, ist die Handlung nicht reflexiv und bezieht sich nicht auf das Subjekt.

***Si* è comprata un bell'abito da sera.**	*Sie* hat *sich* ein schönes Abendkleid gekauft.
***Gli* ha comprato una cravatta.**	*Sie* hat *ihm* eine Krawatte gekauft.

Si **è svegliato presto.**	*Er* ist früh aufgewacht.
L'**ha svegliata più tardi.**	*Er* hat *sie* später aufgeweckt.

Anm. Handlungen am eigenen Körper oder an der eigenen Kleidung werden gewöhnlich durch reflexive Verben ausgedrückt [➤21h(vi)].

Mi **sono storto** ***la*** **caviglia.**	*Ich* bin mit *dem* Fuß umgeknickt.
Si **è lavata i capelli.**	*Sie* hat *sich* die Haare gewaschen.

(ii) ‚Einander'

Reflexivpronomen (**ci**, **vi**, **si**) werden im Plural auch reziprok gebraucht, um die Wechsel- oder Gegenseitigkeit einer Handlung auszudrücken.

Che peccato che tuo fratello non possa venire a pranzo domenica.	Wie schade, dass dein Bruder am Sonntag nicht zum Mittag kommen kann.
Non chi ***vediamo*** **da almeno due mesi.**	*Wir haben uns* seit mindestens zwei Monaten nicht *gesehen.*

Verwechseln Sie die Reflexivpronomen nicht mit Wörtern, die man verwendet, um zu betonen, dass *das Subjekt* selbst und kein anderer etwas getan hat. Dazu stellt man **stesso** ‚selbst' hinter das Pronomen des Subjekts, mit dem es in Geschlecht und Numerus übereinstimmen muss [➤23b(i)].

Ha accettato l'invito ***lei stessa*.**	Sie nahm die Einladung *selbst* an.

23d Das Indefinitpronomen ‚man'

(i) Si

Zum Ausdruck des unbestimmten Pronomens ‚man' wird normalerweise das Reflexivpronomen der 3. Person **si** mit der 3. Person Singular des Verbs verwendet.

Si vede **che per tuo fratello domenica sarà impossibile.**	*Es ist klar,* dass deinem Bruder Sonntag überhaupt nicht passt.

Forse *si può* organizzare qualcos'altro. — Ma con lui, non *si sa* mai cosa fare.	Vielleicht *können wir* etwas anderes organisieren. — Aber bei ihm *weiß man* nie, was man tun soll.

⚠ Achten Sie darauf, dass Sie das Indefinitpronomen **si** ‚man' nicht mit dem **si passivante** [➤17e(i)] verwechseln.

• Mit einem reflexiven Verb benutzt wird **si** zu **ci**, um Wiederholung und Verwechslung mit dem Reflexivpronomen der 3. Person, das auch **si** heisst, zu vermeiden.

***Ci* si abitua alla sua indecisione.**	*Man* gewöhnt sich an seine Unentschlossenheit.

• Wird **si** in einer zusammengesetzten Zeit [➤11b] verwendet, ist das Hilfsverb **essere.** Das Partizip Perfekt von Verben, die sonst auch mit **essere** konjugiert werden, steht im Plural.

***Si è detto che* i tuoi cugini torneranno in America alla fine delle vacanze.**	*Ich habe gehört,* dass deine Cousins am Ende ihres Urlaubs nach Amerika zurückkehren werden.
***Ci* si è abituat*i* alla sua indecisione.**	*Man* hat sich an seine Unentschlossenheit gewöhnt.
Basta, *si* è tornat*i* sullo stesso discorso di prima.	Jetzt reicht es, *wir* sind wieder bei dem gleichen Gesprächsthema gelandet wie vorhin.

Anm. **Dire** ‚sagen' wird sonst mit **avere** konjugiert; **detto** ist Singular.

[**Si** + Verb + *Adjektiv im Plural* ➤22c(iii).]

• Alle Objektpronomen stehen vor **si**. Einzige Ausnahme ist **ne** [➤23f(iii)], das **si** folgt. Vor **ne** wird **si** zu **se.**

***Gli* si dice di essere un po' più socievole.**	Man sagt *ihm,* er solle ein bisschen geselliger sein.
Dimmi a che ora devo venire domenica, e poi non se *ne* parla più.	Sag mir, um wie viel Uhr ich Sonntag kommen soll, und dann werden wir nicht weiter *darüber* sprechen.

(ii) *Uno*

Das Indefinitpronomen **uno** steht manchmal statt **si**.

Quando *uno* si comporta così è difficile.	Wenn *jemand* sich so benimmt, ist es schwierig.

Die Regeln für den Gebrauch von **si** + zusammengesetzte Zeit, reflexives Verb usw. unter ➤23d(i) *gelten nicht für* **uno**.

23e *Die Pronomen* ci, vi

(i) *Ci oder vi ‚dort', ‚dorthin'*

Zusätzlich zu ihrer Funktion als Objektpronomen dienen **ci** und weniger häufig **vi** als Adverbien.

Sei mai stata in America, Silvia? — No, non *ci* sono mai stata. Ma spero di andar*ci* un giorno.	Warst du schon in Amerika, Silvia? — Nein, ich war noch nie *dort.* Aber ich hoffe, dass ich eines Tages *dorthin* fahren kann.

Ci wird verwendet:

- mit der Bedeutung ‚hier', ‚dort', ‚dorthin' anstelle von adverbialen Bestimmungen des Ortes:

I tuoi genitori sono *a casa*? — No, non *ci* sono, sono andati a trovare mia nonna. *Ci* passano ogni sera perché abita da sola.	Sind deine Eltern *zu* Hause? — Nein, sie sind nicht *hier.* Sie sind zu meiner Großmutter gegangen. Sie schauen jeden Abend *dort* vorbei, weil sie allein lebt.

- anstelle von **a** + Substantiv oder Pronomen:

Penso ancora *alla indecisione* di mio fratello. *Ci* penso spesso. Non capisco perché voglia rinunciare *a questo invito.* — Lascialo stare, avrà i suoi motivi per rinunciar*ci.*	Ich denke immer noch *über* die *Unentschlossenheit* meines Bruders nach. Ich denke oft *daran.* Ich verstehe nicht, warum er *diese Einladung* ablehnen will. — Lass ihn, er muss seine Gründe *dafür* haben.

In diesem Zusammenhang kann sich **a** nur auf ein oder mehrere Dinge beziehen, *nie* auf Menschen [betontes Pronomen➤23h]:

È strano perché pensa spesso a *loro.*	Es ist merkwürdig, weil er oft an *sie* denkt.

- anstelle von **a** + Infinitiv oder Infinitivkonstruktion:

Allora non sei riuscita *a convincerlo.* — No, purtroppo, non *ci* sono riuscita.	Es ist dir also nicht gelungen, *ihn zu überzeugen.* — Nein, leider ist *es* mir nicht gelungen.
Forse si è abituato *a stare a casa.* — Hai ragione, *ci* si è abituato.	Vielleicht hat er sich daran gewöhnt, *zu Hause zu bleiben.* — Du hast Recht, er ist *daran* gewöhnt.

- in verschiedenen idiomatischen Wendungen mit der Bedeutung ‚danach', ‚darauf', ‚darüber', ‚davon', ‚dazu' usw.:

Dimmi, cosa *ci* posso fare.	Sag mir, was ich tun kann.
— Non *ci* capisco più niente.	— Ich verstehe gar nichts mehr.
Per quanto riguarda quell'altra faccenda, *ci* penserò io.	Was die andere Sache betrifft, ich werde mich *darum* kümmern.
— Ma ti ho detto che puoi contare sul mio aiuto.	— Aber ich habe dir gesagt, dass du auf meine Hilfe zählen kannst.
Lo so che *ci* posso contare.	Ich weiß, ich kann *darauf* zählen.
— Se vendi il tuo appartamento adesso, cosa *ci* guadagni?	— Wenn du die Wohnung jetzt verkaufst, was bekommst du *dafür*?
Il doppio di quello che ho pagato.	Das Doppelte dessen, was ich dafür bezahlt habe.
— Non *ci* credo.	— Ich kann *es* kaum glauben.
Comunque, i soldi non *c'*entrano!	Aber ums Geld geht *es* mir gar nicht!

- in einigen anderen idiomatischen Wendungen in Kombination mit **la**:

Questo appartamento è troppo grande per me. C'è sempre tanto lavoro e non *ce la* faccio.	Diese Wohnung ist zu groß für mich. Es gibt immer so viel Arbeit und ich schaffe *sie* nicht.
Mia sorella *ce l'*ha sempre con me.	Meine Schwester ist immer böse auf mich.

- mit **avere** in Ausdrücken wie:

Hai il mio indirizzo? — No, non *ce* l'ho.	Hast du meine Adresse? — Nein, ich habe *sie* nicht.
***Ce* le hai tu le foto del mio appartamento? — Sì, *ce* le ho.**	Hast du die Fotos von meiner Wohnung? — Ja, *die* habe ich.

Ci dient in diesen Wendungen zur Verstärkung, da **l'ho** und **le ho** allein eher merkwürdig klingen.
[Vor einem anderen Objektpronomen wird **ci** zu **ce** ➤23b(v).]

Beachten Sie auch:

***Ci* ho sonno.**	Ich bin müde.
***Ci* hai fame?**	Hast du Hunger?

⚠ Dieser Gebrauch von **ci** ist *sehr umgangssprachlich* und nicht für die Schriftsprache geeignet.

(ii) *Stellung*

In Kombination mit anderen Pronomen steht **ci** an erster Stelle [➤23b(v)]. Aber es steht nach **mi** und **ti**.

Se vai da Gianni domani sera, ti *ci* vedrò.	Wenn du morgen Abend zu Gianni gehst, werde ich dich *dort* sehen.

[Stellung ohne andere Pronomen ➤23b(iv).]

Anm. Anstelle von **ci** mit der Bedeutung ‚dort' kann man auch **lì** oder **là** verwenden. Diese beiden werden *nie* mit einer Verbform verbunden.

Se vai da Gianni domani sera, ti vedrò lì.	Wenn du morgen Abend zu Gianni gehst, werde ich dich *dort* sehen.

23f *Das Pronomen* **ne**

(i) ***Ne*** *anstelle von* ***di***

Das Pronomen **ne** ersetzt **di** (oder eine Form davon) + Substantiv oder Pronomen. Da **di** sehr vielfältig verwendet wird, deckt **ne** eine breite Bedeutungspalette ab, unter anderen ‚von ihr', ‚von ihm', ‚davon', ‚darüber', ‚einige', ‚etwas'.

Come sta tua zia? — Da quando è andata a vivere a Venezia non *ne* so niente.— Ma ti avrà mandato almeno una cartolina? — No, nemmeno una, ma non voglio parlar*ne*. — Ma può darsi che stia male, cosa *ne* pensi? Cambiando il discorso, hai comprato dei fiori per il compleanno di tua sorella? — No, non *ne* ho comprati, vado a comprar*ne* subito.	Wie geht es deiner Tante? — Seit sie nach Venedig gezogen ist, habe ich nichts *von ihr* gehört. — Aber sie muss dir doch wenigstens eine Postkarte geschickt haben? — Nein, keine einzige, aber ich möchte nicht *darüber* sprechen. — Aber vielleicht ist sie krank, was meinst du (dazu)? Um das Thema zu wechseln, hast du für den Geburtstag deiner Schwester Blumen besorgt? — Nein, ich habe *keine* gekauft, ich gehe sofort *welche* kaufen.

(ii) *Mit Mengenangaben*

Ne wird oft im Zusammenhang mit Mengenangaben verwendet, da nach diesen oft **di** folgt.

Se vai dal fioraio, compra due mazzi di fiori, uno per te e uno per me. — Va bene, *ne* compro due.	Wenn du in den Blumenladen gehst, kauf bitte zwei Blumensträuße, einen für dich und einen für mich. — In Ordnung, ich kaufe zwei.
Quanti soldi hai? — *Ne* ho abbastanza.	Wie viel Geld hast du? — Ich habe genug (*davon*).
Se passi dal mercato, compra delle banane. — *Ne* comprerò due chili.	Wenn du am Markt vorbeikommst, kauf Bananen. — Ich werde zwei Kilo *(davon)* kaufen.

(iii) *Andere Verwendungsmöglichkeiten*

Ne wird auch verwendet:

- mit adverbialer Funktion: ‚von dort', ‚von hier':

Quando *ne* torni, ti faccio un caffè.	Wenn du (*von dort*) zurückkommst, mache ich dir einen Kaffee.

- gelegentlich anstelle von **di** + kompletter Wendung oder Satz, besonders nach Verben wie **dimenticarsi** ‚vergessen' und **rendersi conto** ‚realisieren', nach denen **di** steht.

Sapevi che volevo vendere il mio appartamento, vero? — Sì, me l'avevi detto una volta, ma poi me *ne* sono dimenticata.	Du wusstest, dass ich meine Wohnung verkaufen wollte, nicht? — Ja du hattest es einmal erwähnt, aber dann habe ich *es* vergessen.
Ti rendi conto che avrai difficoltà a venderlo adesso? — Sì, comincio a renderme*ne* conto.	Du bist dir im Klaren, dass es schwer sein wird, sie jetzt zu verkaufen? —Ja, *das* wird mir allmählich klar.

Wie Sie in einigen der Beispiele sehen, wird das **ne** in manchen Fällen im Deutschen gar nicht wiedergegeben.

Anm. **Ne** kann in ähnlicher Weise auch mit einigen der unter 8h(ii) aufgeführten Verben verwendet werden.

[Angleichung des Partizips Perfekt an **ne** ➤11d(i).]

(iv) *Stellung*

Ne steht nach anderen Objektpronomen, auch reflexiven:

Te *ne* vai adesso?	Gehst du jetzt los?
Non dimenticare, comprame*ne* due chili.	Vergiss nicht, mir zwei Kilo *(davon)* zu kaufen.
Sono già le undici e non *ce ne* siamo accorti!	Es ist schon elf Uhr, und wir haben es gar nicht bemerkt!

[Stellung ohne andere Pronomen ➤23b(iv).]

23g *Unpersönliche Pronomen*

(i) *Lo*

Abgesehen von der Bedeutung ‚ihn', ‚es' wird **lo** auch als unpersönliches Pronomen verwendet. Meist entspricht es dem deutschen ‚es'.

Mio fratello è incapace di prendere una decisione. — *Lo* so, me *l*'hai detto cento volte.	Mein Bruder ist unfähig eine Entscheidung zu treffen. — Ich weiß *(es)*, du hast *es* mir 100mal gesagt.

Vuole diventare chirurgo, ma non *lo* diventerà mai.	Er will Chirurg werden, aber er wird nie *einer.*
Pensa di essere un tipo molto estroverso, ma non *lo* è.	Er hält sich für einen sehr extrovertierten Typ, aber er ist *es* nicht.

(ii) *‚Es'*

Das unpersönliche Pronomen ‚es' besitzt im Italienischen kein echtes Gegenstück, denn das Subjekt wird ja bereits mit der Verbendung ausgedrückt. Dennoch gibt es viele unpersönlich gebrauchte Verben, wie zum Beispiel, wenn es ums Wetter geht: **fa freddo**, es ist kalt', und unpersönliche Audrücke wie **è difficile** ‚es ist schwierig'. Siehe hierzu Abschnitt 8g.

23h Präpositionen und Personalpronomen: Betonte Pronomen

Manchmal werden diese Pronomen auch als Präpositionalpronomen bezeichnet, da sie hauptsächlich nach Präpositionen verwendet werden.

Singular		*Plural*	
me	mich / mir	**noi**	uns
te	dich / dir	**voi**	euch
Lei	Sie / Ihnen (Singular)	**Loro**	Sie / Ihnen (Plural)
lui	ihn / ihm	**loro**	sie / ihnen (maskulin + feminin)
lei	sie / ihr		
esso/essa	es / ihm	**essi/esse**	sie / ihnen

(i) Beachten Sie, dass mit Ausnahme von **me** und **te** die Formen mit denen der Subjektpronomen in 23b(i) identisch sind.

Non posso venire *con te.* Devo andare da mia nonna perché due volte alla settimana faccio la spesa *per lei.*	Ich kann nicht *mit dir* mitkommen. Ich muss zu meiner Großmutter gehen, denn zweimal in der Woche gehe ich *für sie* einkaufen.

Bestimmte Präpositionen verlangen eine zweite Präposition — **di** — vor einem betonten Pronomen. Dazu gehören die folgenden Präpositionen:

contro	gegen	**dentro**	in
dietro	hinter	**dopo**	nach
fra / tra	unter, zwischen	**senza**	ohne
sopra	über	**sotto**	unter
su	auf, über	**verso**	nach, zu

Conta molto *su di me.*	Sie verlässt sich ganz *auf mich.*
Dice sempre che non ce la farebbe *senza di me.*	Sie sagt immer, dass sie es *ohne mich* nicht schaffen würde.

Anm. **Di** entfällt manchmal nach **fra / tra**.

Betonte Pronomen stehen nach Verben, die ein Präpositionalobjekt haben [➤8h].

(ii) *Andere Verwendungsmöglichkeiten*

Betonte Pronomen stehen auch:

- zur Ausdrucksverstärkung. In dem Fall ersetzen sie ein Objektpronomen:

***A lei*, non piace uscire la sera.** (betont) **Non le piace uscire la sera.** (unbetont)	*Sie* geht abends nicht gern aus.
Ma quando io avevo dei problemi, lei aiutava *me.* (betont) **Ma quando io avevo dei problemi, lei mi aiutava.** (unbetont)	Aber wenn ich Probleme hatte, hat sie *mir* geholfen.

- wenn ein Verb zwei oder mehr direkte (Akkusativ) oder indirekte (Dativ) Objekte hat:

Delle volte quando vado da mia nonna aiuto *lei* e *i suoi vicini,* che sono anziani anche loro. (zwei *direkte* Objekte)	Manchmal wenn ich zu meiner Großmutter gehe, helfe ich *ihr* und *ihren Nachbarn,* die auch älter sind.
Do una mano *a lei* e *a loro.* (zwei *indirekte* Objekte)	Ich helfe *ihr* und *ihnen.*

- nach **di**, **che**, **tanto ... quanto ... / così ... come ...** in Ver-gleichen [➤22f(i), 22f(iii), 22f(iv)]:

Comunque, aiuto più lei *che loro.*	Allerdings helfe ich ihr mehr *als ihnen.*
Mia nonna non è così attiva *come loro.*	Meine Großmutter ist nicht so aktiv *wie sie.*
I miei genitori fanno molto più *di me.*	Meine Eltern tun viel mehr *als ich.*

- in Ausrufen nach bestimmten Adjektiven:

Fra poco andiamo in vacanza.	— In Kürze fahren wir in Urlaub.
— *Beati voi!* Io, invece, non andrò da nessuna parte.	— *Ihr habt's gut!* Ich fahre dagegen nirgendwohin.
— *Povero te*!	— *Du Arme*!

Anm. Betontes Pronomen plus **stesso / a / i / e** ergibt die ausdrucksstärkeren Formen ‚ich selbst', ‚du selbst' usw.

Pensi solo a *te stesso.*	Du denkst nur an *dich selbst.*

(iii) *Sé*

Es gibt auch ein reflexives [➤23c(i)] betontes Pronomen **sé** für die 3. Person Singular und Plural, das ‚sich' / ‚sich selbst' bedeutet. Es wird nach Präpositionen verwendet, wenn das Objekt der Präposition mit dem Subjekt identisch ist.

Mia nonna non può fare tutto da *sé.*	Meine Großmutter kann nicht alles allein (*für sich)* erledigen.
Forse questo problema che ha tuo fratello si risolverà da *sé*.	Vielleicht löst sich das Problem, das dein Bruder hat, von *selbst.*

Dieses Pronomen wird häufig in Verbindung mit **stesso** verwendet. In dem Fall wird **sé** ohne Akzent geschrieben.

A volte, mi fa arrabiare perché pensa solo a *se stesso.*	Manchmal macht er mich wütend, weil er nur an *sich selbst* denkt.

⚠ Verwechseln Sie die betonten Formen **me stesso**, **te stessa** usw. nicht mit den Reflexivpronomen [➤23c(i)]:

Mi sono tagliato.	Ich habe mich geschnitten.
Ti senti bene?	Fühlst du dich wohl?

23i *Interrogativpronomen*

Dabei handelt es sich um die in den Abschnitten 6d(i) bis 6d(iii) aufgeführten Fragewörter.

(i) *Chi ‚Wer?' ‚Wen?' ‚Wem?'*

- Das Fragepronomen **chi?** kann ‚wer?' ‚wen?' oder ‚wem?' heißen, dient also als Subjekt, direktes (Akkusativ) und indirektes (Dativ) Objekt. Darüber hinaus wird es nach Präpositionen verwendet. (Die Präposition wird immer vorangestellt.) **Chi** ist unveränderlich.

***Chi* ha telefonato? — Una signora.**	*Wer* hat angerufen? — Eine Frau.
***Con chi* voleva perlare?**	Mit *wem* wollte sie sprechen?
— Non lo so, è caduta la linea.	— Ich weiß es nicht, die Verbindung wurde unterbrochen.
***Chi* hai incontrato alla festa?**	*Wen* hast du auf der Party getroffen?
***A chi* hai prestato il tuo ombrello?**	*Wem* hast du deinen Regenschirm geliehen?

In der gesprochenen Sprache werden Präposition und Pronomen häufig hinter das Verb gesetzt.

Voleva parlare con chi?	Mit wem wollte sie sprechen?

- **Di chi...?** ‚Wessen?'

***Di chi* è questa giacca?**	*Wessen* Jacke ist das?
***Di chi* sono queste scarpe?**	*Wessen* Schuhe sind dies?

(ii) *Cosa / che / che cosa? ‚Was?'*

Cosa, **che**, oder **che cosa** werden mit der Bedeutung ‚was?' als Subjekt, direktes Objekt (Akkusativobjekt) und nach Präpositionen verwendet, die vorangestellt werden müssen.

***Cos'*hai fatto?**	*Was* hast du getan?
***Che* è successo?**	*Was* ist passiert?
***A che cosa* stai pensando?**	*Woran* denkst du?
***Con che cosa* posso pagare se sono al verde?**	*Womit* kann ich bezahlen, wenn ich pleite bin?

Cosa kann man vor Vokal und **h** zu **cos'** verkürzen, **che** nicht.

⚠ Man kann nur **che**, nicht **cosa** oder **che cosa** in Verbindungen [➤21b] benutzen. ‚Was für eine Art von …' ist also **che tipo / genere di …?**

(iii) ***Quale / quali?*** *‚Welch…?'*

Quale ‚welcher / -e/ -es' und die Pluralform **quali** ‚welche' kann sich sowohl auf Personen als auch auf Dinge beziehen.

Ho comprato due riviste. *Quale* vuoi leggere?	Ich habe zwei Zeitschriften gekauft. *Welche* möchtest du lesen?
Abbiamo riviste dappertutto; non possiamo tenerle tutte. Allora, *quali* buttiamo via?	Wir haben überall Zeitschriften; wir können sie nicht alle behalten. Also, *welche* sollen wir wegwerfen?

Vor dem Verb **essere** wird **quale** zu **qual** verkürzt. Das **-e** wird nicht durch ein Apostroph ersetzt.

***Qual* è la tua rivista preferita?**	*Welches* ist deine Lieblingszeitschrift?
***Quale* dei tuoi amici ti ha prestato questa videocassetta?**	*Welcher* deiner Freunde hat dir diese Videocassette geliehen?

Qual kann auch ‚was' in Sätzen wie ‚Was ist der …?' heißen.

***Qual* è il tuo motivo per tenere tutte queste riviste?**	*Was* ist der Grund dafür, dass du alle diese Zeitschriften aufhebst?

(iv) Sämtliche bereits erwähnten Interrogativpronomen [23j(i) – 23j(iii)] werden in der indirekten Rede genau gleich verwendet:

Non so *chi* ha telefonato.	Ich weiß nicht, *wer* angerufen hat.

Dimmi *cosa* vuoi.	Sag mir, *was* du willst.
Mi ha chiesto *quale* volevo leggere.	Er hat mich gefragt, *welche* ich lesen wollte.

23j Zeigen und Hinweisen: Demonstrativpronomen

Demonstrativpronomen dienen dazu, etwas hervorzuheben (‚das / dieser / -e / -es', ‚diese / jene'). Gewöhnlich drückt man damit aus, ob sich etwas in der Nähe des Sprechers befindet oder weiter weg ist, doch ist die Entfernung manchmal eher im übertragenen Sinne als wörtlich zu verstehen.

(i) Formen

Die Demonstrativpronomen heißen **questo** ‚dies' und **quello** ‚das'. Wie andere Adjektive mit der Endung **-o** [➤22a(i)] stimmen sie in Geschlecht und Numerus mit dem Substantiv, auf das sie sich beziehen, überein.

Quale colore preferisce, *questo* o *quello*?	Welche Farbe ziehen Sie vor, *diese* oder *diese*?
Di chi sono tutte queste riviste? — *Queste* sono le mie e *quelle* sono le tue.	Wem gehören alle diese Zeitschriften?— *Diese* gehören mir und *diese* gehören dir.

Zur stärkeren Hervorhebung von Nähe bzw. größerer Entfernung werden **qui / qua** ‚hier' und **lì / là** ‚da' hinter das Demonstrativpronmen gesetzt.

Quale colore preferisci, questo *qui* o quello *lì*?	Welche Farbe ziehst du vor, diese *(hier)* oder jene *(dort)*?

- **Qui / qua** und **lì / là** können auf Substantive sowie auf die Pronomen **questo** und **quello** folgen:

Preferisco questo *colore qui*.	Ich ziehe diese *Farbe (hier)* vor.

- **Questo** und **quello** dienen auch als sächliche Pronomen:

Di chi è *questo*?	Wem gehört *dies*?
Di chi è *quello*?	Wem gehört *das*?

- **Quello** und **questo** werden mit der Bedeutung ‚Ersterer' bzw. ‚Letzterer' verwendet. Die entsprechenden Formen von **il primo** und **il secondo** können gleichfalls benutzt werden.

Vi presento gli ultimi due modelli della nostra ditta: Falco e Libero. *Questo/ il secondo* è elettrico e *quello/ il primo* è a batteria.	Ich stelle Ihnen die zwei neuesten Modelle unserer Firma vor: Falco und Libero. *Letzterer* funktioniert elektrisch und *Ersterer* ist batteriebetrieben.

- **Quello** (*nicht* **questo**) + die Präpostion **di** werden in der folgenden Konstruktion verwendet:

Il corso che ha scelto Daniela sarà più lungo di *quello di* Rosaria.	Der Studiengang, den Daniela gewählt hat, dauert länger als *der von* Rosaria.

In der Form **quello di** (‚der von') steht die männliche Form des Pronomens **quello** für das männliche Substantiv **il corso**.

[Mehr dazu ➤Relativpronomen 23m(viii).]

(ii) *Ciò ‚das'*

Ciò ‚das' ist ein unveränderliches Pronomen im Neutrum, das benutzt wird, wenn man sich auf etwas zurückbezieht. In der gesprochen Sprache wird allerdings **questo** vorgezogen.

***Ciò/ Questo* mi sembra impossibile.**	*Das* scheint mir unmöglich.

23k *Indefinitpronomen*

Indefinitpronomen bezeichnen allgemein ganze Gruppen von Lebewesen, Dingen u.a. oder eine begrenzte Menge, ein begrenztes Maß.

(i) *Indefinitpronomen als Stellvertreter*

In der nachstehenden Liste werden die meisten Indefinitpronomen aufgeführt. Viele davon sind ebenfalls in 21f, 21g vertreten, wo sie Substantive begleiten. Im Gegensatz dazu dienen sie hier als Stellvertreter von Substantiven.

alcuni / e	einige
altrettanto / a / i / e	genauso viel(e)
altro / a	anderer / -e / -es, etwas anderes
altri / e	andere
ambedue, entrambi / e, tutti / e e due	beide
certi / e	einige
chiunque	jeder, jedermann
ciascuno / a	jeder / -e / -es
diversi / e, vari / varie	mehrere
molto / a	viel
molti / e	viele
nessuno / a	niemand
niente / nulla	nichts
ognuno / a	jeder / -e / -es
parecchio / a	mehrere, eine ganze Menge
parecchi / parecchie	mehrere
un poco (di)	ein wenig, ein bisschen (von)
poco / a	wenig, nicht viel
pochi / e	wenige, nicht viele
qualcosa / qualche cosa	etwas
qualcuno	jemand
quanto / a?	wie viel?
quanti / e?	wie viele?
tale / i	jemand, Person
tanto / a	so viel
tanti / e	so viele
troppo / a	zu viel
troppi / e	zu viele
tutto / a	alle, ganz, alles
tutti / e	alle, jeder
uno / a	man, jemand

Qualcuno è venuto a riparare la televisione? — No, non è venuto _nessuno._
Ma quando guardavo dalla finestra, ho visto _uno_ suonare alla casa di fronte.
E poi? — E poi _niente, nessuno_ è venuto ad aprire e quel _tale_ è andato via.

Ist *jemand* gekommen um den Fernseher zu reparieren? — Nein, *niemand* ist gekommen.
Aber als ich aus dem Fenster geschaut habe, habe ich *jemanden* beim Haus gegenüber klingeln sehen.
Und dann? — Und dann *nichts, niemand* ist an die Tür gegangen und die *Person* ist weggegangen.

C'era *qualcosa* che volevi guardare?	War da *etwas*, was du sehen wolltest?
È ora di buttare via quel televisore, ci è già costato *parecchio* per le riparazioni, anzi *troppo*. In fin dei conti, quanti programmi interessanti ci sono da vedere? *Pochi*. *Certi* sono interessanti, *altri* meno.	Es ist Zeit das Fernsehgerät wegzuwerfen. Es hat uns schon *eine ganze Menge* an Reparaturen gekostet, wirklich *zu viel*. Wenn man es sich überlegt, wie viele interessante Programme gibt es denn? *Nicht viele*. *Einige* sind interessant, *andere* weniger.
Ieri sera, quando la televisione funzionava ancora, abbiamo guardato due film, *uno* era bello e l'*altro* no. Ma, come me, tu hai guardato *tutti e due* fino alla fine.	Gestern Abend als das Fernsehgerät noch funktionierte, haben wir uns zwei Filme angesehen, *der eine* war gut und *der andere* nicht. Aber wie ich auch hast du *beide* bis zu Ende gesehen.
Ma solo perché non avevo *altro* da fare.	Aber nur weil ich *nichts anderes* zu tun hatte.
Ma va', guardi sempre *tutto*.	Komm, du siehst dir doch immer *alles* an.
***Ognuno* ha i suoi difetti.**	*Jeder* hat seine Schwächen.

(ii) *Negative Pronomen*

Stehen negative Pronomen wie **niente**, **nulla** und **nessuno** nach einem Verb [➤27a(ii)], muss dem Verb **non** vorangestellt werden. Stehen sie vor dem Verb, entfällt **non**. Wenn dem Verb **senza** ‚ohne' [➤27a(v)] vorangestellt wird, entfällt **non** ebenfalls.

Lunedì sono andato a letto *senza guardare niente*.	Montag bin ich zu Bett gegangen *ohne etwas gesehen zu haben*.

(iii) *‚Jemand' / ‚niemand' — ‚etwas' / ‚nichts'*

‚Irgendjemand' / ‚irgendeiner' / ‚jemand' wird im Italienischen durch **qualcuno** ausgedrückt; ‚niemand' / ‚keiner' durch **nessuno.** ‚Irgendjemand' im weitesten Sinne des Wortes, d.h. jeder x-beliebige ist **chiunque**: **Chiunque avrebbe fatto la stessa cosa** ‚Jeder hätte so gehandelt.' ‚Nichts' wird durch **niente** ausgedrückt und ‚etwas' durch **qualcosa.**

C'è *qualcosa* da bere?	Gibt es *etwas* zu trinken?

Beachten Sie, dass ‚jeder, der …' usw. durch **chi...** [➤Relativpronomen 23m(viii)] ausgedrückt wird.

⚠ Denken Sie daran, bei den Indefinitpronomen darauf zu achten, ob sie ein Substantiv begleiten oder stellvertretend für ein Substantiv stehen:

Ho *molti* amici.	Ich habe *viele* Freunde.
***Molti* di loro sono italiani.**	*Viele* von ihnen sind Italiener.

Im ersten Beispiel begleitet das Adjektiv **molti** ein Substantiv, darum folgt darauf nicht die Präposition **di**. Im zweiten Beispiel vertritt das Pronomen **molti** ein Substantiv. In dem Fall folgt ihm **di**, wenn es vor einem Substantiv oder einem Pronomen steht. Das Gleiche gilt für die meisten unter 23k(i) oben aufgeführten Indefinitpronomen.

23l *Besitzstand: Possessivpronomen*

Possessivpronomen sind in gewisser Weise einzigartig, denn sie vertreten zwei verschiedene Substantive gleichzeitig, einen Besitzer und den zugehörigen Besitz. Possessivpronomen leiten im Italienischen wie im Deutschen ihre Form vom Besitzer, Geschlecht und Numerus jedoch vom Besitz ab. Lassen Sie sich nicht verwirren: Einer Person können verschiedene Dinge zugeordnet sein, d.h. das Possessivpronomen kann die männliche oder die weibliche Pluralform haben — aber mehrere Personen können auch gemeinsame Besitzer einer einzigen Sache sein: dann ist das Possessivpronomen maskulin oder feminin Singular.

Siehe auch [➤21h(i)].

⚠ Vergessen Sie nicht, dass **il suo**, das Pronomen der 3. Person Singular, ‚sein', ‚ihr' wie auch ‚Ihr' (Singular) bedeuten kann. Die 3. Person Plural **i loro** kann ‚ihr' und ‚Ihr' (Plural) bedeuten. In gehobener Schriftsprache werden die Anredeformen **suo** und **loro** oft großgeschrieben.

Gebrauch

Possessivpronomen werden normalerweise mit dem bestimmten Artikel verwendet:

Questa è la mia macchina. Qual è *la tua?*	Dies ist mein Wagen. Welcher ist *deiner*?
La mia* è più bella *della tua.	*Meiner* ist schöner als *deiner.*

Der Artikel entfällt gelegentlich, wenn das Pronomen nach dem Verb **essere** steht:

Mamma mia, quanti regali! — Allora, questo è *tuo*, questo è *suo*, quello lì è *vostro* e questo qua è *mio.*	Ach du meine Güte, so viele Geschenke! — Also dies ist *deins,* dies ist *ihrs,* das ist *eures,* und dies hier ist *meins.*

Denken Sie daran, dass **suo** in diesem Zusammenhang zwar ‚ihrs' bedeutet, aber dennoch die männliche Form verwendet wird, weil sich das Pronomen auf das männliche Substantiv **regalo** bezieht.

Zur Ausdrucksverstärkung und Unterstreichung des Besitzgedankens wird der Artikel beibehalten.

Sembra molto complicato, ma non lo è: questi sono *vostri* e i rimanenti *loro.* E quelli che saranno consegnati domani *i nostri.* Ve ne ricorderete?	Es scheint sehr kompliziert, ist es aber nicht: Dies sind *eure* und die restlichen *ihre.* Und diejenigen, die morgen geliefert werden, sind *unsere.* Werdet ihr das behalten?

23m Relativpronomen

(i) Gebrauch

Ein Relativpronomen verbindet ein Substantiv mit einem Nebensatz, der in unmittelbarer Nähe steht und das Substantiv näher definiert oder einen Kommentar dazu liefert. Das Substantiv bezeichnet man als Bezugswort und den durch das Relativpronomen eingeleiteten Satz als Relativsatz [➤5b].

Il film *che* abbiamo visto era sensazionale.	Der Film, *den* wir gesehen haben, war sensationell.

In dem vorangegangenen Satz ist **che abbiamo visto** der Relativsatz. Er gibt nähere Informationen zu **il film**. Das Relativpronomen ist **che**, in diesem Fall das Objekt von **abbiamo visto**.

(ii) ***Che***

Als Relativpronomen verwendet, bedeutet **che** ‚der' / ‚die' / ‚das' / ‚den' ‚dem' / ‚denen'. Wie Sie sehen, kann **che** als Subjekt und auch als Objekt gebraucht werden. Es ist unveränderlich.

Sono andato al cinema con due persone *che* conosco molto bene: Marco, *che* lavora in banca con me, e Sonia *che* ho conosciuto durante il mio primo viaggio in India.	Ich bin mit zwei Leuten, *die* ich sehr gut kenne, ins Kino gegangen: Marco, *der* mit mir zusammen in der Bank arbeitet, und Sonia, *die* ich während meiner ersten Indienreise kennengelernt habe.

(iii) ***Il che***

Wenn sich das Relativpronomen auf einen Satz und nicht auf ein einzelnes Substantiv bezieht, wird das neutrale Pronomen **il che** verwendet.

Il divo del film muore alla fine, *il che* ci ha sconvolto.	Der Star des Films stirbt am Ende, *was* uns einen Schock versetzt hat.

Nicht das Ende hat sie aufgeregt, sondern die Tatsache, dass der Star des Films stirbt.

(iv) Präposition + ***cui***

Wenn das Relativpronomen auf eine Präposition folgt, wird *nie* **che** verwendet, sondern das unveränderliche Pronomen **cui**.

Dove danno il film *di cui* ci hai parlato?	Wo zeigen sie den Film, *von dem* du uns erzählt hast?
Conosco molto bene le due persone *con cui* sono andato.	Ich kenne die zwei Leute, *mit denen* ich gegangen bin, sehr gut.

SUBSTANTIVE UND WENDUNGEN

Beachten Sie die folgenden nützlichen Ausdrücke:

il motivo *per cui* ...	der Grund, *aus dem* ...
la ragione *per cui* ...	*dafür, dass* ...
il momento *in cui* ...	der Moment, *in dem* ...
il giorno *in cui* ...	der Tag, *an dem* ...
per cui ...	so (dass), und darum ...

Avevamo sentito dire che la fine era un po' triste, e questo era il motivo *per cui* mia sorella non voleva venire con noi.	Wir hatten gehört, dass das Ende ein bisschen traurig ist, und das ist der Grund dafür, *dass* meine Schwester nicht mit uns mitkommen wollte.
La fine era un po' triste, *per cui* mia sorella ha deciso di non venire.	Das Ende war ein bisschen traurig, *und darum* hat meine Schwester beschlossen nicht mitzukommen.

*(v) Bestimmter Artikel + **cui***

Um ‚dessen', ‚deren' auszudrücken, setzt man **cui** zwischen den bestimmten Artikel und das Substantiv.

Il film, *il cui* regista mi è completamente sconosciuto, ha avuto un successo strepitoso. Mi pare un regista per *le cui* idee simpatizzo.	Der Film, *dessen* Regisseur mir vollkommen unbekannt ist, hat einen außergewöhnlichen Erfolg gehabt. Es scheint ein Regisseur zu sein, *dessen* Ideen mir zusagen.

*(vi) **Il quale***

Es ist möglich, **che** oder **cui** durch das Relativpronomenn **il quale** zu ersetzen, von dem es die folgenden Formen gibt:

il quale (maskulin Singular)	**i quali** (maskulin Plural)
la quale (feminin Singular)	**le quali** (feminin Plural)

Il quale usw. wird selten als Subjekt oder Objekt anstelle von **che** benutzt. Es steht:

- oft nach Präpositonen und daher anstelle von **a cui**, **di cui** usw. Die Beispiele aus Abschnitt (iv) und (v) verdeutlichen dies:

Dove danno il film *del quale* ci hai parlato?	Wo zeigen sie den Film, *von dem* du uns erzählt hast?
Conosco molto bene le due persone *con le quali* sono andato.	Ich kenne die zwei Leute, *mit denen* ich gegangen bin, sehr gut.
Il film, il regista *del quale* mi è completamente sconosciuto, ha avuto un successo strepitoso.	Der Film, *dessen* Regisseur mir vollkommen unbekannt ist, hat einen außergewöhnlichen Erfolg gehabt.
Mi pare un regista per le idee *del quale* simpatizzo.	Es scheint ein Regisseur zu sein, *dessen* Ideen mir zusagen.

- um Unklarheiten zu vermeiden:

L'amica di Marco, *la quale* non conosco molto bene, non è potuta venire con noi.	Marcos Freundin, *die* ich nicht sehr gut kenne, konnte nicht mit uns mitkommen.

La quale bezieht sich hier offensichtlich auf **l'amica**. Die Verwendung dieses Pronomens ist allerdings nur dann hilfreich, wenn das eine Substantiv maskulin und das andere feminin ist.

(vii) *Quello che, quel che, ciò che*

Quello che, **quel che** und **ciò che** bedeuten ‚was' [‚das, was'] Alle drei Relativpronomen beziehen sich normalerweise auf Dinge, nicht auf Personen. Die drei Formen sind austauschbar zu verwenden.

Non voglio che mi racconti *quello che* è successo alla fine.	Ich will nicht, dass du mir erzählst, *was* am Ende passiert.
***Ciò che* succede alla fine è molto triste.**	*Was* am Ende passiert, ist sehr traurig.

Anm. **Quello che** ‚derjenige, der' usw. kann für Personen verwendet werden.

Chi è Marco? — È *quello che* lavora in banca.	Wer ist Marco? — Er ist *derjenige, der* bei der Bank arbeitet.

Um ‚alles', ‚alles, was' auszudrücken, setzt man **tutto** vor **quello che** usw.:

Se mi racconti *tutto quello che* è successo dall'inizio alla fine, non avrò bisogno di andare a vedere il film.	Wenn du mir *alles das* erzählst, *was* von Anfang bis Ende passiert ist, brauche ich mir den Film nicht anzusehen.

(viii) *Chi*

Chi hat vielerlei Bedeutungen ‚er, der / sie, die', ‚derjenige, der', ‚Leute, die', ‚diejenigen, die', ‚wer auch immer', ‚jeder'. **Chi** kann zwar mit Pluralbedeutung verwendet werden, aber das Verb steht immer im Singular.

***Chi* va a vedere questo film non sarà deluso.**	*Wer* sich diesen Film ansehen geht, wird nicht enttäuscht sein.
Se non vuoi sapere quello che succede alla fine, è meglio non chiedere a *chi* l'ha già visto.	Wenn du nicht wissen willst, was am Ende passiert, solltest du besser nicht *Leute* fragen, *die* ihn schon gesehen haben.
***Chi* impara tutte queste regole grammaticali sarà premiato.**	*Wer* alle diese Grammatikregeln lernt, wird belohnt werden.

Chi wird in einer Reihe von Sprichwörtern benutzt:

***Chi* dorme non piglia pesci.**	Wer zuerst kommt, mahlt zuerst.
***Chi* va piano va sano e va lontano.**	Eile mit Weile, langsam kommt auch ans Ziel.

- ‚Diejenigen, die' kann man auch mit **coloro che** und **quelli che** ausdrücken, nach denen das Verb im Plural steht:

***Coloro che vanno* a vedere questo film non *saranno* delusi.**	*Diejenigen, die* sich den Film ansehen, *werden* nicht enttäuscht *sein.*

Anm. **Chi** wird oft dem gehobeneren **coloro** vorgezogen.

- Um ‚alle diejenigen, die' auszudrücken, setzt man **tutti** vor **coloro che** oder **quelli che**:

***Tutti quelli che* avranno studiato dettagliatamente questo capitolo saranno stanchi morti.**	*Alle diejenigen, die* dieses Kapitel im Detail gelernt haben, werden todmüde sein.

24 Gefühle ausdrücken: Ausrufe und Zwischenrufe

24a Ausrufe

Ausrufe drücken Gefühle wie Freude, Wut, Überraschung und Angst aus. Die gebräuchlichsten Ausrufe werden von Interrogativpronomen (Fragewörtern) eingeleitet und sind in der Wortwahl ziemlich frei.

- Vor Substantiven wird gewöhnlich **che** gebraucht:

Che bella sorpresa!	Was für eine schöne Überraschung!
Che peccato!	Wie schade!
Che spavento!	Was für ein Schreck!
Che delusione!	Welche Enttäuschung!
Che barba!	Wie langweilig!
Che fregatura!	Was für ein Betrug!
Che schifo!	Wie ekelhaft!
Che scemo!	Was für ein Idiot!

- **Che** + Adjektiv wird ebenfalls häufig verwendet:

Che bello!	Wie schön!
Che freddo!	Wie kalt es ist!
Che triste!	Wie traurig!

- Die folgenden Konstruktionen sind noch ausdrucksstärker:

Che bravo che sei!	Du bist wirklich gut!
Che pignolo che sei!	Du bist wirklich pingelig!
Che brutte abitudini che hai!	Du hast schlechte Angewohnheiten!
Che pigrone che sei!	Du bist aber faul!

- ‚Wie' + Adjektiv oder Adverb kann auch mit **Come** + Verb + Adjektiv oder Adverb ausgedrückt werden:

Come siete gentili!	Ihr seid wirklich nett!
Come sei buffo!	Du bist wirklich witzig!

Come suona bene il pianoforte!	Wie gut sie Klavier spielt!
Come mangiano male!	Wie schlecht sie essen!

- ‚Wie viel(e) …‘ wird durch **Quanto … !** ausgedrückt.

Quanta gente!	Wie viele Menschen!
Quanto lavoro!	Wie viel Arbeit!
Quanto hanno bevuto!	Wie viel sie getrunken haben!

- ‚Sieh nur, wie …‘ ist **Guarda (un po') come …** + Verb**!**

Guarda come piove!	Sieh mal, wie es regnet!
Guarda un po' come mi parla!	Sieh nur mal, wie er mit mir redet!

24b Zwischenrufe

Zwischenrufe decken das Spektrum der Gefühlsäusserungen mit einzelnen Wörtern, Satzbrocken und Lautmalereien ab.

- Reaktionen auf Sinneswahrnehmungen — Trauer, Schmerz, Geruch, Geschmack, Geräusch, Anblick:

***Ah*, povero ragazzo!**	*Ach*, du armer Junge!
***Ahi*, mi fai male!**	*Aua*, du tust mir weh!
***Eh*, non c'è più speranza!**	*Ach*, es gibt keine Hoffnung mehr!
***Puah*, che puzza!**	*Igitt*, was für ein Gestank!

- Ausdruck von Langeweile, Resignation, Zweifel:

***Uffa*, che scocciatura!**	*Oh*, was für Scherereien!
***Bah*, cosa ci posso fare io!**	*Ach je*, was kann ich denn dafür!
***Boh*, penso di sì!**	*Ach*, ich glaube schon!

Bestimmte Zwischenrufe wie **ah** und **eh** können je nach Kontext ganz verschiedene Gefühle ausdrücken. Für manche Ausrufe gibt es keine deutschen Entsprechungen. Ausrufe lassen sich meist aus der Situation heraus am einfachsten deuten, denn sie werden oft von Gesten begleitet.

- Ausdruck von Überraschung oder Unglauben:

Davvero!	Tatsächlich!
Ma come?	Aber woher denn? / Wie denn?

Ma dai!	Hör doch auf!
Eh!	Na so was!
Mamma mia!	Liebe Güte!
Ma insomma!	Also wirklich!
Ma no!	Wirklich! / Was du nicht sagst!
Ma via!	Ach komm!

- Aufmunterung, Ermutigung, Bitte:

Per l'amor di Dio!	Um Gottes willen!
Coraggio!	Nur Mut!
Dai! / Su! / Andiamo!	Los! / Mach schon!

- Einige enthalten eine Warnung oder dienen als Aufforderung:

Aiuto!	Hilfe!
Attenzione!	Achtung! / Vorsicht!
Avanti!	Herein! / Vorwärts! / Gehen Sie weiter!
Fermo!	Halt!
Fuori!	Raus!
Giù le mani!	Hände weg!
Occhio!	Aufpassen! / Vorsicht!
Silenzio!	Psst! / Leise!
Smettila!	Hör auf!
Voce!	Lauter bitte!

- Einige drücken Empörung oder Enttäuschung aus:

Neanche per sogno!	Kommt nicht in Frage!
E allora?	Was nun? / Und nun?
Accidenti! / Maledizione!	Verdammt!

- Andere wiederum Freude oder Vergnügen:

Bravo / -a / -i / -e!	Gut gemacht! / Bravo!
Fantastico!	Phantastisch!
Magnifico!	Wunderbar! / Großartig!
Stupendo!	Super! / Toll!

Anm: Wie in allen anderen Sprachen gibt es auch im Italienischen eine reiche Auswahl von Schimpfwörtern und Flüchen. Bei der Verwendung sollten Sie aber unbedingt Vorsicht walten lassen!

E

BEDEUTUNGEN VERBINDEN UND VERÄNDERN: PRÄPOSITIONEN UND ADVERBIALE BESTIMMUNGEN

25 Präpositionen und ihr Gebrauch

25a *Wozu dient eine Präposition?*

Eine Präposition ist ein Bindewort vor einem Substantiv oder Pronomen. Es bestimmt dessen Verhältnis zum Rest des Satzes.

25b *Präpositionale Ausdrücke in Verbindung mit Verben*

Es gibt zwei Möglichkeiten, um einen präpositionalen Ausdruck mit einem Verb zu verbinden.

(i) *Alleinstehende adverbiale Ausdrücke*

Die adverbiale Bestimmung [➤27] ergänzt die Bedeutung des Verbs. Sie antwortet auf Fragen wie **Quando?** ‚Wann?' / **Dove?** ‚Wo?' / **Come?** ‚Wie?' [➤6d(vi) – 6d(viii)].

Quando sono partiti i tuoi parenti? — *Verso le sette.*	Wann sind deine Verwandten abgereist? — *Gegen sieben Uhr.*
Dove pensano di fermarsi stasera?	Wo wollen sie heute übernachten?
— Vicino alla frontiera.	*—In der Nähe der Grenze.*
Come viaggiano?	Wie sind sie unterwegs?
— In macchina.	*— Mit dem Auto.*

(ii) Einige häufig vorkommende Präpositionen bilden feste Verbindungen von Verb und Objekt [➤8h] oder Infinitiv [➤8j]. (Einzelheiten hierzu finden Sie in den genannten Abschnitten.)

(iii) *Präpositionale Ausdrücke*

Präpositionen wie ***di***, ***con*** und ***a*** werden häufig in präpositionalen Ausdrücken verwendet: adjektivisch [➤3b, 25c(iv)], im Relativsatz [➤25c(vi)] oder adverbial [➤27b(ii)].

Chi era quella signora *di mezza età con i capelli ricci*?	Wer war die Dame *mittleren Alters mit lockigem Haar*?
— Era mia zia.	— Das war meine Tante.

Perché zoppicava? — Da quando si è rotta la gamba, cammina *a stento.*	Warum hat sie gehinkt? — Seit sie sich das Bein gebrochen hat, *fällt ihr* das Gehen *schwer.*

(iv) *Verben nach Präpositionen*

Die einzige Verbform, die nach einer Präposition stehen kann, ist der Infinitiv [➤10a(iv)].

Volevano partire di buon mattino *per evitare* l'ora di punta.	Sie wollten in aller Frühe abreisen, *um* den Berufsverkehr *zu vermeiden.*
Hanno fatto colazione *prima di partire.*	Sie haben *vor der Abreise* gefrühstückt.

(v) *Verb + Präposition* *Adjektiv, Adverb, Substantiv + Präposition*

A, **di** und gelegentlich **per** werden häufig mit Verben zu stehenden Wendungen verbunden [➤8j].

Abbiamo cercato *di* convincerli *a* rimanere ancora qualche giorno. A un certo punto stavano *per* cambiare idea, ma alla fine ...	Wir haben versucht, sie *davon* zu überzeugen, noch einige Tage zu bleiben. An einem Punkt waren sie *kurz davor,* ihre Meinung zu ändern, aber am Ende ...

- Viele Substantive und bestimmte Adjektive werden mit einem folgenden Infinitiv mit **di** verbunden.

Si capisce la loro decisione *di* partire presto con la speranza *di* evitare gli ingorghi stradali.	Man kann ihre Entscheidung, früh ab*zu*reisen in der Hoffnung Verkehrsstaus *zu* vermeiden, verstehen.
Saranno contenti *di* tornare a casa.	Sie werden froh sein, wieder nach Hause zurück*zu*kehren.

[Adverb + **da** + Infinitiv ➤25c(iii).]

25c *Häufig vorkommende Präpositionen*

Da Präpositionen auf vielerlei Arten gebraucht werden und sich Bedeutungsunterschiede sowohl innerhalb einer Sprache als natürlich auch zwischen zwei verschiedenen Sprachen ergeben, lernt man Präpostionen am besten im Zusammenhang, d. h. in Verbindung mit bestimmten Ausdrücken, stehenden Wendungen und nach Regeln. Präpositionen können aus einem Wort bestehen oder aus mehreren Wörtern zusammengesetzt werden, die mithilfe von ***a*** oder ***di*** mit dem folgenden Substantiv oder Pronomen verbunden werden.

*(i) Die einfachen Präpositionen **a, da, di, in, su, per, con***

Die Präpositionen **a**, **da**, **di**, **in**, **su**, **per** und **con** gehören zu den häufigsten und werden ausführlich behandelt. Folgt auf **a**, **da**, **di**, **in** und **su** ein bestimmter Artikel, dann werden Präposition und Artikel zu einem Wort verbunden [➤21c(vii)].

(ii) A

- Ziel, Ort, Richtung, Position (‚an', ‚auf', ‚bei', ‚in', ‚nach', zu'):

andare a casa	nach Hause gehen
andare a scuola	zur Schule gehen
stare a letto	im Bett bleiben
stare a casa	zu Hause bleiben
a Milano	nach / in Mailand (**a** vor Ortsnamen)
voltare a destra, a sinistra	nach rechts / links abbiegen
la prima strada a destra / sinistra	die erste Straße rechts / links
alla televisione	im Fernsehen
alla radio	im Radio
al sole	in der Sonne
all'ombra	im Schatten
all'aperto	draußen

- Zeit, Alter, Entfernung, Geschwindigkeit, Maßangabe, Preis (‚bis', ‚in', ‚pro', ‚um', ‚von', ‚zu')

all'una	um ein Uhr
alle otto	um acht Uhr
a mezzanotte	um Mitternacht
lavorare dalle sei alle dieci	von sechs bis zehn arbeiten
all'alba	in der Morgendämmerung
a luglio	im Juli
a Natale / Pasqua	zu Weihnachten / zu Ostern

una volta al giorno / alla settimana / al mese / all'anno	einmal am Tag / in der Woche / im Monat / im Jahr
a presto!	bis bald!
a stasera!	bis heute Abend!
a trent'anni	mit dreißig (Jahren)
abitare a tre chilometri dalla stazione	drei Kilometer vom Bahnhof entfernt wohnen
viaggiare a duecento chilometri l'ora	mit zweihundert Stundenkilometern fahren
vendere al chilo	kiloweise verkaufen
questi dischi si vendono a ventimila (lire)	diese Platten werden für zwanzigtausend (Lire) verkauft

- Methode, Art und Weise, Verwendung (‚durch', ‚mit', ‚zu'):

fatto a mano	handgemacht
scrivere a matita	mit Bleistift schreiben
a piedi, a cavallo	zu Fuß, zu Pferd
ad alta / a bassa voce	mit lauter / leiser Stimme
ai ferri / alla griglia	gegrillt, vom Grill
una cotoletta alla milanese	ein Kotelett nach Mailänder Art
un panino al prosciutto	ein Brötchen mit Schinken
a braccia aperte	mit offenen Armen
imparare a memoria	auswendig lernen
chiudere a chiave	abschließen
una barca a vela	ein Segelboot
una cucina a gas	ein Gasherd
un motore a reazione	eine Düsenmaschine

- Angaben von Eigenschaften:

una giacca a doppio petto	ein zweireihiges Jackett
una maglia a strisce	ein gestreifter Pullover
una televisione a colori	ein Farbfernsehgerät

- Nach Ordnungszahlen [➤28b(i)], nach **solo**, **unico** und bestimmten Adjektiven:

Erano i primi ad arrivare e gli ultimi a partire.	Sie sind als Erste gekommen und als Letzte gegangen.
Il solo a dire qualcosa.	Der Einzige, der etwas gesagt hat.
Siamo pronti a mangiare.	Wir können essen.
Ma non siamo disposti a lavare i piatti.	Aber wir sind nicht bereit, das Geschirr zu spülen.

Bei Wörtern, die mit einem Vokal beginnen, wird anstelle von **a** oft **ad** verwendet — siehe das erste Beispiel oben —, insbesondere wenn das Wort mit **a** beginnt.

- Nach dem Verb **giocare**, wenn von Spielen die Rede ist:

giocare a calcio	Fußball spielen
giocare a carte	Karten spielen

- In einigen Ausrufen:

Al fuoco!	Feuer!
Al ladro!	Haltet den Dieb!

- Andere Verwendungsmöglicheiten:

a prima vista	auf den ersten Blick
a perdita d'occhio	soweit das Auge reicht
un senatore a vita	Senator auf Lebenszeit
a poco a poco	allmählich
a due a due	paarweise

[**a** in anderen adverbialen Ausdrücken ➤27b(ii).]

- Mit Verben, nach denen ein indirektes Objekt steht:

assomigliare a	jemandem ähneln

[Weitere Beispiele ➤8h(i).]

(iii) *Da*

- Herkunft, Bewegung (‚aus', ‚durch', ‚zu'):

venire da Bari	aus Bari kommen
arrivare da Venezia	aus Venedig ankommen
uscire dal negozio	aus einem Geschäft hinausgehen
andare dal dentista	zum Zahnarzt gehen
passare da Bologna	über Bologna fahren
uscire dalla finestra	zum Fenster hinausgehen

Anm. Vergleichen Sie die unterschiedliche Verwendung von **da** und **di** in den folgenden Beispielen:

***Da* dove vieni? — Vengo *da* Bari.**	Wo*her* kommst du? — Ich komme *aus* Bari.
aber	
***Di* dove sei? — Sono *di* Bari.**	Wo*her* bist du? — Ich bin *aus* Bari. (Ich stamme aus Bari.)

- Jemandes Heim, Heimatstadt oder -land:

abitare dai genitori	bei den Eltern wohnen
cenare dai nonni	bei den Großeltern zu Abend essen
Da loro si mangia bene.	Bei ihnen isst man gut.
Da noi non c'è questo problema.	Bei uns (in unserer Familie / unserem Land) gibt es dieses Problem nicht.

- Zweck:

un abito da sera	ein Abendkleid
un cavallo da corsa	ein Rennpferd
una sala da giochi	ein Spielsalon
una camera da letto	ein Schlafzimmer
una macchina da cucire	eine Nähmaschine
un costume da bagno	ein Badeanzug
un bicchiere da vino	ein Weinglas

Anm. ‚Ein Glas Wein' ist **un bicchiere di vino.**

- Notwendigkeit, Verpflichtung:

la roba da lavare	Wäsche zum Waschen
cose da fare	Dinge, die zu tun sind
lettere da scrivere	Briefe, die zu schreiben sind

- Nach Adverbien wie **molto**, **troppo**, **tanto**, **poco** und den unbestimmten Pronomen **qualcosa** und **niente**:

molto / troppo / tanto / poco da fare	viel / zu viel / so viel / wenig zu tun
qualcosa da bere	etwas zu trinken
niente da mangiare	nichts zu essen

- Beschreibung:

l'uomo dal naso storto	der Mann mit der krummen Nase
la ragazza dagli occhi verdi	das Mädchen mit den grünen Augen
la casa dalle persiane nere	das Haus mit den schwarzen Läden

- Art und Weise, jemandes würdig sein:

comportarsi da galantuomo	sich wie ein Herr / Gentleman benehmen
mascherarsi da infermiera	sich als Krankenschwester verkleiden
un comportamento da gentiluomo	feines Benehmen
una vita da cani	ein Hundeleben

- Nach Verben im Passiv zur Einführung des „Handelnden" [➤17c]:

Molte case sono state distrutte dall'uragano.	Viele Häuser sind von / in dem Orkan zerstört worden.
Questo libro è stato scritto da un mio amico.	Dieses Buch wurde von einem Freund von mir geschrieben.

- Preis, Wert:

un biglietto da cinquanta mila lire	ein 50.000-Lire-Schein
una gonna da novantamila lire	ein Rock für 90.000 Lire

- Ursache:

morire dalla fame	vor Hunger sterben
tremare dal freddo	vor Kälte zittern

- Zeit, Alter:

Imparo l'italiano da tre mesi.	Ich lerne seit drei Monaten Italienisch.
Pioveva da tre giorni.	Es hatte seit drei Tagen geregnet.
Da giovane non praticavo nessuno sport.	Als ich jung war, habe ich keinen Sport getrieben.
Da studente la mia materia preferita era la matematica.	In der Schule (als Schüler) war Mathematik mein Lieblingsfach.

[Gebrauch von Zeiten nach **da** ➤12a(iv), 13b(viii).]

- Beachten Sie auch folgende Ausdrücke:

cieco da un occhio	auf einem Auge blind
sordo da un orecchio	auf einem Ohr taub

⚠ **Da** wird *nie* vor einem Vokal verkürzt — es heißt also zum Beispiel **fare *da* interprete** ‚als Dolmetscher fungieren'.

(iv) *Di*

- Besitz, Definition, nähere Bestimmung:

la casa di mio fratello	das Haus meines Bruders
il treno delle nove	der Neun-Uhr-Zug
il professore d'italiano	der Italienischlehrer
il direttore dell'ufficio	der Büroleiter

un uomo di mezza età	ein Mann mittleren Alters
un bambino di sei mesi	ein sechs Monate altes Baby
l'isola di Capri	die Insel Capri

- Nach zahlreichen Mengenangaben:

una bottiglia di vino	eine Flasche Wein
una fetta di pane	eine Scheibe Brot
un grappolo d'uva	eine Traube (Weintrauben)
un mazzo di fiori	ein Blumenstrauß
migliaia di turisti	Tausende von Touristen
un paio di volte	zwei Mal (höchstens drei Mal)

- In Teilungsartikeln, d.h. zum Ausdruck von ‚einige', ‚etwas' usw. [➤21f]:

del pane	etwas Brot
uno di loro	einer von ihnen
una delle riviste	eine der Zeitschriften

- Material, Inhalt:

una borsa di pelle	eine Ledertasche
una camicia di cotone	ein Baumwollhemd
una lattina di birra	eine Dose Bier
una medaglia d'argento	eine Silbermedaille
un sacchetto di plastica	eine Plastiktüte
una scatola di fiammiferi	eine Schachtel Streichhölzer

- Nach bestimmten Zeitausdrücken:

di giorno	am Tag, tagsüber
di pomeriggio	am Nachmittag
di sera	am Abend, abends
di notte	in der Nacht
d'estate	im Sommer
d'inverno	im Winter
alle otto di mattina	um acht Uhr morgens

- In adverbialen Bestimmungen der Art und Weise:

essere di buon / cattivo umore	guter / schlechter Laune sein
ridere di cuore	herzlich lachen
uscire di corsa	rauslaufen
vestire di nero	schwarz kleiden

- Nach bestimmten Adjektiven:

***Lieto di* conoscerLa.**	*Nett* Sie kennenzulernen.
un paese *ricco di* materie prime	ein Land, *reich an* Rohstoffen
un libro *povero di* idee	ein Buch, dem es *an* Ideen *mangelt*
non essere *responsabile del* proprio comportamento	nicht *für* das eigene Benehmen *verantwortlich* sein
un camion *carico di* legno	ein *mit* Holz *beladener* LKW

- Herkunft, Bewegung von einem Ort weg:

Sono di Parma.	Ich bin aus Parma.
la gente del Sud	die Leute aus dem Süden
uscire di casa	aus dem Haus gehen
uscire di strada	von der Straße abkommen

- Nach **qualcosa**, **niente**, wenn ein Adjektiv folgt:

qualcosa di interessante	etwas Interessantes
niente di speciale	nichts Besonderes

- Andere Verwendungsmöglicheiten:

conoscere qualcuno di persona / di vista / di nome	jemanden persönlich / vom Sehen / dem Namen nach kennen
dare del tu / del Lei a qualcuno	jemanden duzen / siezen
ho detto di sì / no	ich habe ja / nein gesagt
penso di no	ich glaube nicht
spero di sì	ich hoffe schon

[Gebrauch von **di** nach Komparativen ➤22f(i); nach Superlativen ➤22f(ii); nach Verben ➤8h(ii).]

(v) In

- ‚In', ‚nach', ‚zu':

andare in città	in die Stadt gehen
andare in banca	zur Bank gehen
lavorare in ufficio	im Büro arbeiten
abitare in periferia	am Stadtrand wohnen
abitare in montagna	in den Bergen wohnen

Anm. **In** wird auch mit Ländern, Kontinenten, Regionen und großen Inseln verwendet.

andare in Italia / in Europa / in Calabria / in Sicilia	nach Italien / Europa / Kalabrien / Sizilien fahren

- Transportmittel

andare in macchina / in treno / in aereo / in pullman / in bicicletta	mit dem Auto / Zug / Flugzeug / Bus / Fahrrad unterwegs sein

- Mit vielen Zeitausdrücken:

in gennaio	im Januar
nel 1999 (millenovecento-novantanove)	1999
in primavera / in autunno	im Frühjahr / Herbst
nel Cinquecento	im sechzehnten Jahrhundert
arrivare in anticipo / in ritardo	früh / mit Verspätung ankommen
Il pullman è arrivato in orario.	Der Bus ist pünktlich angekommen.
Ho finito il lavoro in un'ora.	Ich habe die Arbeit in einer Stunde erledigt.

- Art und Weise:

camminare in punta di piedi	auf Zehenspitzen gehen
guardare in silenzio	schweigend zuschauen
parlare in dialetto	Dialekt reden
parlare in fretta	schnell sprechen
vivere in pace	in Frieden leben

- Andere Verwendungsmöglichkeiten:

Eravamo in cinque.	Wir waren zu fünft.
essere bravo in lingue	für Fremdsprachen begabt sein
essere debole in scienze	schlecht in Naturwissenschaften sein
La parola non viene in mente.	Das Wort kommt einem nicht in den Sinn.
se fossi in te	wenn ich du wäre
siamo in pochi	wir sind wenige
stare in piedi	stehen

(vi) Su

- Ort, Position:

il ponte sul fiume	die Brücke über den Fluss
una città sul mare	eine Stadt am Meer

Il giornale è sul tavolo.	Die Zeitung ist auf dem Tisch.
L'appartamento dà sul parco.	Die Wohnung ist dem Park zugewandt.

- Ungefähre Angaben:

essere sulla settantina	um die siebzig sein (Alter)

Il viaggio costerà sulle centomila lire.	Die Reise wird um die einhunderttausend Lire kosten.
Peso sui settanta chili.	Ich wiege ungefähr siebzig Kilo.

- ‚über', ‚zu':

informarsi sulla situazione politica	sich über die politische Situation informieren
una conferenza sulla musica classica	ein Vortrag über klassische Musik
una lezione sul Rinascimento	eine Lektion über die Renaissance

- ‚von':

otto su dieci	acht von zehn

- Andere Verwendungsmöglichkeiten:

L'abbiamo letto sul giornale.	Wir lasen es in der Zeitung.
i pantaloni fatti su misura	maßgeschneiderte Hosen
prendere qualcuno sul serio	jemanden ernst nehmen

(vii) Per

- Bewegung durch einen Ort oder auf einen Ort zu:

partire per la Spagna	nach Spanien abreisen
passare per la Francia	durch Frankreich reisen
camminare per la città	durch die Stadt laufen

- Mit einigen Zeitausdrücken:

Ho studiato per tre ore.	Ich habe drei Stunden gelernt.
Devo fare questo per domani.	Ich muss das hier bis morgen tun.
Si fermeranno per due settimane.	Sie werden zwei Wochen bleiben.

- ‚Wegen', ‚aus':

Per il freddo, ho deciso di stare a casa.	Wegen der Kälte habe ich beschlossen zu Hause zu bleiben.
L'abbiamo fatto per curiosità.	Wir haben es aus Neugierde getan.

- ‚(gedacht) für', ‚(in Bezug) auf':

Questo regalo è per te.	Dieses Geschenk ist für dich.
È alto per la sua età.	Er ist groß für sein Alter.

- ‚Per', ‚mittels':

Le ho comunicato la notizia per telefono.	Ich habe ihr die Nachricht am Telefon gegeben.
Ti manderò le informazioni per posta.	Ich werden dir die Informationen per Post schicken.

- Zweck:

Ho deciso di fare il corso per migliorare il mio italiano.	Ich beschloss, den Kurs zu machen, um mein Italienisch zu verbessern.
D'inverno devo sempre usare la crema per le mani.	Im Winter muss ich immer Handcreme benutzen.

- Rechnen: Multiplizieren, Dividieren

cinque per cinque	fünf mal fünf
dividere per due	durch zwei teilen

- Andere Verwendungsmöglichkeiten:

andare su / giù per le scale	die Treppe hinauf / hinuntergehen
fare qualcosa per scherzo	etwas zum Spaß tun
per caso	per Zufall
per favore / per piacere / per cortesia	bitte
per fortuna	zum Glück
prendere qualcuno per il braccio	jemanden am Arm nehmen
stare per	im Begriff sein [➤8c]
uno per volta	einer nach dem anderen

(viii) Con

- ‚Mit'

Non usciamo più con loro.	Wir gehen nicht wieder mit ihnen aus.

- ‚Gegenüber':

Si sono comportati male con noi.	Sie haben sich uns gegenüber schlimm verhalten.

- Beschreibung:

la ragazza con i capelli corti	das Mädchen mit den kurzen Haaren
la signora con gli occhiali	die Frau mit der Brille

- ‚Bei':

Come facciamo a studiare con questo caldo?	Wie können wir bei dieser Hitze etwas lernen?

- ‚Trotz':

Con tutti i suoi problemi finanziari, è sempre di buon umore.	Trotz aller seiner finanziellen Schwierigkeiten ist er immer guter Laune.

- Transportmittel:

viaggiare con la macchina / con il treno	mit dem Auto / Zug fahren

- Art und Weise:

accettare l'invito con piacere	Einladung mit Vergnügen annehmen
agire con prudenza	klug handeln
fare le cose con calma	die Dinge ruhig erledigen

- Andere Verwendungsmöglichkeiten:

con mia grande sorpresa	zu meiner großen Überraschung
con nostro grande sollievo	zu unserer großen Erleichterung

(ix) *Weitere einfache Präpositionen*

Die mit Sternchen markierten haben die Präposition **di** vor einem betonten Pronomen [➤23h(i)]. Die gleiche Regel gilt auch für **su**, siehe 25c(vi).

attraverso	durch	**mediante**	mittels, durch
circa	über, in Bezug auf	**nonostante**	trotz
contro*	gegen	**presso***	nahe, bei
dentro*	in	**salvo**	ausgenommen
dietro*	hinter	**secondo**	laut
dopo*	nach	**senza***	ohne
durante	während	**sopra***	über
eccetto	ausgenommen	**sotto***	unter
fra / tra*	zwischen, unter	**tramite**	durch, mittels
lungo	entlang	**tranne**	abgesehen von
malgrado	trotz	**verso***	zu … hin, nach

Siamo partiti *verso* le dieci di sera. Abbiamo viaggiato *durante* la notte. *Salvo* imprevisti, speriamo di arrivare alla nostra destinazione domani pomeriggio. *Malgrado* la distanza che dobbiamo percorrere, abbiamo in mente di fare il viaggio *senza* sosta. Siamo in quattro e, *tranne* Marco, sappiamo tutti guidare.

Wir sind *gegen* zehn Uhr abends losgefahren. Wir sind *während* der Nacht gefahren. *Von* einer Panne einmal *abgesehen* hoffen wir morgen Nachmittag am Ziel anzukommen. *Trotz* der Entfernung, die wir zu fahren haben, beabsichtigen wir, die Fahrt *ohne* Halt zu machen. Wir sind zu viert, und *abgesehen von* Marco können wir alle fahren.

*(x) Zusammengesetzte Präpositionen mit **a***

accanto a	neben
davanti a	vor
di fronte a	gegenüber, auf der anderen Seite
dirimpetto a	gegenüber
fino / sino a	bis
in cima a	an der Spitze, oben
incontro a	gegen … zu / auf … hin
in fondo a	am Ende von, unten
in mezzo a	in der Mitte von, unter
insieme a	zusammen mit
in testa a	an der Spitze von
intorno a	herum
quanto a	was … betrifft

riguardo a	bezüglich
rispetto a	verglichen mit / im Vergleich zu
vicino a	nahe / in der Nähe

La nostra casa è *accanto a* un bar che rimane aperto *fino a* tardi. *Di fronte al* bar c'è un locale notturno che chiude *intorno alle* due di notte. Molti giovani, quando escono dal bar o dal locale notturno, si fermano *in mezzo* alla strada a parlare. Delle volte si mettono a cantare proprio *davanti alla* mia finestra. Ho una camera al pianterreno. *In fondo alla* strada c'è un grandissimo parco. Perché non vanno lì a parlare, e poi non danno fastidio a nessuno? *Rispetto all'*anno scorso la situazione va sempre peggiorando.

Unser Haus ist *neben* einer Bar, die abends (*bis*) spät auf ist. *Gegenüber* der Bar ist ein Nachtclub, der *gegen* zwei Uhr schließt. Viele junge Leute bleiben, wenn sie aus der Bar oder dem Nachtclub kommen, *mitten* auf der Straße stehen um zu reden. Manchmal fangen sie genau *vor* meinem Fenster an zu singen. Ich habe ein Zimmer im Erdgeschoss. *Am Ende der* Straße ist ein riesiger Park. Warum gehen sie nicht dorthin um sich zu unterhalten, dann würden sie niemanden stören? *Im Vergleich zum* letzten Jahr ist die Situation nur noch schlimmer geworden.

(xi) Zusammengesetzte Präpositionen mit ***di***

a causa di	wegen
a favore di	zu Gunsten
a seconda di	gemäß, nach
ad eccezione di	mit Ausnahme von
fuori di	draußen, hinaus
invece di	anstelle von, anstatt
nel mezzo di	in der Mitte von
per mezzo di	mittels, durch
per via di	wegen
prima di	vor

Per via degli **esami che darò fra poco, devo studiare giorno e notte** ***ad eccezione*** **del sabato, l'unico giorno in cui non faccio nulla.**

Wegen der Prüfungen, die ich bald machen werde, muss ich Tag und Nacht lernen, *mit Ausnahme von* Samstag, dem einzigen Tag, an dem ich nichts tue.

***Invece di* studiare, esco con i miei amici, e non vado mai a letto *prima di* mezzanotte. Sabato scorso sono stato *fuori di* casa tutto il giorno.**	*Anstatt zu* lernen, gehe ich mit meinen Freunden aus, und ich gehe nie *vor* Mitternacht zu Bett. Letzten Samstag war ich den ganzen Tag *außer* Haus.

Anm. Gelegentlich wird **fuori** ohne **di** verwendet:

Mio fratello è *fuori* città.	Mein Bruder ist *nicht in der* Stadt.

(xii) Zusammengesetzte Präpositionen mit ***da***

fin / sin da	seit
lontano da	weit von
lungi da	weit von

Non abitiamo *lontano dal* centro. *Fin da giovane* mi è sempre piaciuta questa città. I miei genitori pensano di traslocarsi in campagna, ma io sono *lungi dal* fare una cosa del genere.	Wir leben nicht *weit vom* Zentrum entfernt. *Seit* meiner Jugend gefällt es mir in dieser Stadt. Meine Eltern denken daran, vielleicht aufs Land zu ziehen, aber ich bin *weit davon* entfernt etwas Derartiges zu tun.

26 Adverbiale Bestimmungen

26a *Was sind adverbial gebrauchte Satzglieder?*

(i) Adverbial gebrauchte Satzglieder antworten in erster Linie auf die in Abschnitt 6d(vi) bis 6d(x) genannten Fragen. Sie modifizieren die Aussage von Verben, Adjektiven oder ganzen Sätzen, indem sie diese vervollständigen, verändern oder ihr sogar widersprechen. Es gibt drei Arten von adverbialen Ausdrücken: Adverbien, adverbiale Bestimmungen und adverbiale Nebensätze.

Te lo spiegherò.	Ich werde es dir erklären.
Te lo spiegherò *dopo*.	(hinterher: *Adverb*)
Te lo spiegherò *dopo la conferenza*.	(nach dem Vortrag: *adverbiale Bestimmung*)
Te lo spiegherò *quando la conferenza sarà finita*.	(wenn der Vortrag zu Ende ist: *adverbialer Nebensatz*)

Alle drei adverbial gebrauchten Satzglieder erfüllen im Grunde die gleiche Funktion, sie erweitern die Aussage **Te lo spiegherò**, indem sie Informationen hinzufügen; in dem Beispiel geht es darum, wann die Handlung stattfinden wird. Das Wort **dopo** ist ein Adverb, die adverbiale Bestimmung und der adverbiale Nebensatz erfüllen die gleiche Funktion.

[Mehr zu adverbialen Nebensätzen ➤5a(ii).]

(ii) *Adverb + Adjektiv / Adverb*

Adverbien können nicht nur wie im vorstehenden Beispiel Verben näher bestimmen, sonder auch Adjektive und andere Adverbien.

È *molto* facile da capire.	Es ist *sehr* einfach zu verstehen. (**molto** bestimmt das Adjektiv **facile** näher)
Capiscono *molto* facilmente.	Sie verstehen *sehr* leicht. (**molto** bestimmt das Adverb **facilmente** näher)

26b Bildung von Adverbien

(i) Von Adjektiven abgeleitete Adverbien [➤22]

Die meisten dieser Adverbien beantworten die Frage **Come?** ‚Wie?'. Im Gegensatz zum Deutschen, wo sich die meisten Adverbien formal nicht vom Adjektiv unterscheiden, werden Adverbien im Italienischen vom Adjektiv abgeleitet. Dies geschieht durch Anhängen der Endung **-mente** an die weibliche Form des Adjektivs im Singular. Für Adjektive mit der Endung **-o** [➤22a(i)] ergibt sich also Folgendes:

Adjektiv	*Femininum*	*Adverb*	
lento	**lenta**	**lentamente**	langsam
onesto	**onesta**	**onestamente**	ehrlich
sincero	**sincera**	**sinceramente**	aufrichtig

- Einige Ausnahmen:

benevolo	**benevolmente**	gütig(erweise)
leggero	**leggermente**	leicht
malevolo	**malevolmente**	böswillig
violento	**violentemente**	gewaltsam

- Adjektive mit der Endung **-e** [➤22a(i)] bilden das Adverb durch Anhängen der Endung **-mente**:

breve	**brevemente**	kurz
cortese	**cortesemente**	höflich
recente	**recentemente**	kürzlich

- Bei Adjektiven mit den Endungen **-le** und **-re** wird das abschließende **-e** abgetrennt und **-mente** angehängt:

facile	**facilmente**	einfach
normale	**normalmente**	normal
particolare	**particolarmente**	besonders
regolare	**regolarmente**	regelmäßig

Das abschließende **-e** wird beibehalten, wenn vor **-le** und **-re** ein weiterer Konsonant steht:

folle	**follemente**	verrückt
acre	**acremente**	sauer, herb

- Einige Adverbien werden völlig unregelmäßig abgeleitet:

buono	gut	**bene**	gut
cattivo	schlecht	**male**	schlecht
migliore	besser	**meglio**	besser

(ii) *Andere Möglichkeiten, Adverbien zu bilden*

- In stehenden Wendungen dienen viele Adjektive oft als Adverb:

abitare lontano / vicino	weit weg / in der Nähe wohnen
andare forte	schnell gehen
costare caro	viel Geld kosten
lavorare sodo	hart arbeiten
mirare alto	hoch hinaus wollen
parlare chiaro	deutlich sprechen
parlare piano	leise sprechen
picchiare sodo	fest zuschlagen
stare fermo	ruhig bleiben
tagliare corto	kurzen Prozess machen
tenere duro	standhalten
vestire leggero	(sich) leicht kleiden

- In gehobener Sprache werden Adverbien manchmal durch Adjektive ersetzt. In dem Fall muss die Endung an das Subjekt angepasst werden [➤22c(i)].

Si avviarono verso casa *lenti* e *silenziosi.*	Sie sind *langsam* und *schweigend* nach Hause aufgebrochen.

- Eine kleine Anzahl von Adverbien hat die Endung **-oni**:

bocconi	auf dem Bauch (liegen)
carponi	auf allen Vieren
ciondoloni	hängend
ginocchioni	auf den Knien
a tastoni	tastend

- Da manche Adverbien durch das Anhängen von **-mente** sehr lang und deshalb unhandlich werden, verwendet man stattdessen oft adverbiale Bestimmungen [➤26a(i)], eingeleitet mit **con** oder einer anderen Präposition + Substantiv oder mit **in un modo** (maskulin), **in una maniera** (feminin) + Adjektiv [➤22a].

La gente ha reagito *con calma, pazienza* e *in silenzio*. **La gente ha reagito *in un modo calmo, paziente* e *silenzioso*.** **La gente ha reagito *in una maniera calma, paziente* e *silenziosa*.**	Die Leute haben *ruhig, geduldig* und *mit Schweigen* reagiert.

(iii) *Sonstige Adverbien*

Viele häufig gebrauchte Adverbien — vor allem solche, die auf die Fragen **Quando?** ‚Wann?' und **Dove?** ‚Wo?' antworten — werden nicht von Adjektiven abgeleitet. In diese Gruppe gehören kurze Wörter wie **già** ‚schon', **fuori** ‚draußen', **giù** ‚hinunter', **dietro** ‚hinter' [➤27]. In vielen Fällen können diese Wörter je nach Situation als Adverb, Adjektiv, Präposition und / oder Konjunktion verwendet werden.

Abitiamo *vicino*. (Adverb)	Wir wohnen *in der Nähe*.
Abitiamo *vicino alla* stazione. (Präposition)	Wir leben *nahe bei* der Haltestelle.
La mia amica abita nella città *vicina*. (Adjektiv)	Meine Freundin wohnt in der *benachbarten* Stadt.
I nostri *vicini* sono molto gentili. (Substantiv)	Unsere *Nachbarn* sind sehr nett.
Ho fatto *poco* lavoro. (Adjektiv)	Ich habe *wenig* Arbeit getan.
Ne ho fatto *poco*. (Pronomen)	Ich habe *wenig* getan.
Ho finito *poco* fa. (Adverb)	Ich bin *vor kurzem* fertig geworden.

Ein Adverb ist ein unveränderliches Satzglied. Dient dasselbe Wort als Adjektiv, muss es in Geschlecht und Numerus mit dem Substantiv, das es beschreibt, übereinstimmen [➤22a(i)]. An zwei Beispielen oben wird dies deutlich: **Abitiamo *vicino*** und **nella città *vicina***. Im ersten Beispiel ist **vicino** ein Adverb, und im zweiten Beispiel dient es als Adjektiv.

(iv) *Steigerung der Adverbien*

Komparativ und Superlativ von Adverbien werden ganz ähnlich wie bei den Adjektiven [➤22f] mithilfe von **più...** und **meno...** gebildet.

Adverb	*Komparativ*	*Superlativ*
facilmente	**più facilmente**	**più facilmente**
leicht	leichter	am leichtesten
	meno facilmente	**meno facilmente**
	weniger leicht	am wenigsten leicht

Nicht alle Adverbien haben einen Komparativ und einen Superlativ. Steigern lassen sich vor allem Adverbien wie die in Abschnitt 26b(i) (mit Ausnahme von Adverbien mit der Endung **-oni**) und einige Adverbien, die Zeit und Raum betreffen, wie **spesso** ‚oft', **tardi** ‚spät' **presto** ‚früh', **lontano** ‚weit', **vicino** ‚nah'.

Siete arrivati presto. — Sì ma siamo partiti *più presto* del previsto. Gli altri arriveranno *più tardi.* Come sapete, abitano più lontano di tutti.	Ihr seid früh gekommen. — Ja, aber wir sind *früher* als erwartet losgefahren. Die anderen werden *später* kommen. Wie ihr wisst, wohnen sie von allen *am weitesten* entfernt.

- Wie bei den Adjektiven bilden auch einige Adverbien unregelmäßige Komparativ- und Superlativformen:

Adverb	*Komparativ*	*Superlativ*	*Absoluter Superlativ* (siehe v)
bene	**meglio**	**meglio**	**ottimamente / benissimo**
gut	besser	am besten	sehr gut
male	**peggio**	**peggio**	**pessimamente / malissimo**
schlecht	schlechter	am schlechtesten	sehr schlecht
molto	**più**	**di più**	**moltissimo**
sehr, viel	mehr	am meisten	sehr viel
poco	**meno**	**di meno**	**pochissimo**
wenig	weniger	am wenigsten	sehr wenig

Quando il mio amico italiano parla con me al telefono, capisco *poco.* Se comincia a parlare in tedesco, capisco *meno* — a dire il vero capisco *pochissimo.*	Wenn mein italienischer Freund mit mir telefoniert, verstehe ich *wenig.* Wenn er anfängt deutsch zu sprechen, verstehe ich *weniger* — um die Wahrheit zu sagen, verstehe ich *sehr wenig.*

Se riesco a mettere insieme tre parole, il mio amico mi fa sempre complimenti e dice che parlo *benissimo;* ma vorrei parlare molto *meglio.*	Wenn es mir gelingt, drei Wörter aneinanderzuhängen, gratuliert mir mein Freund immer und sagt, dass ich *sehr gut* spreche, aber ich würde so gern viel *besser* sprechen.

- Beachten Sie den Ausdruck **il più / il meno** + Adverb + **possibile**:

Abbiamo cercato di arrivare *il più presto possibile.*	Wir haben versucht, *so früh wie möglich* zu kommen.

- Beachten Sie den Gebrauch von **di più / di meno** ‚mehr' / ‚weniger', ‚am meisten' / ‚am wenigsten' in den folgenden Beispielen:

Dei due film questo mi è piaciuto *di più / di meno.*	Von den beiden Filmen gefiel mir dieser *mehr / weniger.*
Quale film ti è piaciuto *di più / di meno?*	Welcher Film hat dir *am besten/ am wenigsten* gefallen?

(v) Der absolute Superlativ

Damit bezeichnet man die ausdrucksstärkste Form des Adverbs. Es gibt zwei Möglichkeiten, sie zu bilden. Adverbien wie **spesso**, **tardi**, **presto**, **lontano** und **vicino** hängen nach Abtrennen des abschließenden Vokals die Endung **-issimo** an — der absolute Superlativ von Adjektiven wird genauso gebildet [➤22f(v)]:

spesso	**spessissimo**	sehr oft
tardi	**tardissimo**	sehr spät
presto	**prestissimo**	sehr früh
lontano	**lontanissimo**	sehr weit
vicino	**vicinissimo**	sehr nah

Adverbien mit der Endung **-mente** bilden den absoluten Superlativ, indem die Endung **-mente** an den weiblichen Superlativ Singular des dazugehörigen Adjektivs angehängt wird:

facile	**facilissima**	**facilissimamente**	sehr leicht

Anm. Diese Form des absoluten Superlativs wird nur selten verwendet. Die gleiche Bedeutung kann auch zum Ausdruck gebracht werden, indem man **molto** (seltener **assai**) ‚sehr' vor das Adverb setzt.

Abbiamo seguito *molto/assai* facilmente tutte le direzioni.	Wir haben sämtlichen Anleitungen *sehr* leicht folgen können.

26c Suffixe

Die Bedeutung einiger Adverbien lässt sich durch Suffixe (Nachsilben) modifizieren:

bene	gut
benino	ziemlich gut
benone	sehr gut
male	schlecht
maluccio	nicht so gut
poco	wenig
pochino	eher wenig
tardi	spät
tardino	eher spät

Stamattina mi sentivo *maluccio* e sono andato in camera per sdraiarmi. Adesso mi sento *benone.*	Heute Morgen habe ich mich *nicht so wohl* gefühlt und ich bin in mein Zimmer gegangen, um mich hinzulegen. Jetzt geht es mir *sehr gut.*
Non c'è da meravigliarsi dato che ieri sera hai mangiato *pochino,* hai bevuto *mezzo* litro di vino e sei andato a letto *tardino.*	Es ist nicht verwunderlich, wenn man bedenkt, dass du gestern Abend *nur wenig* gegessen hast, einen halben Liter Wein getrunken hast und *eher spät* zu Bett gegangen bist.

[Stellung von Adverbien ➤27e.]

27 Die Aufgaben adverbialer Bestimmungen

27a Die Verneinung

(i) Die Verneinung des Verbs

Um ein Verb zu verneinen, wird ihm **non** unmittelbar vorangestellt. **Non** kann nur durch ein oder mehrere Objektpronomen [➤23b(ii)–23b(vi), 23c] vom Verb getrennt werden.

Non mangio* la carne. *Non la mangio.	Ich esse *kein* Fleisch. Ich *esse es nicht.*

(ii) Negationen

Auch wenn eine Negation auf das Verb folgt, muss ihm **non** vorangestellt werden. Wenn dagegen die Negation als erstes im Satz steht [➤27a(iv)] oder kein Verb vorhanden ist [➤27a(vi)] oder **senza** ‚ohne' [➤27a(v)] dem Verb vorangestellt ist, dann ist **non** nicht erforderlich.

Bei fast allen Negationen handelt es sich um adverbiale Satzglieder. Wir führen hier alle auf, da die vorangehende Regel ausnahmslos gilt.

no	kein, nein
non	nicht
non ... mai	nie, niemals
non ... niente	nichts
non ... nulla	nichts
non ... affatto	überhaupt nicht
non ... per niente	überhaupt nicht
non ... mica	überhaupt nicht
non ... più	nicht mehr, nicht länger
non ... da nessuna parte	nirgends, nirgendwo
non ... né ... né	weder ... noch
non ... neanche	nicht einmal
non ... nemmeno	nicht einmal
non ... neppure	nicht einmal
non ... nessuno	niemand
non ... alcuno	kein

Anm. **Niente** und **nessuno** siehe auch ➤23k(i).
Alcuno und **nessuno** siehe auch ➤21g(i).

Quest'estate *non* vado *da nessuna parte.*	Diesen Sommer gehe ich *nirgendwohin.*
***Non* ho *nessuna* voglia di uscire con questo caldo.**	Ich habe *kein* Bedürfnis in dieser Hitze auszugehen.
I miei amici *non* capiscono *affatto* perché preferisco stare a casa.	Meine Freunde verstehen *überhaupt nicht,* warum ich lieber zu Hause bleibe.
Abito a due passi dal mare, ma *non* vado *neppure* a fare il bagno.	Ich wohne ganz in der Nähe des Meeres, aber ich gehe *nicht einmal* schwimmen.
Sono proprio pigro.	Ich bin wirklich faul.
Non* faccio *niente.	Ich tue *nichts.*
Mi chiedono sempre di andare da qualche parte con loro la sera, ma *non* vado *mai.*	Sie fragen mich immer, ob ich mit ihnen abends irgendwohin gehe, aber ich gehe *nie* mit.
***Non* voglio andare *né* al cinema *né* in discoteca.**	Ich will *weder* ins Kino *noch* in die Disco.

• Für die Verneinung von Infinitiven und Imperativen gilt die gleiche Regel bei der Wortstellung: **Non** wird dem Verb vorangestellt, und die zweite Hälfte der Negation wird nachgestellt:

Preferisco *non* fare *niente.*	Ich ziehe es vor *nichts* zu tun.
Non* chiedergli *più.	Frag ihn *nicht wieder.*

(iii) Negation in zusammengesetzten Zeiten

In zusammengesetzten Zeiten können die Negationen **mai**, **più**, **affatto**, **mica**, **neanche**, **nemmeno**, **neppure** dem Partizip Perfekt vorangestellt werden oder ihm folgen:

Dopo l'ultima volta, *non* mi hanno *più* chiesto / *non* mi hanno chiesto *più* di uscire con loro.	Nach dem letzten Mal haben sie mich *nicht mehr / wieder* gefragt, ob ich mit ihnen ausgehe.

- Die Negationen **niente**, **nulla**, **nessuno**, **per niente**, **da nessuna parte** stehen nach dem Partizip Perfekt:

***Non* sono andato *da nessuna parte*, e *non* ho fatto *niente* di speciale.**	Ich bin *nirgends* hingegangen und ich habe *nichts* Besonderes getan.

Im Italienischen kann man in vielen Fällen ohne weiteres zwei oder mehr Negationen in einem Satz verwenden.

Die folgenden Kombinationen sind möglich:

non ... mai da nessuna parte
non ... mai più
non ... mai nessuno
non ... mai niente
non ... più niente / nulla
non ... più nessuno

Non* faccio *mai niente.	Ich tue *nie etwas.* (eigentlich: *nichts)*
***Non* ho *più niente* da dire.**	Ich habe *nichts weiter* zu sagen.
Durante il mese di luglio la mia famiglia *non* va *mai da nessuna parte.*	Während des Monats Juli fährt mei- Familie *nie irgendwohin.*
Se continui a criticarmi, *non* farò *mai più niente.*	Wenn du mich weiterhin kritisierst, werde ich *nie wieder etwas* tun.
Quando abbiamo ospiti, mia sorella *non* dice *mai niente* a *nessuno.*	Wenn wir Gäste haben, sagt meine Schwester *nie* zu *irgendjemandem etwas.*

(iv) Negationen, die dem Verb vorangestellt sind

Die Negationen **nessuno** und **niente / nulla** können das Subjekt eines Verbs sein:

***Nessuno* ha telefonato.**	*Niemand* hat angerufen.
***Niente* è successo.**	*Nichts* ist passiert.

Die Negationen **mai**, **né ... né**, **neppure**, **nemmeno**, **neanche** können ebenfalls dem Verb vorangestellt werden:

Né **mia sorella** ***né*** **mio fratello vanno in vacanza quest'anno.**	*Weder* meine Schwester *noch* mein Bruder fährt dieses Jahr in Urlaub. (Im Italienischen muss das Verb im Plural stehen.)
Mai **in vita loro sono stati a casa nel mese di luglio.**	*Noch nie* in ihrem Leben sind sie im Juli zu Hause geblieben.
Nemmeno **una volta sono rimasti a casa durante questo periodo.**	*Nicht ein einziges Mal* sind sie während dieser Periode zu Hause geblieben.

Non entfällt, wenn die Negation dem Verb vorangestellt ist [27a(ii)].

(v) ***Senza*** *‚ohne'*

Viele Negationen können auf **senza** folgen, was häufig nach einem Infinitiv passiert. Dabei entfällt **non** immer:

senza dire niente	ohne etwas zu sagen
senza vedere nessuno	ohne irgendjemanden zu sehen
senza mangiare più niente	ohne irgendetwas anderes zu essen
senza alcun dubbio	ohne den geringsten Zweifel

(vi) *Verneinung ohne Verb*

Viele Negationen können alleine stehen, d.h. ohne das Verb, das sie verneinen:

Che cosa hai imparato?	Was hast du gelernt?
— Non molto.	*— Nicht viel.*
Hai detto qualcosa?	Hast du etwas gesagt?
— No, niente.	*— Nein, nichts.*
Ti hanno dato del lavoro scritto da fare a casa?	Haben sie dir schriftliche Hausaufgaben gegeben?
— Un giorno sì e uno ***no.***	— Jeden zweitenTag.

Ti è piaciuto il posto? — *Nient'affatto.*	Hat dir der Ort gefallen? — *Nein, überhaupt nicht.*
Non ci vuoi tornare allora? — *Mai più.*	Du willst also nicht dorthin zurückgehen? — *Nie wieder.*
***Neanch*'io!**	Ich *auch nicht!*

Beachten Sie auch die Formen:

spero di *no*	ich hoffe *nicht*
penso / credo di *no*	ich glaube *nicht*
Vuoi uscire o *no?*	Willst du ausgehen oder *nicht*?

(vii) ***Non … che*** *‚nur'*

Non ... che ‚nur' ist keine Verneinung:

***Non* ho *che* un fratello.**	Ich habe *nur* einen Bruder.

Häufiger wird jedoch **solo**, **solamente** oder **soltanto** ‚nur' anstelle von **non ... che** verwendet.

Ho *solo* un fratello.	Ich habe *nur* einen Bruder.

• Beachten Sie auch, wie **non ... che** im folgenden Beispiel mit **fare** + **altro** verwendet wird:

***Non* ha fatto *altro che* piovere.**	Es hat *nur* geregnet.
***Non* fai *altro che* fumare.**	Du tust *nichts als* rauchen.

27b ***Weitere Adverbien und adverbiale Bestimmungen***

Sie beantworten verschiedene Fragen:

(i) ***Quando?*** *‚Wann?': Zeit[➤6d(vi)]*

adesso / ora	jetzt, nun
al momento / in questo momento	im / in diesem Moment, zur Zeit
ancora	noch, wieder
a poco a poco	allmählich
attualmente	gegenwärtig
a volte	manchmal

qualche volta	manchmal
una volta	einmal
allora	dann, zu jener Zeit, damals
a quel tempo	zu der Zeit, damals
di buon'ora	früh
di tanto in tanto	von Zeit zu Zeit, gelegentlich
di quando in quando	von Zeit zu Zeit
domani	morgen
dopodomani	übermorgen
dopo	nach, nachher
d'ora in poi	von jetzt an
finora	bis jetzt, soweit
fra poco	in Kürze
già	schon, bereits
ieri	gestern
ieri mattina	gestern Morgen
ieri sera	gestern Abend
l'altro ieri	vorgestern
improvvisamente	plötzlich
ad un tratto	plötzlich
tutt'ad un tratto	auf einmal
infine	am Ende, schließlich
intanto	in der Zwischenzeit
nel frattempo	in der Zwischenzeit
in passato	in der Vergangenheit
nel primo pomeriggio	am frühen Nachmittag
mai	nie
oggi	heute
oggi / questo pomeriggio	heute Nachmittag
oggi a otto	heute in einer Woche
ogni tanto	von Zeit zu Zeit
ormai / oramai	bis jetzt, bis dann, bis zu dieser Zeit
per il momento	für den Augenblick
poco fa	vor kurzem
poi	dann, als nächstes
presto	bald, früh, schnell
prima	vor, vorher, früher
prima o poi	früher oder später
proprio adesso	jetzt, gerade jetzt
raramente	selten
recentemente / di recente	kürzlich
ultimamente	in der letzten Zeit, neulich

sempre	immer
quasi sempre	fast immer
spesso	oft
stamattina	heute Morgen
stasera	heute Abend
stanotte	heute Nacht, letzte Nacht
subito	sofort
tardi	spät

Ci alziamo *sempre* molto *presto* anche se andiamo a letto *tardi*. *Stanotte* ho dormito poco perché ero preoccupato per mia figlia che ha perso *di recente* il suo posto di lavoro. Ha cercato *subito* un altro lavoro, ma *finora* non ha trovato niente. *Attualmente*, c'è molta disoccupazione. *Prima*, c'era molto lavoro ma *poi*, *improvvisamente*, la situazione è peggiorata. Ci dispiace tanto per nostra figlia che si sposerà *fra poco*. *Prima o poi* ci sarà una ripresa economica, ma *per il momento* dobbiamo tutti stringere la cinghia.

Wir stehen *immer* sehr *früh* auf, sogar wenn wir *spät* zu Bett gehen. *Letzte Nacht* habe ich wenig geschlafen, weil ich mir über meine Tochter Gedanken gemacht habe, die *vor kurzem* ihren Arbeitsplatz verloren hat. Sie hat *sofort* eine neue Stelle gesucht, aber *bisher* hat sie nichts gefunden. *Augenblicklich* ist die Arbeitslosigkeit hoch. *Früher* gab es viele Stellen, aber *dann* hat sich die Lage *plötzlich* verschlechtert. Es tut uns für unsere Tochter so Leid, die *in Kürze* heiraten wird. *Früher oder später* erholt sich die Wirtschaft, aber *für den Augenblick* müssen wir alle den Gürtel enger schnallen.

(ii) ***Come?*** *‚Wie?' Art und Weise [➤6d(viii)]*

a fatica	mit Mühe
(andare) a gonfie vele	erfolgreich (sein)
a malincuore	widerwillig
a stento	kaum, gerade, mit Mühe
a tutto gas	mit Volldampf, gerade heraus
alla leggera	leicht, gedankenlos
alla meglio	so gut es geht
(pagare) alla romana	halbe / halb (bezahlen)
al passo	in Schrittgeschwindigkeit
a rotta di collo	mit halsbrecherischem Tempo
bene	gut
abbastanza bene	ziemlich gut

(vedere qualcuno) di buon occhio	(jemanden) wohlwollend (ansehen)
di male in peggio	immer schlimmer
male	schlecht
per caso	zufällig
in autobus	mit dem Bus
in pullman	mit dem Reisebus
in treno	mit dem Zug
in macchina / tassì	mit dem Auto / Taxi
in aereo	mit dem Flugzeug
in bicicletta	mit dem Fahrrad

Ho l'impressione che la situazione vada *di male in peggio*. L'anno scorso la ditta per la quale lavorava mia figlia andava *a gonfie vele*. Nel giro di pochi mesi tutto è cambiato. Mia figlia ha perso il suo lavoro e mentre prima stava *abbastanza bene*, adesso tira avanti *alla meglio*. Fa uno sforzo per prendere tutto *alla leggera* ma non è così facile.

Ich habe das Gefühl, dass die Situation *immer schlimmer* wird. Letztes Jahr war die Firma, für die meine Tochter arbeitete, *erfolgreich*. Innerhalb von wenigen Monaten hat sich alles geändert. Meine Tochter hat ihre Stelle verloren, und während sie bisher g*ut situiert* war, macht sie nun, *so gut es geht,* weiter. Sie gibt sich Mühe, alles *leicht* zu nehmen, aber es ist nicht so einfach.

(iii) ***Dove?*** *‚Wo?' Ort [➤6d(vii)]*

altrove	anderswo
dappertutto	überall
da qualche parte	irgendwo
da qualunque parte	irgendwo
davanti	vor
dentro	in, drinnen
dietro	hinter
di sopra	oben
di sotto	unten
fuori	draußen
giù	hinunter
indietro	hinter
intorno	herum
laggiù	da unten
lassù	da oben

lì / là	da, dort
lontano	weit weg
qua e là	hier und da
quaggiù	hier unten
quassù	hier oben
qui / qua	hier
sopra	auf, oben, über
sotto	unter
su	auf, über
vicino	nahebei, nahe, in der Nähe

A mia figlia piace abitare *qui* e, anche se fosse possibile trovare lavoro *altrove*, non vorrebbe andare a vivere da *qualunque parte*. Siamo molto contenti che abiti *vicino*.

Meine Tochte wohnt gern *hier;* und selbst wenn es möglich wäre, *anderswo* Arbeit zu finden, würde sie nicht einfach *irgendwo anders* hinziehen wollen. Wir sind froh, dass sie *in der Nähe* wohnt.

- Eine Anzahl dieser Adverbien dient auch als Präposition [➤25c(viii) – 25c(xi)].

*(iv) **Quanto?** ‚Wie viel?' Grad oder Umfang [➤6d(ix)]*

abbastanza	genug, ziemlich
altrettanto	ebenso, ebenfalls, genauso
appena	kaum, gerade
assai	sehr
meno	weniger
molto	viel, sehr
moltissimo	sehr viel
parecchio	ziemlich viel
più	mehr
più o meno	mehr oder weniger
piuttosto	ziemlich
poco	wenig, nicht viel
pochissimo	sehr wenig
pressappoco	ungefähr
quanto	wie viel
un poco / un po'	ein bisschen, ein wenig
sempre meno	immer weniger
sempre più	immer mehr
su per giù	mehr oder weniger, ungefähr

tanto	so viel
troppo	zu viel

È *piuttosto* difficile trovare lavoro in questa zona. Adesso che stiamo attraversando questa crisi economica c'è *sempre meno* lavoro. Quando lavorava, mia figlia guadagnava *parecchio*, se mi ricordo bene, *pressappoco* tre milioni di lire al mese, e il suo ragazzo guadagnava *altrettanto*.	Es ist *ziemlich* schwierig, in dieser Gegend Arbeit zu finden. Jetzt, da wir diese Wirtschaftskrise durchmachen, gibt es *immer weniger* Arbeitsplätze. Als sie arbeitete, hat meine Tochter *ziemlich gut* verdient, wenn ich mich recht erinnere, *ungefähr* drei Millionen Lire im Monat, und ihr Freund hat *genauso viel* verdient.

(v) ***Perché?*** *‚Warum?' Grund, Ursache, Folge [➤6d(x)]*

di conseguenza	folglich
perciò	deshalb, daher

La situazione attuale è *perciò* molto preoccupante.	Die gegenwärtige Situation ist *deshalb* sehr beunruhigend.

(vi) *Adverbien, die Sicherheit und Zweifel ausdrücken*

appunto	genau, präzise
certo / certamente	sicherlich, bestimmt
davvero	wirklich
esatto / esattamente	genau
forse	vielleicht
ovviamente	offensichtlich
probabilmente	wahrscheinlich
quasi	fast, beinahe
senz'altro	bestimmt
senza dubbio	zweifellos
sì	ja
sicuro / sicuramente	bestimmt, sicher
veramente	wirklich

***Forse* mia figlia cambierà idea e andrà altrove in cerca di lavoro.**	*Vielleicht* wird meine Tochter ihre Meinung ändern und anderswohingehen, um Arbeit zu suchen.

***Senz'altro* trover\u00e0 qualcosa. Qui \u00e8 diventato *quasi* impossibile trovare un lavoro stabile.**	Sie wird *bestimmt* etwas finden. Hier ist es *fast* unm\u00f6glich geworden, eine feste Stelle zu finden.

27c Die Stellung der Adverbien im Satz

(i) Verb + Adjektiv/Adverb

Bestimmt ein Adverb ein Adjektiv oder ein anderes Adverb n\u00e4her, steht es unmittelbar vor dem Wort, das es modifiziert:

***molto* importante**	*sehr* wichtig
***veramente* difficile**	*wirklich* schwierig
***quasi* subito**	*fast* sofort

(ii) Verb + Adverb

Adverbien, die Sicherheit oder Zweifel ausdr\u00fccken, stehen normalerweise vor dem Verb:

***Certamente*, non sar\u00e0 facile. *Probabilmente*, le faranno sapere qualcosa domani.**	*Bestimmt* wird es nicht einfach sein. *Wahrscheinlich* werden sie sie morgen etwas wissen lassen.

- Zeitadverbien werden oft dem Verb vorangestellt:

***Stamattina* ha scritto parecchie lettere.**	*Heute Morgen* hat sie mehrere Briefe geschrieben.

Dies gilt jedoch nur als Faustregel, denn zur besonderen Betonung werden Adverbien gelegentlich dem Verb nachgestellt:

***Domani* andr\u00e0 a parlare con qualcuno.**	*Morgen* wird sie losgehen, um mit jemandem zu sprechen.
Andr\u00e0 *domani* a parlare con qualcuno.	Sie wird *morgen* losgehen, um mit jemandem zu sprechen.

Im ersten Beispiel gibt **domani** lediglich an, wann die Handlung stattfinden wird. Im zweiten Beispiel betont die Stellung von **domani** hinter dem Verb die Tatsache, dass die Handlung morgen stattfinden wird, und nicht etwa zu einem anderen Zeitpunkt, ‚in zwei Wochen' oder ‚einem Monat' zum Beispiel.

- Die meisten Adverbien folgen jedoch auf das Verb, das sie näher bestimmen:

Quando parlano *lentamente,* capisco *benissimo,* ma se parlano *in fretta,* capisco *pochissimo.*	Wenn sie *langsam* sprechen, verstehe ich sie *sehr gut,* aber wenn sie *schnell* sprechen, verstehe ich*sehr wenig.*

(iii) *Zusammengesetzte Zeiten*

In zusammengesetzten Zeiten steht das Adverb normalerweise nach dem Partizip Perfekt:

Quando hanno parlato *lentamente* ho capito *benissimo.*	Als sie *langsam* sprachen, habe ich sie *sehr gut* verstanden.

Einige häufig verwendete Adverbien wie **già** ‚schon' **appena** ‚gerade' und **mai** ‚je' stehen nach dem Hilfsverb:

Sono *appena* arrivati.	Sie sind *gerade* angekommen.
Abbiamo *già* mangiato.	Wir haben *schon* gegessen.
Sei *mai* stato in Italia?	Bist du *schon mal* in Italien gewesen?

F

DER GEBRAUCH DER ZAHLEN

28 Zahlwörter

28a *Zählen: die Grundzahlen*

Im Italienischen heißen die Grundzahlen:

1	uno (una)	22	ventidue
2	due	23	ventitré
3	tre	28	ventotto
4	quattro	30	trenta
5	cinque	31	trentuno
6	sei	38	trentotto
7	sette	40	quaranta
8	otto	50	cinquanta
9	nove	60	sessanta
10	dieci	70	settanta
11	undici	80	ottanta
12	dodici	90	novanta
13	tredici	100	cento
14	quattordici	101	cent(o)uno
15	quindici	200	duecento
16	sedici	300	trecento
17	diciassette	1.000	mille
18	diciotto	2.000	duemila
19	diciannove	10.000	diecimila
20	venti	100.000	centomila
21	ventuno	0	zero

1.000.000	un milione
1.000.000.000	un miliardo
1.000.000.000.000	un bilione

Wie aus der vorangehenden Tabelle ersichtlich ist, dürften die Grundzahlen im Italienischen keine größeren Schwierigkeiten bereiten. Folgende Punkte sind jedoch zu berücksichtigen:

(A) Uno hat die weibliche Form **una** und wird vor einem Substantiv wie der unbestimmte Artikel [➤21e] behandelt.

un libro	ein Buch
una rivista	eine Zeitschrift
uno studente	ein Student

(B) Zero hat die Pluralformen **due zeri**, **tre zeri** usw.

(C) Der Plural von **mille** ist **mila**:

mille lire
duemila studenti

(D) Die Pluralformen von **milione**, **bilione**, **miliardo** heißen **milioni**, **bilioni**, **miliardi**. Diese Zahlwörter werden mit der Präposition **di** mit einem folgenden Substantiv verbunden.

tre milioni di abitanti
cinque miliardi di dollari

Die Präposition **di** steht nicht, wenn eine weitere Zahl folgt:

duemilionicinquecentomila lire

Eine Zahl wie die obenstehende kann mit **e** gegliedert werden:

duemilioni e cinquecentomila lire.

Alle anderen Zahlwörter sind unveränderlich:

quattro bambini, quattro bambine
duecento, **trecento**

(E) Wenn **uno** und **otto** in Zahlen zwischen zwanzig und hundert auftreten, entfällt der abschließende Vokal von **venti**, **trenta** usw.:

ventuno, **trentotto**, **settantuno**, **novantotto** usw.

(F) Als Teil eines Zahlwortes bekommt **tre** einen Akzent:

ventitré, **duecentotré** usw.

(G) Wie im Deutschen gibt im Italienischen ein Komma die Dezimalstelle an.

2,83 **due virgola ottantatré** zwei Komma acht drei

(H) Umgangssprachlich werden Zahlwörter häufig abgekürzt. Das gilt vor allem für Hunderte, die jenseits von tausend liegen:

settemila e tre = settemila e trecento

Diese Form könnte Verwirrung stiften, denn **settemila e tre** kann natürlich auch 7003 heißen. Wenn Sie diese Bezeichnung auf dem Markt oder in einem Geschäft hören, sollten Sie davon ausgehen, dass 7300 gemeint ist.

28b Reihenfolge/Rangordnung: die Ordnungszahlen

(i) Die Ordnungszahlen — **primo** *‚erst-' usw. — sind Adjektive [➤22] und müssen in Geschlecht und Numerus dem Substantiv, das sie bestimmen, angeglichen werden.*

primo	erst-
secondo	zweit-
terzo	dritt-
quarto	viert-
quinto	fünft-
sesto	sechst-
settimo	siebt-
ottavo	acht-
nono	neunt-
decimo	zehnt-

Für die übrigen Ordungszahlen wird der abschließende Vokal der Grundzahl abgetrennt und die Endung **-esimo** angehängt.

undicesimo, **dodicesimo**, **ventesimo**, **centesimo**, **millesimo** usw.

(ii) Ordungszahlen werden dem Substantiv vorangestellt, davon ausgenommen sind lediglich die Namen von Monarchen und Päpsten:

la prima volta	das erste Mal
il secondo giorno	der zweite Tag
l'undicesimo secolo	das elfte Jahrhundert

aber

Enrico ottavo	Heinrich der Achte
Pio nono	Pius der Neunte

Anm. Für die Bezeichnungen ‚dreizehntes' bis ‚zwanzigstes Jahrhundert' gibt es im Italienischen jeweils zwei Formen:

il Duecento / il tredicesimo secolo	das dreizehnte Jahrhundert
il Trecento / il quattordicesimo secolo	das vierzehnte Jahrhundert
usw.	
il Novecento / il ventesimo secolo	das zwanzigste Jahrhundert

Die Alternativform, die großgeschrieben wird, verwendet man besonders häufig, wenn von Kunst, Geschichte, Literatur usw. die Rede ist. Man kann auch römische Ziffern verwenden:

nel XIV secolo	im 14. Jahrhundert

(iii) *Ordnungszahlen lassen sich auf zwei Arten darstellen: I, II, oder 1°, 1ª, 2°, 2ª usw.*

Bei der Datumsangabe wird die Ordnungszahl *nur* für den ersten Tag des Monats verwendet. Danach werden die Grundzahlen benutzt.

il primo agosto, aber **il 2 (due) agosto** usw.

28c Teilen: die Bruchzahlen

(i) *Die geläufigsten Brüche sind:*

un quarto	ein Viertel
tre quarti	drei Viertel
un terzo	ein Drittel
due terzi	zwei Drittel
mezzo / la metà	halb / die Hälfte

(ii) *Für alle anderen Brüche verwendet man Ordnungszahlen:*

un quinto	ein Fünftel
tre quinti	drei Fünftel

(iii) ***Mezzo*** *‚halb' ist ein Adjektiv und wird dem Substantiv, auf das es sich bezieht, angeglichen:*

mezzo litro di vino	ein halber Liter Wein
mezza bottiglia di rosso	eine halbe Flasche roter (Wein)

Das Gleiche gilt, wenn **mezzo** einem Substantiv folgt. In dem Fall wird es mit **e** angeschlossen:

una tazza e mezza	anderthalb Tassen
un litro e mezzo	anderthalb Liter

Die ‚Hälfte' ist **la metà**:

Ho già speso la metà del mio stipendio.	Ich habe schon die Hälfte meines Gehalts ausgegeben.
Sono riuscito a fare la metà del mio lavoro.	Ich habe schon die Hälfte meiner Arbeit erledigt.

(iv) *Folgt ein Substantiv auf eine Bruchzahl, so werden beide mit* ***di*** *verbunden:*

tre quarti della popolazione	drei Viertel der Bevölkerung
un terzo di questo gruppo	ein Drittel dieser Gruppe
un quinto del mio tempo libero	ein Fünftel meiner freien Zeit

28d Gruppieren und Schätzen

Die italienische Sprache besitzt eine Reihe von Ausdrücken, die zur Angabe einer *ungefähren* Menge gebraucht werden können. Sie werden alle mit **di** mit einem nachfolgenden Substantiv verbunden:

un paio	ein Paar / paar (zwei, höchstens drei)
una decina	ungefähr zehn
una dozzina	ein Dutzend
una quindicina	ungefähr fünfzehn
una ventina	ungefähr zwanzig
una trentina	ungefähr dreißig
un centinaio	ungefähr hundert
centinaia	Hunderte
un migliaio	ungefähr tausend
migliaia	Tausende
milioni	Millionen

Ieri c'erano *migliaia di* macchine in città. Per arrivare a casa ho impiegato *un paio di* ore, un viaggio che normalmente faccio in *una trentina di* minuti.	Gestern waren *Tausende von* Autos in der Stadt. Ich habe *ein paar* Stunden nach Hause gebraucht, eine Fahrt, die normalerweise *um die dreißig* Minuten dauert.

[Für ungefähre Angaben siehe auch 25c(vi).]

29 Die Uhrzeit

Die Standardfragen, mit denen man sich nach der Uhrzeit erkundigt, lauten **Che ora è?** oder **Che ore sono?**

Wie im Deutschen gibt es im Italienischen zwei Möglichkeiten zur Angabe der Uhrzeit: zum einen die umgangssprachlichere auf zwölf Stunden bezogene Zeitangabe und zum anderen die exakte, amtliche für Fahrpläne usw. auf 24 Stunden bezogene Zeitangabe.

29a Die traditionelle Art: 1 – 12 Uhr

È l'una.	Es ist ein Uhr.
Sono le due.	Es ist zwei Uhr.
Sono le tre.	Es ist drei Uhr.
È l'una e cinque.	Es ist fünf nach eins.
Sono le due e dieci.	Es ist zehn nach zwei.
Sono le tre e un quarto.	Es ist Viertel nach drei.
Sono le quattro e mezzo / mezza.	Es ist halb fünf.
Sono le cinque meno un quarto.	Es ist Viertel vor fünf.
Sono le sette meno cinque.	Es ist fünf vor sieben.
È mezzogiorno.	Es ist Mittag.
È mezzanotte.	Es ist Mitternacht.

- Bei **l'una** ‚ein Uhr' steht das Verb im Singular, und es wird die weibliche Form benutzt, weil **ora** impliziert ist. Für die Stunden von zwei bis zwölf steht das Verb im Plural, und **le due** usw. ist feminin Plural.

29b Die offizielle Art: 0 – 24 Uhr

Wörter wie **un quarto** und **mezzo** werden durch Zahlenangaben ersetzt, und der Tag wird in 24 Stunden unterteilt.

le nove e cinque	09.05 Uhr
le dodici e dieci	12.10 Uhr
le sedici e quindici	16.15 Uhr
le diciotto e trenta	18.30 Uhr
le ventidue e quarantacinque	22.45 Uhr
le ventiquattro e cinquanta	0.50 Uhr

• ‚Um … Uhr‘ ist **all'una**, **alle due** und so weiter.

A che ora parte il treno? — *Alle* quattordici e venti.	Um wie viel Uhr fährt der Zug ab? — *Um* 14.20 Uhr.

• Wenn nötig, können Sie die Bezeichnungen **di / della mattina**, **di / del pomeriggio**, **di sera**, **di notte** hinzufügen.

Partiamo alle otto *della mattina* e speriamo di arrivare alle due *del pomeriggio.*	Wir fahren um acht Uhr *morgens* ab und hoffen um zwei Uhr *nachmittags* anzukommen.
L'ultima volta che abbiamo fatto lo stesso viaggio, siamo partiti alle dieci *di sera* e siamo arrivati alle tre *di notte.*	Das letzte Mal, als wir die Reise gemacht haben, sind wir um zehn Uhr *abends* abgefahren und um drei Uhr *in der Nacht* angekommen.

• Nützliche Ausdrücke:

Il negozio è chiuso *dalle* 12.30 *alle* 14.30.	Das Geschäft ist *von* 12.30 Uhr *bis* 14.30 Uhr geschlossen.
La libreria è aperta *fino alle* 20.30.	Die Buchhandlung ist *bis* 20.30 Uhr geöffnet.
Arrivano *verso* (*circa*) le nove.	Sie kommen *gegen* neun Uhr an.
Devo essere a casa *per* le dieci.	Ich muss *bis* zehn zu Hause sein.
***È ora di* mangiare.**	*Es ist Zeit* zum Essen.
Che ora *fai*? (Umgangssprache)	Wie viel Uhr *hast du?*
Sono le due *passate.*	Es ist *nach* zwei.
Alle undici *precise.*	Um *Punkt* elf.
Il mio orologio è *avanti di cinque minuti.*	Meine Uhr geht *fünf Minuten vor.*
Il mio orologio è *indietro di tre minuti.*	Meine Uhr geht *drei Minuten nach.*
Ci vediamo *fra poco.*	Wir werden uns *bald* sehen.
Si sono trasferiti a Firenze due mesi *fa.*	Sie sind *vor* zwei Monaten nach Florenz gezogen.

[Adverbiale Zeitausdrücke ➤27b(i).]

30 Der Kalender

Mit der Ausnahme von **la domenica** ‚Sonntag' sind alle Wochentage maskulin. Die Monate des Jahres sind ausnahmslos maskulin.

30a Wochentage

lunedì	Montag
martedì	Dienstag
mercoledì	Mittwoch
giovedì	Donnerstag
venerdì	Freitag
sabato	Samstag
domenica	Sonntag

‚Am Montag' ist **lunedì**, ‚montags' ist **il lunedì**.

Beachten Sie auch folgende Ausdrücke:

oggi	heute
ieri	gestern
l'altro ieri	vorgestern
domani	morgen
dopodomani	übermorgen
sabato prossimo	nächsten Samstag
lunedì scorso	letzten Montag
stamattina	heute Morgen
oggi pomeriggio	heute Nachmittag
stasera	heute Abend
stanotte	heute / gestern / letzte Nacht

Stanotte ho dormito male perché avevo mangiato troppo.	Letzte Nacht habe ich schlecht geschlafen, weil ich zu viel gegessen hatte.

30b Monate und Jahreszeiten

gennaio	Januar
febbraio	Februar
marzo	März
aprile	April
maggio	Mai
giugno	Juni
luglio	Juli
agosto	August
settembre	September
ottobre	Oktober
novembre	November
dicembre	Dezember

la primavera	Frühling
l'estate	Sommer
l'autunno	Herbst
l'inverno	Winter

nel mese di gennaio / a gennaio / in gennaio	im Januar
all'inizio di / ai primi di febbraio	Anfang Februar
a metà (di) luglio	Mitte Juli
alla fine di agosto	Ende August

⚠ ‚Im Frühling', ‚im Herbst' ist ***in*** **primavera** und ***in*** **autunno**; bei ‚Sommer' und ‚Winter' ist auch **di** möglich. Es wird benutzt, wenn ausgedrückt werden soll, dass etwas gewöhnlich zu dieser Zeit stattfindet.

D'estate vado al mare, ma d'inverno vado a sciare.	Im Sommer fahre ich ans Meer, aber im Winter gehe ich Skil aufen.

30c Das Datum

Mit Ausnahme des Monatsersten **il primo** [➤28b(i)] werden die Monatstage mit Grundzahlen [➤28a] angegeben. Manchmal folgt **di** ‚des / von' auf die Zahl, aber es ist nicht unbedingt erforderlich. Bei der Datumsangabe im Briefkopf entfällt der bestimmte Artikel.

il primo (di) marzo	der erste März
aber	
il due aprile	der zweite April
il ventun novembre	der einundzwanzigste November
il trentuno ottobre	der einunddreißigste Oktober

Man schreibt: **il 1° marzo**, **il 2 aprile**, **il 21 novembre**, **il 31 ottobre**. Bei **ventuno** und **trentuno** entfällt bei Monaten, die mit einem Konsonanten beginnen, meist das **o.**

Der Artikel wird bei **l'otto maggio** (**l'8 maggio**) und **l'undici settembre** (**l'11 settembre**) verkürzt, da beide Zahlen mit Vokal beginnen.

‚Am + Datum' drückt man mit bestimmtem Artikel aus.

Quando arrivano? — *Il* nove giugno.	Wann kommen sie an? — *Am* 9. Juni.

- Einige nützliche Ausdrücke:

Che data è oggi? — È il 15 dicembre.	Welches Datum haben wir heute? — Den 15. Dezember.
Quanti ne abbiamo (del mese)? — Ne abbiamo cinque.	Den Wievielten haben wir? — Wir haben den Fünften.
Che giorno è oggi? — È mercoledì.	Welcher Wochentag ist heute? — Es ist Mittwoch.
In che giorno siete liberi?	An welchem Tag habt ihr Zeit?

30d Jahreszahlen

Jahreszahlen gibt man mit Grundzahlen an, denen der bestimmte Artikel vorangestellt wird.

il 1990 (millenovecentonovanta)	1990
Il 2000 è un anno bisestile.	2000 ist ein Schaltjahr.

In + bestimmter Artikel (**nel**) dient zur Angabe bestimmter Jahreszahlen.

In che anno sei nato? — Sono nato *nel* 1972 (millenovecentosettantadue).	In welchem Jahr bist du geboren? — Ich bin 1972 geboren.

Wird das Datum vollständig ausgeschrieben, entfällt **nel** vor der Jahreszahl.

Sono nato il 14 marzo 1955.	Ich wurde am 14. März 1955 geboren.

Umgangssprachlich werden Jahreszahlen oft verkürzt:

Ho cominciato ad imparare l'italiano nel '79 (settantanove).	Ich habe '79 angefangen Italienisch zu lernen.

Jahrzehnte kann man folgendermaßen ausdrücken:

Mi è sempre piaciuta la musica degli anni '80 (ottanta).	Mir hat schon immer die Musik der Achtziger gefallen.

30e Altersangabe

Das Alter wird im Italienischen mit dem Verb **avere** + Zahl + **anni** angegeben:

Mia sorella ha diciassette anni.	Meine Schwester ist siebzehn.

Anni wird in der Antwort auf die Frage ‚Wie alt bist du? / sind Sie?' normalerweise weggelassen.

Quanti anni hai? Sedici.	Wie alt bist du? Sechzehn.
(oder **Ne ho sedici.**)	(*oder* Ich bin sechzehn.)

[Die Verwendung von **ne** anstelle eines Substantivs ➤23f.]

Folgende Ausdrücke dienen zur ungefähren Altersangabe:

Il mio collega ha *una trentina di anni*.	Mein Kollege ist *um die dreißig*.
Mia zia è *sulla sessantina*.	Meine Tante ist *ungefähr sechzig*.
Mio cognato è *sui quarant'anni*.	Mein Schwager ist *ungefähr vierzig*.

• Beachten Sie auch:

un dodicenne	ein zwölfjähriger Junge
una ventenne	eine zwanzigjährige Frau

Diese Form kann nur mit den Zahlen über elf verwendet werden. Trennen Sie den abschließenden Vokal der Grundzahl ab, und hängen Sie die Endung **-enne** an.

G

REGISTER

Register

Querverweise beziehen sich auf Kapitel und Abschnitte

A

B

C

J

K

L

M

T

U